혁명을 꿈꾼 독서가들

혁명을 꿈꾼 독서가들

불온한
책 읽기의
문화사

강성호 지음

오월의봄

혁명가들의 책 읽기

책을 둘러싼 이야기 혹은 책의 이면에 감춰진 이야기는 언제나 큰 흥미를 불러일으킵니다. 제가 평소 '책 읽는 사람들' 내지 '책에 미친 사람들'에 관한 이야기를 즐겨 읽는 이유입니다. 더욱이 저는 역사를 공부하는 사람이라서 한국사에 등장한 서쾌書僧(조선시대 서적 중개상), 책 수집가, 서지학자, 헌책방 순례자, 장서가, 인쇄공, 독서운동가, 서점 주인 등에 대해 관심을 갖고 있습니다. 책의 가능성을 믿었던 사람들, 책으로써 자기 삶을 풍요롭게 만들었던 사람들의 역사를 발굴해보고 싶었습니다. 그 첫 번째 결과가 이번에 내놓는 《혁명을 꿈꾼 독서가들》입니다.

《혁명을 꿈꾼 독서가들》은 열전입니다. 혁명가라고 하면 으레 투쟁적인 전사의 이미지를 떠오르기 십상입니다. 물론 이 책에는 그러한 모습의 독서가들도 실려 있습니다만, 여기서 말하는 혁명가란 '새로운 시대를 열망하고 꿈꿨던 이들'을 의미합니다. 처음 의도는 식민지 조선에서 유행했던 비밀독서회의 문화사를 쓰는 데 있었습니다. 억압의 시대에 책을 통해 희망을 얻고 더 나은 세상을 만들기 위해 행동에 나섰던 식민지 청년들이 누구였는지 궁금했거든요. 그러다 점차 한국 페미니즘 운동의 역사적 기원을 찾아보고 싶었고, 대중적으로 잘 알려진 독립운동가들의 독서 이력도 궁금해졌습니다.

문제는 누구를 선정하느냐에 있었습니다. 《혁명을 꿈꾼 독서가들》을 구상할 무렵 가장 크게 걱정했던 부분은 자료였습니다. 식민지 조선에서 새로운 세상을 열망했던 이들의 책 읽기 흔적이 과연 얼마나 남아 있을지 알 수가 없었기 때문입니다. 책 집필은 자신의 독서 이력을 어떠한 형태로든 기록으로 남긴 인물들을 중심으로 이루어질 수밖에 없었습니다. 이 책에 등장하는 홍명희, 신채호, 김구, 김산, 김학철, 이상설, 나경석, 나혜석, 정칠성, 박원희, 최영숙, 방신영, 성진회, 상록회 등은 이러한 고민 끝에 선정한 인물들입니다. 이들은 중국 대륙을 누비며 말 그대로 혁명을 꾀하거나 자기의 삶을 짓누르고 있던 가부장제에 반기를 든 경우라 할 수 있습니다. 아니면 친구들과 함께 책을 읽으며 식민지 청년의 울분과 꿈을 나누던 비밀독서회의 멤버였습니다.

남성 독서가들에 관한 글은 큰 어려움 없이 쓸 수 있었습니다. 가령 홍명희·신채호·김구는 자신의 독서 이력을 기록으로 남기는 데 주저함이 없었습니다. 반면 여성 독서가들에 관한 이야기는 찾기도 쓰기도 쉽지 않았습니다. 가장 큰 이유는 여성들이 주체적으로 남긴 말과 글이 턱없이 부족했기 때문입니다. 이 말은 여성 독서가들이 없었다거나 자신의 생각을 글로 남기는 데 인색했다는 의미가 아닙니다. 식민지 조선에서 여성들은 남성 지식인이 '허용'한 범위 내에서 기록을 남길 수밖에 없었기 때문입니다. 여기에 맞선 신여성들이 등장하지만 돌아오는 것은 철저한 고립이었습니다. 이른바 '식민지 백래시backlash'입니다. 책 집필에 들어갈 때 가장 곤혹스러웠던 것은 한국 지성사의 가부장적 구조였습니다. 더 다양한 여성 독서가들을 다루지 못한 아쉬움은 계속해서 남아 있습니다.

이와 관련해 마주해야 했던 장벽은 여성사 연구의 빈약성입니다. 이 책에 등장하는 남성 독서가에 관한 연구는 무엇을 읽어야 할지 선택하기가 어려울 정도로 풍부합니다. 그런데 여성 독서가에 관한 연구는 나혜석을 제외하곤 거의 불모지나 다름없습니다. 가령 사회주의 여성운동사 연구는 거의 이루어지지 못했습니다. 중고등학교 한국사 수업에 잠깐 등장하는 근우회는 생각보다 다양한 활동을 벌였지만 이를 잘 소개하는 책이 없는 실정입니다. 더 나아가 여성사에서 젠더사로의 전환도 필요합니다. 수많은 연구자들이 이 문제에 관심을 갖고 있는 걸로 알고 있습니다. 그 성과가 대중적으로 널리 알려져서 역사를 입체적으로 이해할 수 있는 기반이 탄탄해지길 바랍니다.

《혁명을 꿈꾼 독서가들》은 제가 구상하는 독서문화사 시리즈 중 1부에 해당하는 책입니다. 저는 독서문화사란 책 읽기를 둘러싼 문화적 양상들이 역사적으로 어떻게 형성되었고 변화되었는가를 탐구하는 지적 여정이라고 생각합니다. 그런 점에서 이 책은 '독서의 정치사'와 맞닿아 있습니다. 독서의 정치사는 국가권력이 책 읽기에 개입한 목적과 양상을 밝혀내는 '위로부터의 독서 정치사'와 해방을 염원했던 이들의 독서 이야기를 담은 '아래로부터의 독서 정치사'로 나눌 수 있습니다. 지배수단의 일환으로 전개된 관변 독서운동과 검열정책은 전자에 해당하는 대표적인 사례입니다. 이 책은 저항으로서의 독서를 지향한 이들의 책 읽기를 다루고 있다는 점에서 후자의 연장선에 있다고 할 수 있습니다.[1]

책을 읽기에 앞서 유의해야 할 내용이 있습니다. 식민지 조선의 독서문화사는 결코 '저항으로서의 독서'로 한정할 수 없습니다. 가령 1923년 초에 출간된 노자영의 《사랑의 불꽃》(한성도서)은 유례없는 인기를 누린 연애서간집이었습니다. 《사랑의 불꽃》을 계기로 연애서간집과 연애소설 붐이 일어났습니다.[2] 성적 호기심을 자극하는 일본어 책도 신문광고에 버젓이 등장하기 일쑤였습니다. 이때도 진학과 취업을 위한 참고서와 자기계발서는 학생들이 즐겨 찾던 책이었습니다. 식민지 조선의 역사는 협력과 저항이라는 이분법으로만 이야기할 수 없습니다. 그 사이에는 일상을 살아가던 보통 사람들의 역사와 책 읽기가 있습니다. 아쉽게도 이 부분은 책에서 다루지 못했습니다. 좀 더 다양한 결의 식민지 독서문화사를 알고 싶다면 천정환 교수님이 쓰신 《근대의 책 읽기》를 읽어보시기를 추천합니다.

약 2년 동안의 작업을 거쳐 이 책을 선보입니다. 《혁명을 꿈꾼 독서가들》은 '불온한 책 읽기의 문화사'를 통해 근대의 독서 풍경을 담아보려고 한 책입니다. 요컨대, 이 책은 식민지 조선의 역사를 '아래로부터의 독서 정치사'를 통해 재조명해보려는 프로젝트라고 할 수 있습니다. 일상생활에서 혐오와 차별을 겪어야 했던 시대에 새로운 세계를 꿈꿨던 이들은 어떤 책을 읽으며 그 꿈을 키웠을까. 이 책을 쓸 때 항상 염두에 둔 질문입니다. 여전히 강력하게 작동하는 혐오와 차별 앞에 우리는 무엇을 읽고 꿈꿔야 하는지를 역사를 통해 반추해보고 싶었습니다. 의도가 성공적이었는지는 독자분들이 잘 판단해주시라 믿습니다. 아무쪼록 부족한 책이지만 잘 읽어주시면 고맙겠습니다.

[차례]

1장

조선 최고의 다독가, 홍명희

거무튀튀한 재생지에 구수한 이야깃거리가 가득한 책이 있다. 비록 미완성으로 끝나고 말았지만 조선시대 민중의 생활상을 생생하게 다루어 역사소설의 최고봉이라는 평가를 받는《임꺽정林巨正》이다. 지은이는 조선 최고의 이야기꾼이라 일컫는 벽초 홍명희(洪命憙, 1888~1968)다. 중국 문학을 전문적으로 번역했던 양건식(梁健植, 1889~1944)에 따르면 홍명희는 조선 문단에서 손꼽히는 다독가였다.[1] 그의 책 읽기는 동서고금을 가리지 않았고 쏟아져 나오는 잡지의 글들을 하나도 빼놓지 않고 읽을 정

홍명희는 조선 문단에서 손꼽히는 다독가였다.
그의 책 읽기는 동서고금을 가리지 않았고 쏟아져 나오는 잡지의
글들을 하나도 빼놓지 않고 읽을 정도로 매우 부지런했다.

도로 매우 부지런했다. 최남선(崔南善, 1890~1957)·이광수(李光洙, 1892~1950)와 함께 동경삼재東京三才로 주목받았던 홍명희의 삶과 독서 여정을 살펴보도록 하자.

고향을 떠나 일본으로

1905년 봄, 서울(그 당시는 한성이라고 불렀다) 유학을 마치고 고향인 충북 괴산으로 돌아온 홍명희는 모든 게 갑갑했다. 어렸을 때는 "괴산 외에 더 좋은 곳이 없고 우리 집 외에 더 좋은 집이 없는 줄로" 알았던 소년에게 농촌 마을의 정취는 지겨움의 대상이었을 뿐이다. 무엇을 해야 할지 몰라 무기력하게 지내는 나날의 연속이었다. 보다 못한 아버지 홍범식(洪範植, 1871~1910)은 아들에게 동양 고전인《춘추春秋》사전四傳을 읽게 했다. 홍명희는 중국 노나라의 역사를 기록한《춘추》를 진저리가 날 정도로 읽고 또 읽었다. 일종의 궁전 연대기인《춘추》가 유교 경전이 된 건 공자가 필삭을 가했기 때문이다. 다시 말해《춘추》는 공자의 정치 이념이 담겨 있는 책이다. 문제는 일종의 해석서인 전傳이 아니면 이해하기가 난해하다는 데 있다. 홍명희가 읽었다고 하는 사전은《춘추》의 대표적인 해석서인《좌씨전左氏傳》,《공양전公羊傳》,《곡량전穀梁傳》과 아울러《호씨전胡氏傳》을 말한다. 보통 한학 공부는《좌씨전》정도에서 그쳤다고 하니 홍명희는 상당히 깊이 있는 경전 공부를 한 셈이다.[2]

어느 날 한 일본인 부부가 양잠 기술을 전수하기 위해 마을에 찾아왔다. 기술 전수를 마치고 갈 무렵 홍명희는 일본인 부부를 초청하여 일어 회화를 연습했다. 한성에서 일본어를 공부했으나 실제 회화를 하긴 이때가 처음이었다. 급기야 그는 일본 유학을 결심했다. 갑갑한 괴산에 머물러 있느니 도쿄에 가서 공부나 할까 하는 생각이 들었던 것이다. 의외로 부친은 "잠깐 구경만 하고 올 바에 몇 해 동안 공부를 해오라"고 선뜻 허락해주었다.[3] 그 길로 홍명희는 부산에서 배를 타고 현해탄을 건너 도쿄로 향했다. 그의 나이 만 18세가 되던 1906년에 이루어진 일이었다.

우선 그는 도요東洋상업학교 예과를 다녔다. 밥 먹고 자는 시간 외에는 교과서 공부에 몰두하던 나날이었다. 1년이 지나 다이세이大成중학교 3학년으로 편입한 후 우연찮게 헌책방을 방문하는 일이 생겼다. 거기서 홍명희는 3권의 책을 고르면서 일본 문학의 매력에 빠져들었다. 당시 일본은 작가 자신의 사생활을 소재로 삼아 있는 그대로의 사실을 고백하는 경향이 강한 자연주의 문학이 성행하고 있었다. 그가 헌책방에서 구해 읽은 책인 《어디로何處へ》(1908)는 자연주의 문학을 이끌어가고 있던 마사무네 하쿠초(正宗白鳥, 1879~1962)의 단편집이었다. 그 밖에도 홍명희는 자연주의 문학의 선구자로 입지를 굳힌 시마자키 도손(島崎藤村, 1872~1943)과 자연주의 문학을 대표하는 소설가인 다야마 가타이(田山花袋, 1871~1930) 등의 작품을 즐겨 읽었다.[4]

당시 자연주의 문학은 풍기문란을 이유로 발매 금지되는 경우가 많아서 홍명희는 전문 서적상인 책사冊肆를 두루 찾아다니며 비싼 값으로 구해 읽을 수밖에 없었다. 그렇다고 홍명희가 자연주의 문학에만 심취했던 건 아니었다. 자연주의 문학과 다른 길을 걷고 있던 나쓰메 소세키(夏目漱石, 1867~1916)의 작품을 거의 다 읽기까지 했다. 홍명희는 나쓰메 소세키의 작품을 '새로운 도덕에 대한 탐구' 내지 '일본 문학의 신국면을 열었던 작가'로 평가했다.

헌책방 방문 이후 홍명희는 책을 사 모으기 시작했다. 재미있는 사실은 표지 디자인이 그에게 매우 중요한 책 선정 기준이었다는 점이다. 홍명희는 책에 대한 안목이 생기기까지 표지의 의장意匠과 제목의 글자체 등을 매우 중요하게 여겼다고 밝혔다. 심지어 내용이 읽을 만한 책이라고 하더라도 표지가 마음에 들지 않으면 절대 보지 않았다고 한다. 이런 점에서 홍명희는 책의 물성 자체를 탐한 독서가였다고 볼 수 있다.

그가 다독가로 책을 읽기 시작한 것도 이 무렵부터였다. 홍명희의 독서는 완독完讀과 남독濫讀의 책 읽기였다. 일단 그는 책을 한번 집어 들었으면 끝까지 보고야 말았다는 점에서 완독을 지향했다. 중간에 필요 없는 내용이 있다 하더라도 그 책을 다 읽기까지 다른 책은 거들떠보지 않았다. 재미있는 책은 재미있는 대로, 재미없는 책은 다른 재미있는 책을 얼른 읽기 위해 악을 쓰고 빨리 보았다. 시마자키 도손의 첫 번째 시집인《약채집若菜集》(1897)은 그가 끝까지 읽지 못한 유일한 책이었다.[5]

친구들과 함께 자취를 하고 있던 그로서는 아무런 방해를 받지 않고 책을 읽기 위한 방법이 필요했다. 이를 위해서 그가 선택한 방법은 '밤새 책 읽기'와 '화장실 독서'였다. 문제는 밤을 새워가며 책을 읽으니 학교생활이 엉망진창일 수밖에 없었다는 점이다. 학교 측에서 퇴학 이야기를 꺼낼 정도로 결석이 잦았다.

그런데 또 머리가 비상해서 시험공부를 며칠 동안 바짝 하면 성적이 좋아졌다. 학교생활은 불량했어도 시험 성적은 좋았던 얄미운 학생이었다.

화장실 독서와 관련한 일화가 있다. 이대용李大容이라는 친구와 같은 방을 쓸 때였다. 어느 날 저녁에 이대용의 지인들이 자취방을 찾아왔다. 서점에서 사둔 책을 이제 막 읽기 시작한 홍명희는 자신도 아는 사람들인지라 책을 덮을 수밖에 없었다. 문제는 책이 보고 싶어 좀이 쑤시는데, 아무도 일어날 생각을 하지 않았다는 데 있다. 슬그머니 책을 집어 들고 화장실로 향했다. 조금만 읽자, 조금만 읽자 하다가 그 책을 다 읽고 말았다. 지인들은 이미 돌아간 뒤였다. 자리를 깔고 누워 있던 이대용은 화장실에서 책 하나를 다 읽은 홍명희를 놀려댔다. 책을 읽을 때 그의 집중력이 얼마나 대단했는가를 보여주는 일화라고 할 수 있겠다.

일반적으로 남독은 '닥치는 대로 아무 책이나 읽는 독서'를 가리키는, 부정적인 뉘앙스가 강한 독서법이다. 홍명희는 다독多讀을 에둘러 표현하기 위해서인지 자신의 독서법을 남독으로 소개했다. 다독가로서의 진면목은 《삼천리》라는 잡지에 남긴 자서전을 통해 확인할 수 있다. 이 글에서 그는 루소의 《참회록》(1781, 1788)을 본받아 과거를 적나라하게 고백할지, 아니면 니체의 《이 사람을 보라Ecce Homo》(1888)를 흉내 내어 철인적 기염을 토할지 고민했다고 한다. 또한 크로포트킨(P. A. Kropotkin, 1842~1921), 트로츠키(Leon Trotsky, 1877~1940), 가타야마 센(片山潛, 1859~1933), 오스기 사카에(大杉栄, 1885~1923) 등을 거론하며 이들

의 자서전을 읽어보았다고 밝혔다.[6]

《조선일보》에 수록한 〈문학에 반영된 전쟁〉도 다독가의 면모를 알 수 있는 글이다. 전쟁과 문학의 관계를 다룬 이 글은 미국의 인류학자인 루이스 모건(Lewis Henry Morgan, 1818~1881)이 쓴 《고대사회》(1877)를 인용하며 전쟁의 기원을 이야기하고 있다. 글의 골자는 제1차 세계대전 이후에 문학이 전쟁에 반대하는 내용을 소재로 삼기 시작했다는 것이다. 다시 말해 반전문학에 대한 이야기를 하고 있는 셈인데, 독일의 반전소설로 하인리히 만(Heinrich Mann, 1871~1950)의 《애국자》, 베른하르트 켈러만(Bernhard Kellermann, 1879~1951)의 《11월 9일》, 에른스트 톨러(Ernst Toller, 1893~1939)의 《절름발이》, 루트비히 렌(Ludwig Renn, 1889~1979)의 《전쟁》, 에리히 레마르크(Erich Maria Remarque, 1898~1970)의 《서부전선 이상 없다》 등을 언급했다.[7] 홍명희의 다독이 어느 정도였는지를 엿볼 수 있는 대목이다.

다독은 다방면에 걸친 지식을 소개하는 일에 큰 자양분이 되었다. 그의 칼럼을 엮은 《학창산화學窓散話》(조선도서주식회사, 1926)는 다독가로 소문난 그의 독서 편력에 맞게 다양한 분야의 이야기로 가득한 책이었다. 심지어 절반에 가까운 내용은 자연과학 분야에 해당하는 글이었다. 87편의 칼럼 가운데 35편이 과학에 관한 이야기였으니까. 이는 홍명희가 한때 자연과학을 전공하고 싶어 했던 사실에서 기인한 바가 크다. 그렇다고 과학의 원리에 대해서만 이야기하지 않았다. 〈무선전신〉, 〈윤전인쇄기〉, 〈연금술〉 등의 항목은 일종의 과학사로 볼 수 있는 글이다. 그 밖에도 홍명희는 사회학, 풍속사, 언어학, 개념사 등에 관한 글들도 썼다. 홍명희의 글쓰기는 자연과학과 인문학을 아우르는 지식의 통합을 이룬 셈이다. 다양한 분야의 책을 읽는 과정에서 낯선 것들과 마주하는 일을 즐겼던 다독가였기에 가능한 일이었다.

흥미로운 점은 출처의 명시다. 홍명희는 글을 쓸 때 자신이 어떤 자료를 참조했는지를 분명하게 밝혔다. 가령 〈인구 원리〉라는 글은 일본 마르크스주의 경제학의 선구자로 손꼽히는 가와카미 하지메(河上肇, 1879~1946)의 글을 인용하며 맬서스의 인구론을 소개하고 있다. 독서에 관한 동서고금의 격언들을 소개할 때는 쓰보우치 쇼요(坪內逍遙, 1859~1935)의 책을 참조했다고 밝혔다. 쓰보우치 쇼요는 셰익스피어의 전작을 일본어로 번역하는 데 매진한 소설가이자 극작가로 일본 근대의 신극운동을 주도했던 인물이다. 누군가 각주의 역사를 쓴다면, 홍명희는 반드시 거론되고 연구되어야 하는 인물이라고 할 수 있다.

러시아 문학을 읽다

그의 독서 여정에서 러시아 문학의 영향은 어마어마했다. 무겁고 사색적인 러시아 문학작품은 홍명희의 취향과 잘 맞았던 것이다. 홍명희는 소설가인 후타바테이 시메이(二葉亭四迷, 1864~1909)가 번역한 러시아 문학작품들을 하나도 빼놓지 않고 다 읽었다. 홍명희가 화장실에서 다 읽었던 책도 러시아 소설가 투르게네프(Ivan S. Turgenev, 1818~1883)의 장편소설 《루딘》(1857)이었다(당시 일본에서는 《부초浮草》라는 제목으로 번역되었다).

러시아 문학은 홍명희에게 창작의 영감을 주었다. 예를 들어, 홍명희는 러시아 작가 쿠프린(Aleksander I. Kuprin, 1870~1938)의 작품에서 힌트를 얻어《임꺽정》을 구상할 수 있었다.[8]《임꺽정》은 크게 다섯 부분(봉단, 피장, 양반, 의형제, 화적)으로 구성되어 있는데, 각 작품이 하나의 단편소설이면서도 장편소설로 이루어져 있다. 홍명희는 단편소설이자 장편소설인 구성 방식을 쿠프린을 통해 생각할 수 있었다고 밝혔다. 또한, 홍명희는 러시아 상징주의의 선구자로 평가받는 메레시콥스키(Dmitry S. Merezkovsky, 1865~1941)가 쓴 3부작을 모티브로 작품을 구상하기도 했다. 조선시대 말부터 식민지 시기를 거쳐 해방 후에 이르는 한국의 근현대사를 다루는 작품을 3부작으로 쓰고 싶어 했던 것이다. 끝내 그 기획이 이루어지지 못한 점은 무척 아쉽다.

러시아 문학을 이야기할 때 톨스토이(Lev N. Tolstoy, 1828~1910)와 도스토옙스키(Fyodor Mikhailovich Dostoevskii, 1821~1881)를 빼놓을 수 없다. 홍명희는 도쿠토미 로카(德富蘆花, 1868~1927)라는 작가가 쓴 여행책인《순례기행順禮紀行》(1906)을 읽고 톨스토이를 알게 되었다. 처음에는 톨스토이의 글이 종교적이고 교훈적인 색채가 짙다는 인상이 들어 썩 좋아하지 않았다고 한다. 그러다 우치다 로안(內田魯庵, 1868~1929)이 번역한《부활》(1899)을 읽고 난 후에 톨스토이에 대한 생각이 바뀌었다.[9] 이후 그는 톨스토이의 《안나 카레니나》(1877)가 일본어로 번역되기를 기다리다 못해 영역본을 사서 읽기도 하고, 출판사 관계자에게《전쟁과 평화》(1869)를 번역해달라는 요청을 보내기도 했다. 그 와중에 읽은 톨스토이의 유작《하지 무라트》(1904)는 퍽 감명 깊은 작품이었다.

《하지 무라트》는 체첸 일대에서 용맹을 떨친 아바르인 전사 '하지 무라트'의 생애를 그린 장편소설이다. 홍명희는 이 작품이 문학으로서는 대단하지 않으나 억압받는 민족의 역사를 다루었다는 점을 높이 샀다. 그러면서 일본인 작가가 톨스토이와 같이 용기를 내어 대만 목단사 사건(1874년에 일본이 대만을 침략한 사건)을 다룬 작품을 쓰길 희망했다.

홍명희가 문학적으로 제일 손꼽는 러시아 작가는 도스토옙스키였다.[10] 홍명희는 도스토옙스키의 작품을 읽고 나면 '얼떨떨'하다는 감상을 남겼다. 그만큼 도스토옙스키의 작품이 주는 충격이 컸던 것이다. 아쉽게도 홍명희는 도스토옙스키의 어떤 작품들을 읽었고, 그 감상이 어땠는지를 기록으로 남기지는 않았다.

러시아 문학에 대한 관심은 종종 번역으로도 이어졌다. 대표적인 사례를 꼽자면, 홍명희는 최남선이 발행한 잡지에 러시아 시인 이반 크릴로프(Ivan A. Krylov, 1769~1844)의 세 작품을 번역했다. 훗날 조선도서주식회사라는 출판사에 근무하면서 《태서泰西 명작 단편집》(1924)에 체호프(Anton P. Chekhov, 1860~1904)의 작품을 싣기도 했다. 프랑스 문학에도 조예가 있는지 《동명》이라는 시사잡지에 세 편의 프랑스 소설을 번역했다. 국어학자이자 홍명희의 아들인 홍기문(洪起文, 1903~1992)은 부친의 원고 더미를 뒤적이다가 우연히 아버지가 번역해놓은 원고를 읽고 크게 자극을 받아 조선어를 연구하기 시작했다고 밝힌 바 있다. 이때 그가 발견한 원고는 생텍쥐페리와 더불어 전 세계적으로 사랑받고 있는 프랑스 작가인 알퐁스 도데(Alphonse Daudet, 1840~1897)의 단편소설 〈마지막 수업〉(1871)이었다.

이 정도면 홍명희의 외국어 실력이 어느 정도인지 궁금해진
다. 일단 그는 외국 작품을 읽을 때 가능한 한 원서를 보려고 했
다. 그래야 작품의 참맛을 알 수 있기 때문이다.[11] 기본적으로 홍
명희는 일본어에 해박한 편이었다. 시인 설정식(薛貞植, 1912~1953)
과의 대담에서 "일본말이 그래도 제일 나았어. 그것은 잊어버리
려도 안 잊어버려져"라며 일본어에 대한 자신감을 내비쳤다. 러
시아 문학을 좋아해서 러시아어 공부를 시도하긴 했지만 쉽지
않았다. 두 번째 수감생활을 할 때 아들에게 독일어 책을 차입해
달라고 부탁한 걸로 봐서는 독일어에 대한 관심도 있었던 모양
이다.《안나 카레니나》를 읽기 위해서 영역본에 손을 댔다는 점
에서 그가 영어에도 어느 정도 일가견이 있었음을 알 수 있다.
홍명희는 자신의 외국어 실력이 형편없다고 자책했지만, 외국
어 자체에 대한 관심은 매우 컸음을 알 수 있다.

번역을 할 때 그가 취한 방법은 '중역'이었다. 홍명희는 일본
어를 경유한 중역 방식을 고수했다. 즉 홍명희는 일본의 번역물
을 적극 활용해 외국 문학을 소개하는 일에 앞장섰던 것이다. 예
컨대《태서 명작 단편집》에 체호프의 작품을 번역할 때는 일본
에서 '러시아 현대 작가 총서 제1집'으로 발간된《체호프 선집》
에 실린 글을 저본으로 삼은 것이다.[12] 이는 식민지 조선의 지식
인들이 일본어와 일본 매체를 통해 '근대'를 접하고 이해했던 맥
락과 맞닿아 있다. 근대 일본의 번역문화는 홍명희의 독서 여정
에서 아주 중요한 위치를 차지한다고 할 수 있다.

방황과 귀국

도쿄에서 일본 자연주의 문학과 러시아 문학을 탐독하며 다독가로서 열정을 불태우고 있던 홍명희에게 방황의 시기가 찾아왔다. 이때 홍명희는 정신적으로 매우 불안정한 상태에 있었던지 졸업시험을 앞두고 귀국을 선택했다. 집으로 돌아온 홍명희는 '가인可人'이라는 필명으로 번역 활동에 나섰다. 이 필명은 바이런(George Gordon Byron, 1788~1824)의 작품인 《카인》(1821)이 하도 좋아서 지은 건데, 나중에 성서를 읽다가 카인이 질투심에 동생을 죽인 인물이라는 걸 알고 더 이상 사용하지 않았다. 이런 와중에 1910년 8월 29일 대한제국의 통치권이 강제로 일본에 넘어가면서 아버지 홍범식이 스스로 목숨을 끊고 마는 비극이 벌어졌다. 이 일은 홍명희가 평생 잊지 못할 트라우마로 남았다.

1912년 부친의 삼년상을 끝낸 그는 돌연 중국행을 단행한다. 이때부터 그는 1918년에 두 번째 귀국을 할 때까지 중국과 남태평양 일대를 돌아다녔다. 10대 시절부터 가졌던 미지의 세계에 대한 동경, 잃어버린 나라에 대한 울분, 아버지의 죽음에 대한 슬픔 등이 겹쳐서 떠난 여행길이었다.

그가 처음으로 향한 곳은 상하이였다. 거기서 도쿄 유학 시절 친구인 문일평(文一平, 1888~1939)과 재회했고, 박은식(朴殷植, 1859~1925)을 처음 알게 되었다. 그는 곧 독립운동 단체인 동제사同濟社의 멤버로 참여함으로써 혁명가의 길을 걷기 시작했다. 20대 중반의 청년이 된 홍명희는 정인보(鄭寅普, 1893~1950), 문일평, 조소앙(趙素昻, 1887~1958) 등과 함께 2층 양옥집에 세를 얻어 살았다. 훗날 홍명희는 이들과 함께 서로 몰려다녔다는 회고를 남겼다. 이광수의 회고에 따르면 이 무렵 홍명희는 오스카 와일드(Oscar Wilde, 1854~1900)의 《도리언 그레이의 초상》(1891)과 《옥중기》(1897) 등을 읽었다고 한다. 혁명가의 길을 모색하는 과정에서 탐미주의 문학을 탐독했다는 사실이 흥미롭다. 아마도 시대와 불화했던 오스카 와일드의 글에 매력을 느꼈던 모양이다.

상하이에서 이루어진 가장 중요한 인연은 단채 신채호(申采浩, 1880~1936)와의 만남이었다. 이 둘은 상하이에서 동제사 활동을 함께한 사이였다. 이들이 각별한 우정을 나누기 시작한 건 1918년 베이징에서부터였다. 신채호가 석등암에 기거하고 있을 때 한 달 남짓 친밀하게 교유하며 막역한 우정을 쌓았던 것이다.[13] 1880년생인 신채호와 1888년생인 홍명희는 나이 차이가 상당했지만 서로 막역한 친구로 지냈다. 이후 홍명희와 신채호는 평생 다시 만나지 못했으나 편지를 주고받으면서 진심을 나누고 애환을 함께했다.

이 둘의 만남은 한국 역사학에서도 의미가 깊다. 홍명희는 1924년 5월에 《동아일보》의 주필 겸 편집국장으로 취임했는데, 그의 주선으로 신채호의 글들이 연재되기 시작했기 때문이다. 당시 극심한 경제적 어려움을 겪고 있는 가족의 생계를 위해 신채호가 홍명희에게 자신의 원고를 《동아일보》에 게재해줄 것을 부탁하면서 이루어진 일이었다. 그렇게 해서 1924년 10월부터 1925년 3월까지 신채호의 연재가 간헐적으로 이루어졌다. 이 원고가 묶여 1929년에 《조선사연구초》라는 책이 나올 수 있었다. 출판을 맡은 곳은 예전에 홍명희가 근무했던 조선도서주식회사였다.

1920년대 중후반쯤에 이르러 홍명희는 대외적으로 왕성한 활동을 펼쳤다. 1919년 3·1운동 때 고향 괴산에서 만세시위를 주도하다가 검거된 적이 있던 그였다. 가족들의 생계를 위해 휘문고보와 경신고보에서 교편을 잡기도 하고(1922), 조선도서주식회사의 전무로 근무하기도 했다(1923). 이후 그의 행보는 신간회로 모아졌다. 신간회는 전국에 120개가 넘는 지회를 설립했고, 약 2만에서 4만 명에 이르는 회원 수를 보유한 사회단체였다. 홍명희는 신간회의 강령과 규약을 만드는 일에 관여했다. 신간회라는 명칭도 홍명희가 제안한 신간출고목新幹出枯木('고목에서 새 가지가 솟아난다'는 뜻)에서 유래했다고 한다. 사실상 홍명희는 신간회의 창립을 주도한 인물이었던 셈이다. 하지만 그는 부회장 자리를 고사하고 조직부 총무간사로 현장에서 뛰어다니는 일을 선택했다. 안재홍(安在鴻, 1891~1965)과 함께 경상도 지역의 지회 설립을 거의 도맡다시피 했을 정도였다.[14]

《임꺽정》을 쓰다, 《조선왕조실록》을 읽다

신간회 간부로 바쁜 나날을 보내고 있던 와중에 홍명희는 새로운 일을 시도했다. 바로 소설 쓰기, 즉 《임꺽정》의 집필이었다. 1928년 11월부터 그는 《조선일보》에 《임꺽정》을 연재했다. 그의 나이는 41세 때였다. 다독가로서 유명했지만 좀처럼 글을 쓰지 않았던 홍명희의 도전이었다. 중간에 몇 차례 연재가 중단되

1928년 11월 21일 드디어 《임꺽정》 첫 회가 연재되었다.
이 연재는 13년이나 이어졌다. 첫 회 〈머리말씀〉은 이렇게 시작한다.
"자~ 임꺽정이의 이야기를 붓으로 쓰기 시작하겠습니다. 쓴다 쓴다 하고 질감스럽게
쓰지 않고 끌어오던 이야기를 지금부터야 쓰기 시작합니다."

곤 했지만, 13년에 걸친 기나긴 여정이 시작되는 참이었다. 홍명희의 40대와 50대 초반은 소설 쓰기에 전념한 시기였다고 할 수 있다. 이를 계기로 홍명희는 작가로서 큰 명성을 얻게 되었다.

사실 홍명희는 열한 살 무렵 중국 소설들을 탐독한 적이 있었다. 고모부 집에서 《삼국지》를 빌려 읽기 시작한 이후 《동국열국지東國列國志》, 《서한연의西漢演義》 등을 섭렵했던 것이다. 집에서 몰래 보는 까닭에 친구들에게 빌리기 일쑤였다. 그 밖에도 홍명희는 《수호지水滸誌》, 《서유기西遊記》, 《금병매金甁梅》 등 중국의 연의소설과 사대기서를 읽어나갔다. 요즘으로 치면 무협지를 즐겨 읽던 소년인 셈이었다. 홍명희가 보기에 《수호지》는 캐릭터 설정, 《서유기》는 작품의 스케일, 《금병매》는 사실적인 묘사가 세계적 수준에 오른 작품이었다.[15] 그가 《임꺽정》을 쓸 수

있었던 건 조선의 역사와 문화에 해박했기 때문이겠지만, 소년 시절의 독서 경험도 중요한 바탕이 되었다. 그러다 보니 당대에 《임꺽정》을 읽었던 사람들은 《삼국지》나 《수호지》 등의 중국 소설을 보는 것 같다는 감상을 남기기도 했다.[16]

집필에 들어가기 전 홍명희는 자신의 작품이 《암굴왕》과 같이 대중의 흥미를 끌 수 있을지를 고민했다.[17] 《암굴왕》은 알렉상드르 뒤마(Alexandre Dumas, 1802~1870)가 쓴 《몬테크리스토 백작》(1845)을 가리킨다. 이 작품은 밀고와 배신, 감금과 유폐, 보물과 복수 등이 얽힌 흥미진진한 복수담인 만큼 일제강점기에 번역되어 많은 사람의 사랑을 받았다. 이상협(李相協, 1893~1957)이라는 인물이 1916년 2월부터 1917년 3월까지 《매일신보》에 《해왕성海王星》이라는 제목으로 연재한 번안물로 국내에 처음 소개되었다. 이후 《암굴왕》은 연극과 영화로도 만들어지면서 각광을 받았다.

홍명희의 고민은 기우였다. 《임꺽정》은 폭발적인 인기를 누렸다. 《임꺽정》은 당시에 읽을거리로 꼽을 수 있는 최고의 작품 중 하나였다. 거기다 《임꺽정》은 조선의 언어와 문화, 그리고 풍속 등이 망라된 기록의 보고였다. 특히 홍명희는 《임꺽정》을 집필할 때 조선말을 살리는 데 비중을 두었다. 이를 두고 한글학자 이극로(李克魯, 1893~1978)는 《임꺽정》을 읽으며 "조선말 어휘의 노다지가 쏟아지는 것을 종종 발견"한다고 이야기했고,[18] 소설가 한설야(韓雪野, 1900~1976)도 "천 권의 어학서를 읽는 것보다 오히려 나을 것"이라고 밝혔다.[19]

1929년 12월에 신간회 민중대회 사건으로 두 번째 수감생활

1930년 12월 서대문형무소에서 촬영한 홍명희의 모습.
민중대회 사건으로 수감되었을 때 찍은 사진이다. 민중대회 사건이란 신간회가
광주학생운동을 전국적인 반일시위로 확산시키려다 사전에 발각되어 주요 간부들이
대거 검거된 일을 가리킨다. (사진 출처: 국사편찬위원회)

을 할 때까지 쓴 〈봉단편〉과 〈피장편〉, 그리고 〈양반편〉은 임꺽정을 중심으로 한 화적패가 결성되기 이전의 시대 상황을 광범위하게 묘사하면서 임꺽정의 성장 과정을 다루었다. 이때 홍명희는 조선시대의 다양한 자료들을 참조했을 것이다. 조선 후기의 학자 이긍익(李肯翊, 1736~1806)이 쓴 역사서 《연려실기술燃藜室記述》, 임꺽정의 반란을 진압한 남치근(南致勤, ?~1570)의 사적을 수록한 《남판윤유사南判尹遺事》, 출처 미상의 야담집인 《청구야담靑邱野談》 등을 들 수 있다. 홍명희는 조선시대의 역사서와 야담집 등에서 온갖 종류의 인물과 일화들을 뽑아내 작품에 녹여 냈다.

1년 남짓 수감생활을 보낸 후 홍명희는 임꺽정 휘하의 두령들이 각자 화적패에 가담하기까지의 경위를 다룬 〈의형제편〉을 연재하기 시작했다. 아마 이때가 작가로서 전성기에 달한 시기가 아니었나 싶다. 무엇보다 홍명희는 〈의형제편〉을 통해 조선시대 민중들의 고달픈 삶을 사실적으로 그려냈다. 이를 두고 김남천(金南天, 1911~1953)은 "사실주의 문학이 가지는 정밀한 세부묘사의" 처음이자 마지막이라고 평가했다.[20] 〈의형제편〉은 사실주의적이고 민중적인 《임꺽정》의 성격이 가장 잘 드러난 작품이라고 할 수 있다.

그러다 변화가 찾아왔다. 임꺽정의 화적패가 본격적으로 결성된 이후의 이야기를 담은 〈화적편〉에 이르러 이전과 다른 분위기가 풍기기 시작했던 것이다. 이러한 변화는 홍명희가 〈의형제편〉을 마무리 짓고 〈화적편〉을 쓸 즈음에 경성제국대학 도서관에서 《조선왕조실록》을 접했기 때문이다.[21] 조선의 역사를 담은 《조선왕조실록》은 이런저런 풍파를 겪다가 1929년부터 1932년까지 4년 동안 《이조실록》이라는 이름의 축쇄영인본으로 간행되었다. 발행 부수는 겨우 30부에 불과했지만(국내에는 8부만 남겨졌다), 처음으로 일반인들이 《조선왕조실록》을 볼 수 있는 여건이 마련된 것이다.[22] 〈화적편〉에는 실록에만 나오는 몇몇 인물들이 등장하고, 주요 사건들이 실록에 의거하여 구성된 듯한 짜임새로 이루어졌다. 홍명희는 《조선왕조실록》을 읽으며 자신만의 방식으로 다음 이야기에 필요한 내용들을 메모하고 정리했을 것이다. 《조선왕조실록》 열람은 이전과 전혀 다른 독서 체험을 안겨주었던 것으로 보인다. 덕분에 그는 실록의 내용을 작품에 반영시킴으로써 작품의 리얼리티를 더욱 살릴 수 있었다. 반면에 이야기의 전개가 지나치게 느려지고 임꺽정 일당의 매력이 떨어지고 만 아쉬움이 있지만 말이다.

홍명희의 서재

1920년대 후반에서 1930년대 초반, 인쇄술의 발달과 출판물의 증가로 서재문화가 확산되어갔다. 신문 매체는 서재의 풍경을 싣는 기사를 특집으로 내보냈고, 서재의 물리적 환경과 분위기를 어떻게 조성해야 하는지를 세세하게 다루었다.[23] 서재는 독서를 위한 물리적 장소이자 개인 수양 공간이기도 했지만, 자신의 교양을 시각적으로 보여주기 위한 전시 공간으로도 기능하기 시작했다.

《동아일보》는 1928년 12월에 〈서재인 방문기〉라는 코너를 10회에 걸쳐 연재했다. 여기에 소개된 인물들은 당시 최고의 지식인으로 손꼽히던 홍성하, 유일준, 이광수, 박승철, 최남선, 박승빈, 김활란, 박영희, 홍에스더, 그리고 홍명희였다. '사무사재思無邪齋'는 홍명희의 서재 이름이다. 거칠게 풀어보자면 '악함을 생각하지 않는 서재' 정도의 의미이겠다. 홍명희는 마음속에 사악한 티끌이 없는 삶을 살기를 다짐하면서 책을 읽었으리라. 독서가의 가장 큰 소망은 '나만의 서재'를 갖는 것이다. 이를 위해서 자신의 취향에 맞는 책들을 보유해야겠지만, 가장 중요한 마무리는 이름 짓기다. 자신의 꿈과 정체성을 서재의 이름에 담아

1928년 12월 22일 자 《동아일보》에 실린 〈서재인 방문기〉.
학예부에 근무하던 여성 기자 최의순(崔義順, 1904~1969)이 취재한 기획기사였다.
최의순은 일본 도쿄고등여자사범학교에서 화학을 전공한 인텔리였다.
홍명희의 서재는 〈서재인 방문기〉의 대미를 장식했다.

냄으로써 어떠한 서재를 만들고 싶은지를 보여주기 위해서다.
실학자 박제가(朴齊家, 1750~1805)는 자신의 서재를 '정유각貞蕤閣'
이라 했고, 정약용(丁若鏞, 1762~1836)은 '여유당與猶堂'으로 불렀
다. 자신의 서재에 이름을 붙이는 건 조선시대에도 있었던 선비
들의 문화였던 셈이다.

서재의 풍경을 따라가 보자. 홍명희의 집은 종로에 빽빽이 들
어선 상점들 틈에 끼인 골목길에 있었다. 홍명희의 집을 방문한
신문기자의 묘사에 따르면, 오래된 책들이 쌓인 마루와 그 윗목
에 서 있는 책탁자, 그리고 "많지 않은 세간 틈틈이 자리를 잔뜩
차지한 후락朽落한 책들"이 있었다.[24] 홍명희가 《임꺽정》을 연재

하기 시작할 무렵의 풍경이었다. 궁핍한 생활 형편에 좋은 책들을 무수히 팔았다고 하니 "후락한 책들"만 자리를 차지했던 것이다.

1935년경 홍명희 일가는 종로에서 마포로 터전을 옮겼다. 한 잡지사에서 나온 기자에 의하면, 서화 병풍이 쭉 둘린 홍명희의 서재 한쪽 벽에는 오세창(吳世昌, 1864~1953)의 글씨가 걸려 있었다. 책상 위에는 거무죽죽한 고서들과 발자크 소설 전집이 나란히 놓여 있었다. 묵은 책과 새 책을 뒤적이며 글을 쓰던 홍명희를 잘 보여주는 서재 풍경이라 할 수 있다.

다독가로 유명한 홍명희의 서재에는 어떤 책들이 있었을까. 몇 가지 단편적인 사실들을 중심으로 살펴보도록 하자. 먼저 장남 홍기문의 회고가 있다. 그의 기억에 의하면, 아버지 홍명희는 1918년에 귀국했을 때 두 개의 큰 버들고리에 책을 가득 담아 가지고 왔다고 한다. 여기에는 오이켄과 베르그송, 타고르의 시집과 페스탈로치의 책, 그리고 니체의 《차라투스트라는 이렇게 말했다》도 있었다고 한다. 근대 철학과 문학, 그리고 교육학에 관한 책들이다. 다독가 홍명희의 면모를 다시 한 번 확인할 수 있는 대목이다. 《차라투스트라는 이렇게 말했다》는 홍기문이 직접 들고 다녀서 분명히 기억하는 책이다.[25]

홍명희는 일본 유학 시절 일본어로 번역된 러시아 작품들을 알뜰히 모아두었다. 1910년에 귀국했을 때 이 책들도 챙겼을 것이다. 홍기문은 아버지가 1912년에 중국으로 떠날 때 집안 대대로 물려 내려오는 한문책을 제외한 모든 책을 어떤 친구에게 맡겼다고 한다. 그가 1918년에 귀국하고 나서 이 책들을 다시 돌려

받았는지는 알 수 없다. 다만 가와카미 하지메와 야마카와 히토시(山川均, 1880~1958) 등 일본 사회주의 지식인의 저서들을 사 모은 건 분명하다. 가와카미 하지메는 근대 일본을 대표하는 경제학자로 1916년에 《가난 이야기貧乏物語》를 출간해 화제를 모은 인물이다. 한국의 1세대 경제학자인 이순탁(李順鐸, 1897~?), 노동규(盧東奎, 1904~?), 윤행중(尹行重, 1904~1959), 박극채(朴克采, 1904~?) 등은 가와카미 하지메에게 큰 영향을 받았다.[26] 야마카와 히토시는 1922년에 일본공산당 창립에 참여했던 지식인이었다. 홍명희는 민중대회 사건으로 두 번째 수감생활을 했을 때 이시카와 지요마쓰(石川千代松, 1861~1935)가 쓴 《동물학 강의》를 차입해달라고 요청했다. 이를 종합해보자면 홍명희의 서재에는 일본어로 번역된 외국 문학과 일본 지식인들이 쓴 사상서, 그리고 자연과학 책들이 빼곡히 자리를 차지했으리라 본다.

《임꺽정》의 삽화를 그렸던 화가 구본웅(具本雄, 1906~1953)의 회고도 참고가 된다. 그가 홍명희의 서재를 찾아가니 서재에 붙인 지도를 보여주며 임꺽정이 걷던 길을 자세히 설명해주었다고 한다.[27] 당시 홍명희는 서재에 지도를 붙여놓고 창작에 힘을 쏟았다는 걸 알 수 있다. 요컨대 《임꺽정》에서 폭넓은 지역을 배경으로 하면서도 정확하고 상세한 지리적 정보를 제시할 수 있었던 이유는 홍명희가 조선시대의 고지도와 지리서, 식민지 시기에 출간된 각종 지도 등을 두루 활용한 결과였다.[28] 실제로 〈화적편〉에는 서울의 지리적·문화적 공간을 치밀하고 생생하게 묘사하는 대목이 적지 않다. 그의 서재에 꽂힌 거무죽죽한 고서 중에는 상당한 인문지리 책들도 있었을 테다.

구본웅이 그린 《임꺽정》 삽화. 구본웅은 〈의형제편〉에 삽화를 그렸다.
이 밖에 안석주(安碩柱, 1901~1950)와
김규택(金奎澤, 1906~1962)이 삽화가로 참여했다.

혁명을 꿈꾼 독서가들

남성 페미니스트의 원조

"선생님도 어서 《임꺽정》을 끝내시고 현대소설에 붓을 좀 대
보십시오."

"그렇지 않아도 현대소설을 하나 써보려고 계획 중입니다."

"그런데 소설을 쓰시면 남녀문제가 나올 텐데 어떻게 다루실
겁니까?"

"글쎄, 현대 여성을 통 모르니까 답답하더군요. 그래서 간접
적 지식을 얻으려고 모윤숙씨 연애론도 읽고, 허허 다른 분
들의 소설도 읽지요."

"아유, 그래도 직접적으로 기회가 오신다면 환영하실지도 모
르지요 뭐."

"웬걸 기회가 오겠습니까? 그리고 아주 인젠 열정이 다 말랐
어요. 늦었는데 무어, 허허."

"그런데요 선생님. 선생님은 소설 쓰시거든 제발 여자를 너
무 천박하게 취급하지 마셔요. 흔히는 여자들의 일면만 보는
것 같아요."

"조선 남자들이란 여자를 성적으로만 보려는 습관이 있어서
그렇습니다."

"그러니까 선생님은 이제 한번 여자를 옳게 보시고 작품을
써보셔요."[29]

이 대화는 모윤숙(毛允淑, 1910~1990)과 홍명희가 조선시대의
문학에 관한 대담을 나누다가 나온 대목이다. 나중에 현대소설

을 쓰게 될 경우 여성을 왜곡하는 표현을 쓰지 말아달라고 신신당부하는 모윤숙의 부탁과 이를 받아들이는 홍명희의 모습이 눈에 들어온다. 모윤숙의 당부는 문학이 여성을 성적으로 소비하고 주변화하는 방식에 이의를 제기한 것이다. 가령 한국 근대문학의 확립에 크게 이바지했다고 평가받는 김동인(金東仁, 1900~1951)은 〈약한 자의 슬픔〉(1919)과 〈감자〉(1925)라는 작품을 통해 성폭력 피해 여성을 유혹자 내지 방조자로 왜곡했다. 그의 여성혐오는 주인공인 김연실의 불륜과 방탕한 생활을 그린 〈김연실전〉(1939)을 통해 적나라하게 드러났다. 모윤숙의 언술과 홍명희의 긍정은 한국 근대문학이 여성과 관련된 스캔들을 자양분 삼아 형성되었다는 사실을 시사한다.[30]

홍명희는 시대적 한계를 감안하더라도 여성문제에 대해 상당히 깨어 있었다. 일단 그는 쌍둥이 딸의 대학 졸업논문을 손수 지도했을 정도로 여성 교육에 적극적인 태도를 보였다. 즉 그는 장녀 홍수경이 〈우리 의복제도 변천에 관한 연구〉를, 차녀 홍무경이 〈조선 혼인제도의 역사적 고구考究〉라는 논문을 쓰는 과정에서 여러 조언을 아끼지 않았던 것이다. 이러한 사실은 홍수경과 홍무경의 논문을 엮은 책인 《조선 의복·혼인제도의 연구》(을유문화사, 1948)에 실려 있다. 여성이 신학문을 공부하는 것을 반대한다면 절대 있을 수 없는 일이었다.

그의 칼럼 모음집인 《학창산화》는 페미니즘의 시각에서 볼 때 주목할 만한 책이다.[31] 여기에 실린 〈혼인제도〉는 인류역사상 존재했던 혼인제도들을 거론하며 '일부일처제'가 실제로 지켜지지 않는 폐해를 이야기했다. 〈신맬서스주의〉라는 글을 통해

1939년 11월 5일 자 《조선일보》에 실린 《임꺽정 1권: 의형제편》 광고.
이 작품은 1939~1940년에 조선일보사출판부에서 4권으로 처음 출간되었다.
1948년에 을유문화사가 6권으로 펴낸 중간본(〈의형제편〉 3권, 〈화적편〉 3권)은
불온서적인 것처럼 뒷전으로만 흘러 다녔다. 1991년 사계절이 10권을 출판함으로써
작품 전체가 단행본으로 간행되었다.

서는 미국의 여성운동가 마거릿 생어(Margaret Sanger, 1879~1966)의 산아제한 운동을 언급하면서 피임의 타당성을 논했다. 〈차별〉은 영국의 사상가 에드워드 카펜터(Edward Carpenter, 1844~1929)를 인용하며 생물학적으로 남녀평등을 주장한 글이다.

근우회가 창립할 때는 여성에 대한 차별과 착취를 식인종으로 풍자하는 글을 썼다. 그러면서 "우리 조선은 세계 선진국에 비하여 후진이라 모든 것이 남에게 뒤지고 있는 가운데 여성운

동은 더욱이 뒤지고 있는 것의 하나"라고 이야기하며 여성운동
의 필요성을 제기했다.[32] 흥미로운 점은 그가 페미니즘의 역사
를 상당히 알고 있었다는 사실이다. 이어서 그가 언급한 크룹스
카야(Nadezhda K. Krupskaya, 1869~1939)와 올랭프(Olympe de Gouges,
1748~1793), 그리고 울스턴크래프트(Mary Wollstonecraft, 1759~1797)
는 페미니즘 역사에서 중요한 인물들이다.

　크룹스카야는 소련의 페미니스트로 홍명희와 한 시대를 공
유한 인물이다. 사실 그는 러시아혁명을 이끈 레닌의 부인이기
때문에 언론 보도로 어느 정도 알려지기도 했다. 그런데 올랭프
와 울스턴크래프트는 18세기의 페미니스트였기 때문에 페미니
즘 역사를 모르고선 언급할 수 없는 인물들이다. 올랭프는 프랑
스혁명기에 여성의 권리를 옹호한 〈여성과 여성 시민의 권리 선
언〉(1791)을 발표한 페미니스트였다. 울스턴크래프트는 6주에
걸쳐 《여성의 권리 옹호》(1792)라는 책을 쓴 영국의 작가이자 페
미니스트 이론가였다. 올랭프와 울스턴크래프트는 페미니즘이
태동할 때 이론적 토대를 마련해준 인물들이다. 그가 어떤 경로
를 거쳐서 이들을 알게 되었는지는 알 수 없지만 다독가로서 여
성운동에 관한 책도 섭렵했던 건 분명해 보인다.

2장

일목십행의 독서가, 신채호

1932년 11월 16일, 만주벌의 매서운 바람을 맞으며 감옥으로 향하는 사람이 있었다. 두터운 외투 깃에 얼굴을 깊이 파묻은 그가 당도한 곳은 뤼순旅順 감옥. 중국 랴오닝성遼寧省 다롄시大連市에 위치한 곳으로 20여 년 전에 안중근(安重根, 1879~1910)이 처형된 장소이기도 했다. 면회를 신청한 지 40여 분간 기다린 끝에 누군가가 면회실로 들어왔다. 가슴에 수형번호 411을 달고 있는 단재 신채호였다. 면회를 신청한 이는《조선일보》기자 신영우申榮

단재 신채호는 혁명을 꿈꾼 전형적인 독서가였다.
26년간 이어진 망명생활 동안 그는 무장투쟁을 통한 조선의 혁명을
부르짖으며 역사 연구에 매진한 인물이었다.

雨. 얼마 전 만주에서 벌어진 중국인과 한국인의 다툼을 취재하러 갔다가 뤼순 감옥에 있는 신채호를 만나러 들른 길이다.

"건강은 어떠십니까?"

"그럭저럭 지낼 만합니다."

"밖에서 듣기로는 눈병이 생겨서 퍽 곤란하시다더니 요새는 어떠십니까?"

"일시 곤란했으나 지금은 그럭저럭 괜찮습니다. 좀 불편한 점은 하루에 여러 번 일어나서 소변을 보는 것입니다."

"감옥에서 다소 책을 보실 수 있습니까?"

"될 수 있는 대로 책을 봅니다. 노역에 종사해야 해서 시간은 없지만 한 십 분씩 쉬는 동안에 책을 읽으려고 합니다. 귀중한 시간을 그대로 보내기 아까워서 조금씩이라도 책 보는 데 힘쓰고 있습니다."

"선생이 오랫동안 노력해서 쓰신 조선 역사가 조선일보 지상에 매일 연재됨을 아십니까?"

"네. 알고 있습니다만 그 발표를 중지시켜주었으면 좋겠습니다. 지금까지 제가 노력해서 쓴 것이지만 아직 보완할 게 많습니다. 돌아가시거든 꼭 중지시켜주십시오. 만일 제가 십 년의 고역을 무사히 마치고 나가게 된다면 정정해서 발표하고자 합니다."

"선생님께서 겸손하게 말씀하셨지만 국내에서는 발표되자마자 큰 화제를 일으키고 있습니다."

"제가 그 글을 쓸 때는 좀 더 깊이 연구하여 자신이 생길 때

혁명을 꿈꾼 독서가들

발표하고자 했습니다. 지금 제가 감옥에 갇힌 바람에 연구가 중단되었지만 건강하게 나가게 된다면 다시 연구를 해서 발표할 계획입니다. 그리고 퍽 망년된 생각이나 조선사생당파사와 육가야사를 저만큼 쓸 수 있는 인물은 없다고 생각합니다. 물론 지금의 상황에서는 쓸데없는 소리이겠지요. 만일 제가 건강하게 나가게 된다면 이 두 주제만은 자신 있게 발표할 수 있다고 생각하고 있습니다."[1]

"부탁하실 건 없을까요?"
"조선에 돌아가시면 《국조보감國朝寶鑑》과 《조야집요朝野輯要》를 차입해주십시오. 그리고 에스페란토 원문 책과 자전을 보내주십시오. 끝으로 서울에 있는 제 자식의 공부가 걱정이지만 감옥에서 염려하기에는 어리석은 일이라 아주 단념했습니다."[2]

단재 신채호는 혁명을 꿈꾼 전형적인 독서가였다. 26년간 이어진 망명생활 동안 그는 무장투쟁을 통한 조선의 혁명을 부르짖으며 역사 연구에 매진한 인물이었다. 독서와 관련해서 그는 속독에 능했다. 당대 사람들은 신채호의 독서법을 일목십행一目十行으로 표현했다.[3] 일목십행이란 책을 한 번 볼 때 열 줄을 읽는다는 뜻이다. 한글학자 이극로는 신채호가 "책을 하나 손에 들면 남 보기에는 책장을 헤는 것과 같이 설설 넘긴다. 그러나 끝장까지 넘기고 책을 덮으면 그 책의 내용을 열독한 사람처럼 이야기를 한다"며 감탄을 금치 못했다.[4] 기자와의 인터뷰를 통해 알 수 있듯이 감옥에서도 책 읽기를 멈추지 않던 그였다.

신채호는 어릴 적부터 할아버지에게 성리학을 배우면서 중국 고전을 두루 접했다. 문제는 집에 있는 서적이 적어 늘 불만이었다는 점이다. 장이 들어설 때마다 한두 군데 정도 책을 멍석 위에 벌여놓고 파는 데가 있었지만, 기껏 파는 책이라곤《천자문千字文》이나《동몽선습童蒙先習》과 같이 한학의 초보적인 책과 한글로 된 소설책이 전부였다. 기껏 수준이 높아도《사서삼경四書三經》정도였다.[5] 손자가 안타까운 할아버지는 동문 친구인 신기선(申箕善, 1851~1909)을 손자에게 소개해주었다. 신기선은 갑오개혁(1894)을 계기로 공부대신, 군부대신, 학부대신, 법부대신 등의 요직을 두루 거친 고위 관료였다. 신기선은 친구의 손자에게 자신의 서재를 자유롭게 출입하는 걸 허락했다. 그리고 신채호가 성균관에 입학할 수 있도록 조력을 아끼지 않았다.

성균관 유생이 된 신채호는 틈만 나면 종로의 서점을 돌아다니면서 책들을 읽어나갔다. 그는 1898년 10월부터 1905년 2월까지 성균관에 다녔으니, 그가 다닌 곳은 1900년대 초반의 종로 서점들인 셈이다. 추측하건대 중앙서관, 신명서림, 영창서관, 광덕관, 덕흥서림, 동양서원 등의 개화기 서점들이었을 것이다.[6] 신채호는 그동안 읽지 못한 책들을 찾아다니며 필요한 내용이 있으면 붓을 들어 베껴 썼다. 친구네 집에 가면 그 집에 있는 책들을 독파할 때까지 거동도 하지 않았다. 이러한 사실은 훗날 신채호가 상하이의 서점가를 돌아다니며 책을 구하고 책 살 돈이 없으면 선 채로 읽었다고 한 이극로의 증언을 통해서도 확인할 수 있다.

그렇다고 신채호가 골방에만 앉아 있었던 건 아니었다. 새로운 세계와 사상에 눈을 뜨기 시작한 신채호는 만민공동회에 참여했다가 옥고를 치르기도 했다. 1898년에 세 차례나 개최되었던 만민공동회는 한국 최초의 대중적 정치집회였다. 대중들이 자발적으로 모여 정치사회적인 주요 현안에 대해 목소리를 냈기 때문이다. 그런 점에서 만민공동회는 촛불집회의 기원이라고 할 수 있다. 여기에 위협을 느낀 고종은 만민공동회를 탄압했다. 이 과정에서 신채호가 감옥에 갔던 것이다.

이후 그는 문중 사람들과 함께 교육운동을 전개했다. 그러다 기회가 찾아왔다. 우연히 알게 된 장지연(張志淵, 1864~1921)의 추천으로 《황성신문》의 주필을 맡은 것이다. 아쉽게도 《황성신문》에 몸담고 있던 신채호를 알 수 있는 자료는 드물다. 을사늑약(1905)을 비판하는 글인 〈시일야방성대곡〉으로 《황성신문》이 문을 닫자 이번에는 양기탁(梁起鐸, 1871~1938)의 추천으로 영국인 베델이 경영하는 《대한매일신보》의 주필로 초빙받았다. 이후 그는 언론인으로서 많은 글을 썼다.

위인전 시대를 열다

1900년대는 위인전의 시대였다. 일반 대중들은 신문, 월보, 학보, 회보 등 여러 매체를 통해 서구의 역사적 인물에 대한 이야기를 접했다. 나폴레옹, 잔 다르크, 비스마르크, 워싱턴 등이 '영웅' 혹은 '위인'으로 소개되기 시작한 것이다. 이들의 생애를 다룬 전기문학이 크게 유행했다. 《황성신문》 사장인 장지연이 잔 다르크의 행적을 다룬 《애국부인전》(광학서포, 1907)을 썼다면, 우기선과 박은식은 각각 《강감찬전》(일한주식회사, 1908)과 《천개소문전》(1911)을 쓰며 위인전의 시대를 열었다.

신채호도 위인전 쓰기에 도전했다. 그는 창작에 앞서 번역을 선택했다. 그가 번역해 세상에 내놓은 책은 《이태리 건국 삼걸전》(광학서포, 1907)이었다. 이 책은 이탈리아 독립에 기여한 마치니(Giuseppe Mazzini, 1805~1872)와 가리발디(Giuseppe Garibaldi, 1807~1882), 그리고 카보우르(Camillo Cavour, 1810~1861)의 이야기를 다루고 있는 역사서다. 중국의 사상가로 유명한 량치차오(梁啓超, 1873~1929)가 작업한 《의대리 건국 삼걸전》을 저본으로 삼아 국한문 책으로 펴낸 것이다. 원서는 영국의 역사학자 존 매리어트 John. A. R. Marriott가 쓴 《The Makers of Modern Italy》(1889)였다. 홍명희와 마찬가지로 중역 방식으로 번역을 한 셈이다. 다만 홍명희가 일본의 번역물을 참조했다면, 신채호는 중국 책을 바탕으로 했다는 점이 다르다.

《이태리 건국 삼걸전》은 국내 독서계에 큰 화제를 불러일으켰다. 일단 이탈리아가 한반도와 비슷한 규모의 반도국이라는 점과 오스트리아라는 강대국에 종속되었다는 점이 독자들의 공감을 샀다. 이때는 을사늑약으로 외교권이 박탈되고 내정간섭을 받던 시기였기 때문이다. 당시 지식인들은 한국을 '동양의 이탈리아'라는 식으로 동질감을 표현했을 정도였다. 거기다 《이태리 건국 삼걸전》에 등장하는 인물들은 대체로 권력자가 아니면서도 나라에 헌신할 수 있는 영웅의 사례를 보여주었다. 재상의

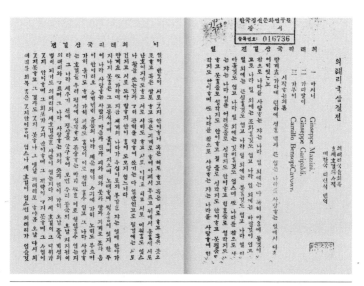

신채호가 1907년에 내놓은 《이태리 건국 삼걸전》. 이 책은 당시 국내 독서계에 큰 화제를 불러일으켰다. 이탈리아가 오스트리아라는 강대국에 종속되었다는 점이 독자들의 공감을 샀다. (사진 출처: 한국학중앙연구원)

자리에까지 올라간 카보우르는 예외라 하더라도 평생 망명객으로 보낸 마치니와 의용군 지도자를 지낸 가리발디는 국내 독자들이 감정이입을 하기 좋은 대상이었다.

번역을 마친 신채호는 위인전 쓰기를 본격화했다. 이번에는 이탈리아의 세 영웅에 비견할 만한 한국사의 영웅을 '발굴'하는 데 힘썼다. 신채호는 한국사에서 외세를 물리치는 데 활약한 인물들을 고구려(을지문덕)와 고려(최영), 그리고 조선(이순신)에서 불러내 문학작품으로 형상화했다. 이 가운데 책으로 나온 건 《을지문덕전》(광학서포, 1908)이 유일했다. 최영과 이순신 이야기는 신채호가 《대한매일신보》에 연재한 작품이었다. 신채호의 영웅

소설은 독자들의 저항의식을 고취시키기 위한 것이 분명하다는 점에서 출판운동의 일환으로 이해할 필요가 있다.

역사적 인물에 대한 글을 쓰려면 사료를 참조해야 한다. 신채호는 을지문덕의 인물됨을 묘사하기 위해 《동국통감東國通鑑》, 《동사강목東史綱目》, 《동국명장전東國名將傳》, 《여지승람輿地勝覽》 등 조선시대의 역사서들을 인용했다. 이는 "조야朝野에 감추인 사기史記를 뒤지며" 쓴 결과였다. 《대한매일신보》에 〈이순신전〉을 연재할 때는 《난중일기亂中日記》와 《이충무공실기李忠武公實記》 등을 참조하면서 허구적 상상력과 자신의 논평을 덧붙였다.

독립운동가 백강白岡 조경한(趙擎韓, 1900~1993)이 1924년에 중국으로 망명할 때의 일이다. 베이징으로 간 그는 신채호를 만났다. 이런저런 이야기가 끝날 무렵 신채호는 조경한에게 자그마한 국문소설을 보여주었다. 신채호가 중국으로 망명을 떠날 때 갖고 간 《임경업전》이었다. 이 책은 병자호란을 배경으로 한 조선시대의 영웅소설이었다. 제목에서 알 수 있듯이 실존 인물인 임경업(林慶業, 1594~1646)을 주인공으로 내세웠다. 신채호는 임경업 장군을 '진정한 사나이'요 '민족 주체가 강한 영웅'으로 소개하면서 《임경업전》이 해외 독립운동의 정신적 지주 역할을 해준다고 강조했다. 신채호의 말인즉슨 《임경업전》에 담겨 있는 민중의 한과 절규가 위정척사운동과 의병항쟁으로 이어져 독립운동의 밑바탕이 되었다는 것이다.[7] 아마도 신채호는 임경업(林慶業, 1594~1646) 장군이 낙안 군수를 지낸 적이 있었기 때문에 순천 출신인 조경한에게 《임경업전》을 보여주지 않았나 싶다. 조선시대까지만 해도 낙안은 하나의 군으로 존재했지만, 1908년

혁명을 꿈꾼 독서가들

에 폐군되면서 순천과 통합되었기 때문이다. 중요한 점은 신채호가 《임경업전》을 읽고 난 뒤 느낀 바가 있어서 최영 장군의 전기인 〈최도통전崔都統傳〉(1909~1910)을 썼다는 사실이다. 이 일화는 신채호가 역사서뿐만 아니라 고전소설에도 조예가 상당했음을 보여준다.

1900년대에 출간된 위인전의 주인공들은 '국가'라는 코드를 긴밀히 내포했다는 공통점이 있다. '영웅'이나 '위인'으로 소개된 이들은 한 나라를 세우거나 구한 인물들이다. 특히 신채호는 제국주의에 저항하는 상무정신을 강조하기 위해서 "위기를 극복할 수 있는 힘을 지닌 강력한 남성성"을 표방했다.[8] 하지만 신채호가 을지문덕을 "제국주의 사상"을 견지한 "영토 확장주의자"라고 주장한 데서 알 수 있듯이, 이때까지만 해도 그는 사회진화론에 입각해 현실을 인식하고 있었다. 사회진화론은 영국의 사회학자인 허버트 스펜서(Herbert Spencer, 1820~1903)가 경쟁과 도태의 원리를 인구론과 생물학 이론에 접목해 만든 사상으로 적자생존과 우승열패를 주요 논리로 삼았다. 즉 "우세한 자는 살아남고 열등한 자는 멸망한다"가 사회진화론의 슬로건이었다. 유길준(兪吉濬, 1856~1914), 윤치호(尹致昊, 1865~1945), 박은식 등의 개화기 지식인들도 사회진화론을 적극적으로 받아들였다. 사회진화론의 가장 큰 문제는 제국주의를 근본적으로 부정하지 못한다는 데 있다. 신채호가 일제의 침략에 분노하면서도, 제국주의를 약육강식의 국제질서 속에서 피할 수 없는 대세로 인정한 이유이기도 하다. 그가 이 틀을 깨기까지는 20여 년에 가까운 세월이 걸렸다.

늘 고개를 기우뚱하고 있고 배를 부둥켜안고 있어서 왠지 우스
꽝스럽고 처량해 보이지만, 조선 역사를 말할 때만큼은 비상한
면모를 보여주던 신채호였다. 그의 독서 여정을 따라가다 보면
20세기 초를 살아가던 식민지 역사학자의 고충을 엿볼 수 있다.
그가 본격적으로 역사 글쓰기에 돌입한 건 1908년 《대한매일신
보》에 〈독사신론讀史新論〉이라는 글을 연재하면서부터였다. 그
의 문제의식은 '단군'과 '민족'이라는 요소를 결합해 민족사를
재구성하는 것이었다. 신채호는 민족을 핵심으로 삼지 않는 모
든 형태의 역사 서술을 거부했다. 그에게 민족을 도외시하는 역
사 서술은 그저 '영혼 없는 역사'일 뿐이었다.[9] 이는 위기를 겪고
있는 국가를 대신할 새로운 역사의 주체로 민족을 주목한 결과
였다. 신채호가 쓴 〈독사신론〉은 근대 민족주의 역사학의 효시
로 평가받고 있다.

　〈독사신론〉을 연재하기 시작할 무렵, 신채호는 '우리의 역사
를 아는 데 중요한 서적이 부족하니 혹 이를 소장한 자가 있으면
보내달라'는 요지의 글을 썼다.[10] 그는 조선의 옛 지식을 담은 한
문책의 수집을 누구보다 강하게 주장했다. 과거를 탐구 대상으
로 삼는 역사학의 특성상 사료의 필요성을 절감했기 때문이다.
신채호는 신학문을 공부하며 개화 지식인의 면모를 보였으나
고서에도 엄청난 관심과 열정을 쏟았다.

　그의 고서 사랑은 아무래도 역사책에 집중될 수밖에 없었다.
아나키스트 류자명(柳子明, 1894~1985)이 신채호와 함께 베이징에

서 지낼 때 들은 이야기로는 "평생토록 서한시대 역사학자인 사마천의 책을 애독"했다고 한다.[11] 여기서 말하는 사마천의 책이란 《사기史記》를 가리킨다. 그중에 신채호는 〈보임안서報任安書〉와 〈굴원열전屈原列傳〉을 "참을 수 없을 만큼 좋아"했다고 한다. 특히 신채호는 곤란한 상황을 겪거나 마음이 힘들 때마다 〈굴원열전〉을 꺼내 읽었던 것 같다. 우직한 신하였으나 결백함을 증명하기 위해 강물에 몸을 던졌던 굴원의 이야기를 읽으며 그는 무슨 생각을 했을까. 이는 자연스럽게 굴원이 지은 시와 굴원을 추모하는 글을 수록한 《초사楚辭》라는 책도 좋아하는 배경으로 작용했다.

조선 후기에 실학자들이 쓴 역사서에도 큰 관심을 보였다. 예를 들어, 한백겸(韓百謙, 1552~1615)의 《동국지리지東國地理誌》(1615), 안정복(安鼎福, 1712~1791)의 《동사강목》(1778), 이종휘(李種徽, 1731~1797)의 《동사東史》(1803), 정약용의 《아방강역고我邦疆域考》(1811) 등이다. 신채호는 실학자들의 저술에 대해 "이들에 의해서 비로소 이후의 역사와 사상을 이끌었다"고 할 정도로 큰 영향을 받았다.[12] 특히 실학자들의 단군 인식, 한국사의 강역, 발해사 인식 등을 적극적으로 받아들임으로써 사대주의 역사학을 비판하고 북방사北方史를 중시하는 역사관을 갖게 되었다.[13] 이 가운데 신채호에게 큰 영향을 미친 책은 안정복이 쓴 《동사강목》이었다. 조선시대의 역사학에 인색한 그였지만 안정복에 대한 평가만큼은 박하지 않았다. 1910년 4월 망명길에 오를 때 그의 봇짐에는 많고 많은 책 중에 《동사강목》 한 질이 들어 있을 정도였다. 1930년대에 조선학 운동을 주도했던 정인보는 상하이에 체류 중이던 신채호의 책롱冊籠(책을 넣어두는 농짝)에 《동사강목》이 꺼내는 대로 연방 나오던 풍경이 인상적이었다고 회고했다.[14]

《동사강목》은 안정복이 무려 30여 년 동안 고조선에서부터 고려 말까지의 역사를 통사로 서술한 역사서다. 즉 안정복은 1754년(영조 19년)에 작업을 착수한 후 1760년(영조 25년)에 초고를 완성했다. 책의 초고가 하나의 서책書冊으로 정리된 건 1778년경이었다. 하지만 일이 끝난 건 아니었다. 수정 및 보완이 남았다. 안정복은 정조의 지원을 받으며 책의 초고를 하나하나 고쳐나갈 수 있었다. 연세대에 소장된 《동사강목》에는 수정의 흔적이 책의 여백에 빼곡하게 적혀 있다.[15] 안정복은 대략 1780년대 중후반까지 수정 작업을 이어갔다. 현재 전해지는 필사본을 보면 늦어도 1785년까지 수정 작업에 매달렸음을 알 수 있다. 그러니까 안정복은 45세부터 74세에 이르는 동안 《동사강목》을 쓰는 일에 매진했던 것이다. 한마디로 《동사강목》은 안정복에게 필생의 숙원 사업이었던 셈이다.

그렇다면 신채호는 《동사강목》의 어떤 부분을 수용했던 걸까. 신채호는 무엇보다 《삼국사기》에 나타난 김부식의 역사 서술을 비판하는 입장을 받아들였다. 안정복은 《동사강목》의 편찬 동기를 밝히는 대목에서 김부식의 역사 서술을 비판하고 있는데, 그 내용이 신채호의 입장과 유사했다. 이를 통해 신채호가 안정복의 생각을 적극적으로 받아들였음을 알 수 있다. 더불어 신채호는 《동사강목》을 통해 역사지리에 대한 중요성도 인식했다. 《동사강목》은 고조선, 삼한사군, 부여, 고구려, 백제, 신라, 발해, 조선에 이르기까지 50개의 지명을 고증함으로써 한민족의 활동 영역이 어떠했는지를 밝히고 있기 때문이다. 이러한 역사지리 고증은 《동사강목》의 핵심인 〈지리고地理考〉에 나와 있다. 역사와 지리의 밀접한 관계를 강조하는 건 신채호도 마찬가지였다. 신채호가 민족의 역사를 재정립하는 데 지리 고증을 중요시한 이유이기도 하다.

여기서 신채호가 말하는 민족이란 어떤 민족을 말하는 걸까. 신채호는 다민족으로 구성된 국가라 할지라도 반드시 주체가 되는 특별한 종족宗族이 있다고 보았다. 신채호가 보기에 한국사의 주체는 단군의 후손인 '부여족'이었다. 그래서 한국사를 부여족이 겪은 흥망성쇠의 역사라고 규정했다. 이러한 인식도 안정복이 쓴 《동사강목》에 나오는 〈단군강역고檀君疆域考〉의 영향을 받았다고 할 수 있다.[16] 신채호는 안정복의 책에 나오는 내용을 무조건적으로 받아들인 건 아니었지만, 자신의 역사학을 정립하는 데 아주 중요하게 참고했던 건 분명하다.

베이징에서의 연구

망명 시절 신채호는 대부분의 시절을 중국 베이징에서 보냈다. 13년 동안 베이징의 서른한 군데에서 지냈고, 그렇다 보니 최근 신채호의 흔적을 따라가는 '신채호 루트'가 조명될 정도다. 그의 베이징 생활은 크게 세 시기로 구분할 수 있다. 첫 번째 시기는 1915년에 이시영(李始榮, 1882~1919)의 권고로 베이징에 왔던 때이다. 상하이에서 동제사 멤버들과 교류하고(1913), 만주 일대에서 고구려·발해 유적지를 답사한 직후였다(1914). 이때 그는《중화보中華報》와《북경일보北京日報》등에 논설을 썼고, 소설 작품인 〈꿈하늘〉(1916)을 쓰기도 했다. 정확한 시기는 알 수 없지만, 1919년에 임시정부 일로 상하이로 돌아가기까지 4년 동안 저술 작업에 매진하며 첫 번째 베이징 생활을 보냈다.

두 번째 베이징 생활은 1921년 1월경부터 시작되었다. 1920년대 베이징은 안창호(安昌浩, 1878~1938), 조소앙, 이윤재(李允宰, 1888~1943), 김원봉(金元鳳, 1898~1958), 류자명, 김성숙(金星淑, 1898~1969), 심훈(沈熏, 1901~1936), 이육사(李陸史, 1904~1944), 김산(金山, 1905~1938) 등 수많은 혁명가들이 머물거나 거쳐간 도시였다. 이때 신채호는 중국인들에게 한국의 역사와 독립운동을 알리기 위해서《천고天鼓》라는 한문 잡지를 발행했다. 훗날《상록수》를 쓴 심훈이 "캉炕 위에 기대어 좀이 썰은 고서를 펴든 채 꾸벅꾸벅 조는" 신채호를 목격한 시기이기도 하다.[17] 중국공산당 창당에 큰 역할을 한 리다자오(李大釗, 1889~1927)에게 편지를 보낸 것도 이 무렵이었다. 리다자오는 중국 신문화운동의 선구자이자 마르크스 이론을 중국에 전파한 혁명가였다. 동시에 그는 저명한 역사학자이자 베이징대 도서관의 최고 관리자였다. 1922년 신채호는 리다자오에게 편지를 보내 베이징대 도서관의 책들을 볼 수 있게 해달라는 요청을 했다.

1922년 12월 신채호는 의열단장 김원봉의 초청을 받고 상하이로 다시 떠났다. 그는 아카니스트이자 의열단의 이론가인 류자명의 도움을 받으며 독립운동 논설의 백미로 일컫는 〈조선혁명선언〉의 집필에 들어갔다. 〈조선혁명선언〉은 의열단의 이념과 방략을 이론화한 선언서이자 신채호의 무장투쟁론을 알 수 있는 문건이기도 하다. 상하이의 한 여관에서 신채호가 작성한 〈조선혁명선언〉은 무장투쟁의 정당성을 가장 극명하게 표현한 역사적인 문서였다. 더불어 신채호는 상하이에서 열린 국민대표회의의 참가자 중 창조파를 대표하는 인물이었다. 1923년 1월부터 6월까지 이어진 국민대표회의에서는 임시정부를 해산하고 새로운 정부를 만들어야 한다는 창조파와 기존의 임시정부를 뼈대로 삼아 개조해야 한다는 개조파가 팽팽히 맞섰다. 신채호는 무장투쟁론을 독립운동 노선으로 삼았기 때문에 외교활동에 치중한 임시정부를 타협주의자로 보았다. 그런 그가 창조파에 선 건 어쩌면 당연한 일이었다. 6개월간의 논쟁 끝에 국민대표회의는 결렬되고 말았다. 여기에 크게 실망한 신채호는 베이징으로 돌아갔다. 이때 그는 머리를 깎고 베이징 교외에 있는 관음사에 들어가 6개월간 승려로 지냈다. 《유마경維摩經》과 《능엄경楞嚴經》, 그리고 《대승기신론大乘起信論》 등의 불교 경전을 깊이 연구하던 것도 이때였다.

제2의 고향이나 다름없는 베이징으로 돌아온 신채호는 유럽 역사와 관련된 책들을 읽기 위해 영어 공부를 시작했다.[18] 신채호는 상하이에 머물 때 김규식(金奎植, 1881~1950)과 이광수로부터 영어를 배운 적이 있었다. 그런데 신채호는 발음은 쓸데없다고 하여 영어 회화를 배우려 하지 않았다. 그에게는 영어나 한문모두 '글'이었기 때문이다. 신채호는 매우 느리게 한문을 읽듯이 영어를 발음했다고 한다.[19] 발음과 관련해서는 신채호의 괴팍한 고집이 드러나지만, 독해력은 분명히 있었던 것 같다. 신채호

1928년 12월 12일 자《동아일보》에 실린 '신채호 부인 방문기'.
신채호의 부인 박자혜(朴慈惠, 1895~1943)가 인사동에서 산파産婆를 하며 두 아들과
함께 '겨우 연명'하며 살고 있다고 보도하고 있다. '산파'는 요즘으로 치면 산부인과에
해당한다. 박자혜는 조선총독부의원 부속 의학강습소 간호부과, 옌징대학 의예과에서
의학 공부를 한 바 있다. 그는 국내에 머물며 나석주의 동양척식주식회사 폭탄 투척을
지원하는 등 독립운동을 했다. 신채호가 사망한 후 첫째 아들은 해외로 떠났으며, 둘째
아들은 1942년 영양실조로 사망했다. 박자혜도 홀로 병에 시달리다 1943년 사망했다.
오른쪽은 신채호의 필적과 두 아들의 모습.

는 토머스 칼라일(Thomas Carlyle, 1795~1881)의 《영웅숭배론》(1841)
과 에드워드 기번(Edward Gibbon, 1737~1794)의 《로마제국 쇠망사》
(1788)를 영어로 된 원서로 줄줄 읽어나갔으니 말이다.[20] 감옥에
갇혀 있을 때는 이관용(李灌鎔, 1894~1933)에게 H. G. 웰스(Herbert
George Wells, 1866~1946)의 《세계문화사》를 차입해달라는 부탁을
했다고 한다. 아마도 신채호는 영어 원서로 서양사를 공부하려
고 했던 것 같다.

  신채호가 한국사 연구에 매진하게 된 시기도 이때였다. 신
채호는 가족들의 생계를 위해 《동아일보》에 다수의 역사 논문

을 발표했다. 그는 1924년 10월 13일부터 1925년 3월 16일까지 《동아일보》에 〈삼국지동이열전교정三國志東夷列傳校正〉, 〈평양패수고平壤浿水考〉, 〈전후삼한고前後三韓考〉 등의 글을 간헐적으로 연재했다. 이는 지인들의 도움으로 이루어진 일이었다. 이 글들은 1929년에 《조선사연구초》(조선도서주식회사)라는 책으로 출간되었다. 일제강점기에 출판된 신채호의 유일한 저서였다. 하지만 이 책이 나왔을 때 그는 뤼순 감옥에 갇혀 있었다.

그의 역사 연구에서 가장 극적인 계기는 《사고전서四庫全書》의 열람이었다. 《사고전서》는 중국 청나라의 6대 황제인 건륭제(乾隆帝, 1711~1799)의 명에 의해 10여 년에 걸쳐 편찬된 중국 최대의 대백과전서였다. 신채호는 베이징에서 알게 된 리스청(李石曾, 1881~1973)의 알선으로 《사고전서》를 열람했다. 리스청은 중국의 아나키스트로 베이징대학에서 생물학을 가르치면서 자금성 도서관의 책임자를 맡고 있었다. 당시 자금성 도서관에는 《사고전서》를 포함해 수많은 희귀 도서가 소장되어 있었다. 《사고전서》 열람은 신채호의 역사 연구에서 아주 큰 기회였다.

베이징에서 접한 광범위한 사료들은 그의 역사관을 한 단계 더 진전시켜주는 중요한 바탕이 되었다. 신채호가 1931년 6월부터 10월까지 《조선일보》에 103회나 연재한 글인 〈조선사〉는 자금성 도서관에 소장되어 있던 《사고전서》를 열람하고 베이징대학 도서관을 수시로 드나들며 연구에 매진한 결과물이었다. 신채호가 "조선·중국·일본 등 동양 문헌에 대한 대도서관이 없으면 조선사를 연구하기가 정말 어려울 것이다"라고 말한 까닭이다.[21] 생전에 이 연재물은 책으로 나오지 못했지만, 해방 이후인 1948년에 《조선상고사》(종로서원)라는 제목의 책으로 출간되었다.

이 무렵 접한 량치차오의 저서 《중국역사연구법》(1922)도 역사 연구에 큰 도움을 주었다.[22] 세부 목차나 내용에 차이가 있지만 《조선상고사》에 실린 〈총론〉은 《중국역사연구법》의 체제를 빌려왔기 때문이다.[23] 한편, 량치차오는 《중국역사연구법》을 쓸 때 베른하임(Ernst Bernheim, 1850~1942)의 《역사학 입문》(1905)을 주요하게 참조했다고 한다. 중요한 점은 《조선상고사》의 첫 문장에 등장하는 문구("역사란 무엇인가? 아我와 비아非我의 투쟁이 시간으로 발전하고 공간으로 확대되는 심적 활동 상태의 기록")가 량치차오보다 베른하임의 책에 더 유사한 표현이 실려 있다는 사실이다.[24] 신채호가 베른하임의 책을 읽었을 가능성을 시사하는 대목이다. 《영웅숭배론》과 《로마제국 쇠망사》를 원서로 읽는 그였으니 아마도 《역사학 입문》의 영역본도 큰 문제 없이 보지 않았을까 싶다. 아니면 일본어 번역본인 《역사는 무엇인가》(1922)를 통해 접했을 수도 있다. 국내 독자가 한국어로 읽기까지는 아직 30여 년의 세월이 남았다(최초의 한국어 번역본은 1954년 정연사에서 나온 《사학 개론》이었다).

아나키스트가 되다

신채호는 1910년에 망명을 선택한 후 1928년 5월경에 체포되기까지 거의 중국에서 체류했다. 이 가운데 1910년대 중반까지는 강렬한 민족주의를 바탕으로 한 사회진화론의 신봉자로 지냈다고 할 수 있다. 즉 신채호는 힘에 의한 독립을 모색했고, 힘이 지배하는 국제질서에서 강자가 되어야 한다고 생각했던 것이다. 그러다 신채호는 아나키즘을 받아들여 아나키스트Anarchist가 되었다. 아나키즘이란 정치적, 사회적, 경제적으로 '지배자가 없는 상태'를 추구하는 사상을 가리킨다. 그리고 이 사상을 추구하는 이들을 아나키스트라고 부른다. 대부분의 학자들은 신채호가 최종적으로 도달한 사상적 지점이 아나키즘이라고 이야기한다. 하지만 그가 아나키스트로서의 행보를 언제부터 시작했는지는 의견이 분분하다. 혹자는 1919년 무렵부터라고 말하고, 혹자는 1923년경부터라고 주장한다. 그 밖에도 다양한 견해들이 있다. 신채호의 아나키즘에 대해서는 아직까지 밝혀지지 않은 게 많다.

1928년 12월 13일 다롄 지방법원에서 2차 공판이 열릴 때였다. 여기서 신채호는 언제부터 아나키즘에 '공명'했는가라는 질문을 받는다. 신채호는《황성신문》에 근무하고 있던 1905년경에 고토쿠 슈스이(幸德秋水, 1871~1911)의《장광설長廣舌》을 읽으면서 아나키즘에 공명하기 시작했다고 답변했다.[25] 고토쿠 슈스이는 1910년 천황 암살 계획에 연루돼 1911년에 사형을 당하기까지 사회주의자에서 아나키스트로 살다 간 혁명가였다. 신채호는 한 중국 신문에 기고한 글에서 "일본에 오직 고토쿠 슈스이 한 사람만이 있을 따름"이라고 썼을 뿐만 아니라 고토쿠 슈스이가 쓴《기독말살론基督抹殺論》(1910)을 한국어로 번역해 소개까지할 정도로 그의 영향을 많이 받았다.[26] 고토쿠 슈스이는 생전에

신채호에게 영향을 끼친 고토쿠 슈스이(왼쪽)와 표트르 크로포트킨.

동아시아 아나키스트들의 연대를 주장했는데, 신채호가 생전에 마지막으로 참여했던 무정부주의동방연맹이 아나키스트들의 국제적 연대조직이라는 점도 시사하는 바가 많다.[27]

신채호는 아나키즘을 받아들임으로써 사회진화론을 극복할 수 있었다. 동아시아 아나키즘에 큰 영향을 미친 사상가는 러시아의 아나키스트인 크로포트킨이었다. 그는 약육강식에 의한 적자생존을 주장하는 사회진화론을 비판하고, 상호연대와 부조를 통한 인류 공존을 내세웠다. 이러한 생각을 《상호부조론》(1902)이라는 책에 담아냈는데, 크로포트킨의 글은 동아시아 혁명가들에게 큰 영향을 미쳤다. 신채호도 크로포트킨을 열심히 읽었다. 사회진화론이 '경쟁'을 핵심으로 삼았다면, 아나키즘의 핵심 가치는 '연대'였다.

만년의 신채호. 신채호는 출옥을 1년 8개월 앞둔 1936년 2월 18일에
뇌일혈로 의식을 잃고 쓰러진 뒤 영영 눈을 감았다.

비록 의열단의 의뢰로 작성한 글이지만 신채호가 쓴 〈조선
혁명선언〉(1923)은 약자의 연대를 제시했다. 이로부터 2년 뒤인
1925년 1월 2일 자《동아일보》에 게재한 글은 아나키스트로서
의 신채호를 분명하게 알 수 있는 자료이다. 〈낭객의 신년만필〉
이라는 제목으로 작성한 이 글에서 신채호는 "일본인 중에도 무
산자는 가련한 조선인과 한가지니 우리 운동을 민족으로는 나
눌 것이 아니요, 유무산으로 나눌 것"이라고 이야기함으로써 약
자의 연대를 강조했기 때문이다. 그러면서 크로포트킨이 쓴《청
년에게 고하노라》의 세례를 받자고 주장했다. 아나키스트 신채
호에게 일제는 민족의 적인 제국주의 국가로 그치지 않고 약자

의 자유와 평등권을 박탈하고 억압하는 불의였던 것이다.

약자의 연대는 민중의 혁명으로 이어졌다. 사회진화론자였을 때만 해도 그는 영웅의 도래를 기다리던 엘리트주의자였다. 아나키즘을 받아들이면서 그의 생각은 바뀌었다. 그가 쓴 〈조선혁명선언〉과 〈무정부주의동방연맹 선언문〉은 역사의 주체를 영웅이 아니라 민중으로 규정했다. 신채호는 민중들의 연대에 의한 혁명을 부르짖었다. 아무래도 아나키즘은 인간의 자유와 평등을 중시하고, 이를 억압하는 일체의 권력을 부정하는 사상이니까.

신채호는 괴팍하고 고집스러운 천재였다. 책을 읽고 글을 쓰는 일 이외에는 매우 무심한 편이다 보니 남의 눈에는 이상스러운 행동도 서슴지 않았다. 자기주장을 한번 내세우면 누가 뭐라고 하든 끝까지 고집을 부리기도 했다. 그를 잘 모르는 사람들은 "고집 세고 괴벽스럽다"고 하겠지만, 그를 잘 알고 나면 "고집이 맘에 거슬리지 않고 괴벽이 눈에 거칠지 않"은 이상한 매력의 소유자였다.[28] 어떤 점에서 그의 고집불통적인 성격이 그가 일관되게 지켜온 비타협 정신의 모체로 작용했으리라 본다.

3장

『백범일지』를 통해 본 김구의 독서 여정

오랜 기간 독자들에게 관심을 받고 인기를 누리는 책을 스테디셀러라 한다. 그런 점에서 백범 김구(金九, 1876~1949)가 쓴《백범일지》는 역사 분야의 대표적인 스테디셀러라 할 수 있다. 청년시절 동학농민운동과 계몽운동에 참여했고, 3·1운동 이후 중국으로 망명하여 임시정부를 이끌던 김구였다. 해방 이후에는 단독정부 수립에 반대하며 남북협상에 의한 통일정부를 수립하려 애쓰다가 암살을 당해 비극적인 최후를 맞이한 인물이었다. 그의 삶은 한국 근현대사의 질곡과 함께한 셈이다. 그런 그가 자신의 이야기를 글로 남겼으니《백범일지》는 스테디셀러가 될 수

한국사의 질곡과 함께한 백범 김구(왼쪽)와 그가 남긴 《백범일지》.
《백범일지》는 1947년 도서출판 국사원에서 처음 출간되었다.

밖에 없었다.

《백범일지》는 두 아들에게 남기는 자서전이자 유서다. 1930 년대 초반 김구는 언제 어떻게 될지 모르는 위태로운 상황에 놓여 있었다. 일제에 의해 거액의 현상금이 걸려 있었을뿐더러 암살 공작에도 시달려야 했다. 1932년 4월 29일에 일어난 윤봉길의 홍커우虹口공원 의거 이후에는 상하이를 떠나 중국 남부 지역을 떠돌아다니는 신세가 되었다. 항저우杭州(1932), 전장晋江(1935), 창사長沙(1937), 광저우廣州(1938), 류저우柳州(1938), 치장綦江(1939)을 거쳐 충칭重慶(1940)을 전전해야만 했다. 누가 봐도 불안한 삶이었다. 이에 김구는 두 아들에게 자신의 이야기를 책으로 남기고자 붓을 들었고, 그 결과물이《백범일지》였다.

흥미로운 점은《백범일지》가 한 혁명가의 독서 여정이 담긴 기록이라는 사실이다.《백범일지》는 1920년대 후반에 작성된 '상권'과 1940년대 초반에 기록된 '하권'으로 이루어져 있다. 이 가운데 상권에는 청년 김구가 혁명가로 성장하는 과정에서 어떤 책들을 읽었는지가 상세하게 나와 있다. 우리에게 익히 알려진 노老혁명가 김구의 프리퀄Prequel에 해당하는 작품이다.

청년 김구의 방황과 독서

김구는 청년 시절 다양한 학문과 사상을 접했다.《백범일지》에 기록되어 있는 그의 여정을 따라가다 보면, 격동기를 살아가던 한 청년의 방황과 고민을 엿볼 수 있다. 특히 그는 10대 후반과

20대 시절을 보냈던 1890년대에 동학과 불교, 그리고 기독교를 거치는 등 다양한 종교를 경험했다. 김구는 유교 경전에 대한 이해도 상당해서 《백범일지》 곳곳에 한시漢詩를 수록하기도 했다. 이는 김구가 소년 시절부터 서당에 다니며 글공부를 했기 때문이다.

그는 평민 집안에서 자랐다. 옛날에는 서울에 기거하며 벼슬을 지낸 양반가였다고 하지만, 230여 년 전의 이야기였을 뿐이다. 이를 두고 재일 사학자 조경달은 소박한 족보 신앙을 바탕으로 한 명문名門 의식의 표현이라고 꼬집었다.[1] 그러던 어느 날, 소년 김구의 세계를 뒤흔든 사건이 발생했다. 집안 어르신 한 분이 양반들이 쓰던 말총갓을 하고 나갔다가 양반에게 들켜 봉변을 당했다는 이야기를 들은 것이다. 양반과 평민의 차이를 몰랐던 김구. 어른들은 글공부를 해서 과거 시험에 합격하면 양반이 될 수 있다는 이야기를 해주었다. 이 말을 들은 김구는 아버지에게 서당에 보내달라고 졸랐다. 그렇게 해서 김구는 서당 학동으로서 글공부를 시작했다.

조선 후기에는 글을 배우러 오는 아이들의 신분에 따라 서당의 종류가 양반 서당과 평민 서당으로 나뉘었다. 18세기 후반부터 경제적 부를 축적한 평민층이 서당을 차리고 글공부를 한 까닭이다. 이런 내용이 《백범일지》에 잘 소개되어 있다. 김구는 서당에 가기 전에 한글을 익히고 천자문도 어느 정도 익힌 수준이었다. 학동 김구가 서당에서 처음 배운 책은 당나라 시인의 시 모음집인 《당음唐音》이었다.[2] 이후 그는 서당에서 《사략史略》과 《통감通鑑》, 그리고 《대학大學》을 배웠다(33~34쪽). 훗날 김구가 서당 훈장으로 아이들에게 《동몽선습》, 《사략》, 《천자문》 등을 가르칠 수 있었던 이유이기도 하다(167쪽). 여기에 언급된 책들은 당시 서당에서 학동들이 읽었던 기본 교재였다.

문제는 가난이었다. 그의 집안은 끔찍한 가난에 허우적댔다. 오죽했으면 그의 어머니는 "항상 내(김구: 인용자)가 죽었으면 좋겠다고 한탄"했을까(24쪽). 거기다 아버지의 병환으로 인해 그마저 있던 가산마저 탕진했다. 대책이 필요했다. 아버지는 김구에게 진로를 바꾸라고 재촉했다. 신분이 평민이어서 과거에 합격하기 어려울뿐더러 설령 합격한다 해도 좋은 벼슬자리를 구할 수 없었다. 아버지는 김구가 밥벌이가 되는 공부를 하는 게 낫다고 판단했던 모양이다. 아버지는 김구에게 실용문서時行文 공부에 주력하라고 요구했다(33쪽).

조선 후기에는 소송이 유행했다. 지방관이 매일 소송 문제를 처리하느라 다른 업무에 전혀 손을 대지 못할 정도였다.[3] 그런데 소송은 일정한 절차와 형식이 필요하다. 한문을 능숙하게 구사하는 양반들에게도 소송을 제기하는 일은 생경했다. 글을 모르는 이들은 관아로 달려가 하소연하는 방법이 있겠지만, 원칙적으로 민원은 문서를 통해 접수해야 했다. 누군가의 도움이 필요했다. 평민 서당에 다니던 이들은 과거 시험을 준비하기보다 탄원서나 청원서를 작성하는 방법을 배워 밥벌이에 나섰다. 김구는 아버지의 뜻에 따라 〈토지문권土地文券〉, 〈정소장呈訴狀〉, 〈제축문祭祝文〉, 〈혼서문婚書文〉, 〈서한문書翰文〉 등을 틈틈이 공부하고 연습했다. 요즘 말로 바꾸자면 일종의 법무사 자격증을 준비한 셈이다.

청년 김구의 방황은 열일곱 살 때 시작되었다. 과거 시험을 보러 갔지만 온갖 부정으로 얼룩진 광경에 매우 실망하고 돌아와버린 것이다. 이후 그는 아버지의 권유로 관상학을 공부하기 시작했다. 그가 본 책은 관상학의 2대 경전 중 하나라 일컫는 《마의상서麻衣相書》였다. 김구는 석 달 동안 두문불출하면서 관상 공부에 매진했다. 그런데 관상학에 따라 자신의 얼굴을 살펴보니 좋은 상이 하나도 없었다. 바닥에 떨어진 자존감을 추스르기 위해 관상학을 공부하기 시작했는데, 오히려 안 하느니 못한 상황이 되어버린 것이다.

다행히 책에서 받은 상처를 책을 통해 치유할 수 있었다. 김구는 《마의상서》에서 "얼굴 좋은 것은 몸 좋은 것만 못하고相好不如身好, 몸 좋은 것은 마음 좋은 것만 못하다身好不如心好"는 구절을 발견했다. 아무리 외모가 출중하다고 해도 마음 좋은 사람이 되는 게 더욱 중요하다는 깨달음을 얻었다. 이때부터 그는 출세를 위한 공부를 허영으로 여기기 시작했다. 문제는 마음 좋은 사람이 되는 법을 몰랐다는 데 있었다. 해답을 찾고자 김구는 닥치는 대로 여러 책을 읽기 시작했다. 이번에는 풍수지리서인 《지가서地家書》뿐만 아니라 병서인 《손무자孫武子》, 《오기자吳起子》, 《삼략三略》, 《육도六韜》 등에 손을 댔다. 1년간 김구는 서당 훈장으로 지내면서 "의미도 잘 모르는 병서만" 읽어댔다.

'좋은 마음을 가진 사람'이 되기 위한 수양에 관심을 가지던 중 이상한 소문이 돌았다. 동학의 신출귀몰함이었다. 김구는 호기심에 이끌려 동학교도인 오응선(吳膺善, ?~?)의 집을 찾아갔다. 양반이면서도 자신에게 공손히 맞절을 하는 모습을 보고 김구는 큰 충격을 받았다. 어릴 때부터 철저한 신분차별을 몸소 겪으며 조선의 봉건체제에 반감을 가지고 있던 김구가 아니던가. 동학의 평등주의에 감명을 받은 김구는 동학에 가입했다. 김구에게 동학은 그야말로 '별세계'였다. 김구의 이름이 창암昌巖에서 창수昌洙로 개명된 것도 이때였다.

김구는 동학 경전인 《동경대전東經大全》과 《용담유사龍潭遺詞》 그리고 《궁을가弓乙歌》 등을 읽으며 동학의 교리를 접했다(42쪽). 제2대 교주인 최시형(崔時亨, 1827~1898)의 주도하에 비밀리에 필사되어 교도들의 손에서 손으로 전해지던 책들이었다. 아쉽게도 김구는 자신이 얼마나 동학의 교리나 사상을 이해했는가를 제대로 밝히고 있지 않다.[4] 다만, 자신의 신념을 위해 책을 읽기는 이때가 처음이었다고 할 수 있다.

1894년 가을경 김구는 충청도 보은에서 최시형을 만나 접주가 되었다. 당시 보은은 최시형의 거처이자 동학의 본거지였다. 동학교도가 된 지 불과 수개월 만에 수백 명의 사람들을 포교한 덕분이었다. 이때는 전봉준(全琫準, 1855~1895)이 이끄는 동학농민군이 제2차 농민전쟁을 일으킨 시기였다. 김구도 접주로서 제2차 농민전쟁에 참여했다. 결과는 참담했다. 전투에서 패배했을 뿐만 아니라 동학에서 이룬 것들을 하루아침에 잃어버렸다.

실패를 맛본 김구가 향한 곳은 황해도 신천에 있는 청계동이었다. 적이었지만 마음이 통한 안태훈(安泰勳, 1862~1905)을 찾아가는 길이었다. 여기서 그는 인생의 스승을 만나게 된다. 위정척사파의 거두 화서華西 이항로(李恒老, 1792~1868) 계열의 유학자인 고능선(高能善, 1842~1922)이었다. 김구에게는 일생일대의 사건이었다. 김구는 고능선에게 《화서아언華西雅言》과 《주서백선朱書百選》 등을 배우며 안목을 넓힐 수 있었다.

《백범일지》의 내용만을 볼 때, 그동안 김구의 독서 여정은 시험공부와 실용문서 작성에 국한되었고, 잠시 동학에 귀의했을 때 읽은 종교 경전이 전부였다. 김구는 고능선과의 만남을 통해 실천윤리이던 유학을 형이상학으로 끌어올린 성리학의 정수를 맛보았다. 김구가 고능선에게 배웠던 《주서백선》과 《화서아언》은 성리학의 중요한 텍스트였다. 《주서백선》은 1794년에 정조가 성리학의 시조인 주자의 편지글 가운데 100편을 엄선하여 인명, 지명, 훈고, 출처 등에 대해 주석을 단 책이다. 정조는 주자학 교육을 강화하고자 《주서백선》의 인쇄본을 광범위하게 보급했다. 그 일환으로 일종의 도청道廳에 해당하는 감영에서 번각본飜刻本을 찍게 했고, 전국의 유생들에게 《주서백선》을 학습할 것을 지시했다.[5] 이 책은 정조가 세손 시절에 작업한 《주자회선朱子會選》(1774)과 《주자선통朱子選統》(1781)의 연장선상에서 만들어졌다. 정조는 재임 기간에 4000여 책을 출간했는데, 그 가운데 1300여 책을 어정御定이라는 이름으로 직접 편찬했다. 그러니까 《주서백선》은 정조의 '어정' 시리즈 가운데 하나였던 책이다. 김구가 읽었던 《주서백선》은 정조의 기획 출판물이었던 셈이다.

《화서아언》은 어떤 책이었을까. 이 책은 중부 지역의 성리학 문파인 화서학파를 만든 이항로의 문집이다. 중요한 점은 화서학파가 중부 지역에서 위정척사운동과 의병운동을 이끈 세력이었다는 사실이다. 을사늑약을 전후로 해서는 국내뿐만 아니라 러시아 연해주와 간도 등지에서 제국주의 침략에 맞서 싸우며 민족운동의 한 축을 이루었다. 양반에 대한 원한을 지렛대로 삼아 동학에 참여했던 김구가 고능선의 가르침을 받고 《화서아언》을 읽으며 위정척사론자로 바뀌는 순간이었다. 그러다 보니 혹자는 김구를 화서학파의 마지막 인맥이라고도 말한다. 화서학파를 대표하는 유학자이자 의병장인 유인석(柳麟錫, 1842~1915)의 문집에서 김구에 대한 이야기가 실려 있다거나 해방 후 귀국한 김구가 유인석의 묘소를 찾은 일 등은 김구와 화서학파의 관계를 짐작하게 한다.

김구의 옥중 독서, 인생 책을 만나다

화서학파의 영향으로 김구는 위정척사의 논리로 무장했다. 이 와중에 민비가 살해당하는 을미사변이 1895년 10월 8일에 벌어졌다. 단발령에 분노하고 있던 김구는 점차 날이 섰다. 그러다 사건이 터졌다. 황해도에서 서울말을 쓰는 사람을 만난 것이다. 어딘가 이상했다. 자세히 보니 흰 두루마기 밑에 칼집을 숨기고 있었다. 수상했다. 김구는 그가 일본인이라고 확신했다. 기회를 틈타 일격을 가했다. 빙판이 된 마당에 피가 흘렀다. 김구는 "왜놈의 피를 움켜 마시고, 그 피를 얼굴에 바르고" 자신을 말리던 사람들에게 호통을 쳤다(96쪽). 김구는 명성황후 살해에 대한 복수로 일본인을 죽였다고 밝혔다(98쪽). 이때가 1896년 3월 9일이었다. 황해도 안악군 치하포에서 김구가 일본인 쓰치다 조스케土田讓亮를 살해한 것이다. 그 유명한 치하포 사건이었다.

피신 중이던 김구는 6월 말 해주에서 체포되었다. 그러고는 인천 감리서監理署가 관할하는 감옥소로 이송된 후 사형 선고를 받았다. 감리서란 개항장 내의 모든 일을 처리하기 위해 설치된 지방 관아였다. 을사늑약으로 외교권이 박탈당할 때까지 존재했다. 외국인이 살해당한 사건이므로 외국인 관련 재판을 담당하는 인천 감리서에서 김구를 심문해야 한다고 주장한 일본영사관의 입장이 반영된 결과였다. 김구가 인천 감옥소를 탈옥한 건 1898년 3월이었다. 대략 1년 8개월 동안 김구는 인천 감옥소에서 복역했다. 그의 첫 번째 감옥살이였다.

어쩌면 청년 김구가 제일 집중적으로 책을 읽은 곳은 감옥이었을지도 모른다. 김구 자신도 감옥에서의 첫째가는 생활로 독서를 꼽았으니 말이다. 언제나 그랬듯 김구의 아버지는 아들을 위해 책을 건넸다. 바로 《대학》이었다. 김구는 거의 매일 《대학》을 읽고 외우다시피 했다(114쪽). 그 밖에 김구는 죄수들에게 글을 가르치기도 했으며, 왕년에 배운 솜씨로 소장訴狀을 써주는 일로 시간을 보내기도 했다.

김구가 갇혀 있던 인천은 신문물이 제일 먼저 들어오던 개항 도시였다. 그래서일까. 감리서의 직원 중에는 신문물에 밝은 사람이 있었던 모양이다. 구학문의 상징인 《대학》을 암기하다시피 읽는 김구가 답답했던지 감리서 직원은 그에게 신서적을 권유했다. 덕분에 김구는 《태서신사泰西新史》와 《세계지지世界地志》라는 책을 읽게 되었다(114~115쪽). 이 가운데 《태서신사》는 김구의 삶을 바꿔버린 인생 책이었다.

《태서신사》는 1890년대 동아시아 독서계를 뒤흔든 책이자 한중일 지성계에 큰 파문을 일으킨 베스트셀러였다. 여기서 '태서'란 '서양'을 의미하는 옛말이다. 그러니까 《태서신사》에 담긴 제목의 뜻은 '유럽 근대사'라 할 수 있겠다. 번역의 원본은 1880년에 로버트 맥켄지(Robert Mackenzie, 1880~1949)가 쓴 《The 19th Century》였다. 최초의 번역은 중국에서 이루어졌다. 《태서신사》는 중국 번역본인 《태서신사남요泰西新史攬要》를 다시 번역한 책이었다.

사실 한국의 근대 지식 형성에서 중국의 서양 서적 번역서는 상당한 영향을 미쳤다. 한문으로 번역된 서양 서적이 한국에 들어오면서 근대 지식의 수용과 보급이 이루어졌기 때문이다. 중국은 제1차 아편전쟁(1839~1842) 이후 서양 서적 번역을 본격적으로 시행했는데, 1842년에 위원(魏源, 1794~1857)이 번역한 《해국도지海國圖志》는 동아시아 지성사에 절대적인 영향을 미친 책이다. 국내에 한문으로 번역된 서양 서적이 본격적으로 유통되기 시작한 건 1895년에 근대식 학제가 도입되면서부터였다.[6] 이때 교육개혁을 담당한 관청인 학무아문學務衙門은 스위스 출신의 법학자 요하네스 블룬츨리(Johannes C. Bluntschli, 1808~1881)의 책을 한역漢譯한 법률서적 《공법회통公法會通》, 지리 교과서인 《지구약론地球略論》, 서양인과의 교제 예법을 다룬 《서례수지西禮須知》 등을 간행하여 근대 지식 보급에 앞장섰다.

또한 이때는 세계사 개론서인 《만국약사萬國略史》와 러시아의 역사를 기술한 《아국약사俄國略史》, 그리고 중국과 일본의 역사를 다룬 《중일약사합편中日略史合編》 등 각종 세계사 교과서가 편찬된 시기이기도 하다. 이 책들은 한국인들이 서양사 지식을

1896년 조선의 학부 편집국에서 발행한 대표적인 서양사 교과서인 《태서신사》.
김구의 인생을 바꾼 책이다.
안중근도 이 책을 읽고 큰 영향을 받았다고 술회했다.

습득하고 서양에 관한 새로운 인식을 형성하는 데 큰 영향을 미
쳤다. 개화기 출판에서 역사서가 차지하는 비중은 매우 컸다. 세
계정세를 파악하고 한국이 처한 현실을 구체적으로 인식시키는
데 큰 역할을 했기 때문이다.[7] 이러한 맥락에서 김구의 손에《태
서신사》가 쥐어질 수 있었던 것이다.

　위정척사 사상으로 똘똘 뭉친 김구는《태서신사》를 읽고 어
떤 생각을 하게 되었을까. 《태서신사》는 프랑스혁명(1789)부터
보불전쟁(1871)까지 19세기 유럽 역사를 서술한 책이었다. 김구
는 이 책을 읽고 위정척사 사상과 결별했다. 그동안 오랑캐로밖
에 여기지 않았던 서양인들을 다시 보게 된 것이다(116쪽). 더 나
아가 조선이 옛 사상과 옛 지식으로 위정척사만을 주장해서는

안 된다는 걸 깨달았다. 심지어 인생의 스승인 고능선이 고루하게 느껴질 정도였다. 적이었지만 자신을 받아준 안태훈이 서학을 받아들인다는 이유로 절교한 일을 후회했다. 배외사상으로 똘똘 뭉쳤던 김구의 인생이 또 한 번 바뀌는 순간이었다.

주목할 점은《태서신사》가 부국강병의 방법으로 교육을 강조했다는 사실이다.[8] 자강의 수단으로 교육의 중요성을 강조한《태서신사》의 영향력은 상당했다. 이는 김구가 탈옥 후 기독교를 받아들이고 교육운동에 매진하는 데 큰 영향을 미쳤다고 생각한다. 김구가 고능선을 붙들며 "이제부터라도 우리는 세계 문명 각국의 교육제도를 본받아서 학교를 세우고 이 나라 백성의 자녀들을 교육하여 그들을 건전한 2세들로 양성"해야 한다고 하소연한 이유이기도 하다(179쪽). 김구뿐만이 아니다.《한국독립운동지혈사韓國獨立運動之血史》(1920)의 저자로 유명한 박은식은 1904년에 교육개혁에 관한 책을 쓸 때《태서신사》를 참조했던 것으로 보인다.[9] 서재필(徐載弼, 1864~1951)이 발간한《독립신문》도 아동 교육을 촉구하는 논설을 실으면서《태서신사》를 인용했다.[10]《태서신사》는 당대 교육개혁에 관한 필독서였다고 해도 과언이 아니다.

김구와《태서신사》의 인연은 여기서 그치지 않았다. 1911년에 김구가 105인사건으로 서대문 감옥에 수감될 때 "이승만 박사의 손때와 눈물 흔적으로 얼룩진" 책들 가운데《광학유편廣學類編》과《태서신사》를 읽었으니 말이다(254쪽). 105인사건은 일제가 테라우치 총독 암살 음모 사건을 조작하여 105명의 저항적 인물들을 감옥에 보낸 사건을 말한다. 서대문감옥은 옛 한성감옥으로 김구의 표현을 빌리자면 "역대의 진귀한 보물"이 있던 곳이었다. 1899년 1월 이승만이 고종 폐위 음모 사건에 연루되어 감옥에 갇혀 있을 때, 미국인 선교사들이 넣어주던 책들을 바탕으로 감옥 도서관을 만든 곳이었기 때문이다. 다행히 김구가 서대문감옥에 갇혀 있을 때도 이 책들은 건사했던 모양이다.

감옥 도서관의 운영과 장서 규모 등을 알 수 있는 자료가 남아 있다. 바로 〈옥중도서대출부〉이다. 이 자료는 개화기 역사 연구의 선구자인 이광린 교수(李光麟, 1924~2006)의 소개로 알려졌다. 원래는 월남 이상재(李商在, 1850~1927)의 손자인 이홍직(李鴻植, 1907~1997)이 소장하고 있었다.[11] 감옥 도서관의 장서 규모는 265권으로 시작해서 523권으로 증가했다.[12] 미국인 선교사들의 기증으로 시작된 곳이라 기독교 관련 책이 적지 않았으나 중국에서 번역된 서양 서적도 상당했다. 이승만이 한성감옥에 수감되었을 때《중동전기中東戰紀》와《서유견문西遊見聞》뿐만 아니라《태서신사》를 읽을 수 있었던 이유였다.[13] 그래서 김구는 이승만의 손때가 묻은 책을 읽었노라고 회고한 것이다.

어쨌든《태서신사》의 감화를 받은 김구는 자신의 고향인 황해도를 중심으로 교육운동에 전념했다. 김구는 기독교 신자가 된 1903년(28세)부터 중국으로 정치적 망명을 떠난 1919년(44세)까지 교육운동에 헌신했다. 김구는 장련공립보통학교(1903), 광진학교(1906), 서명의숙(1906), 양산학교(1907), 보강학교(1909) 등을 거치며 사람을 키우는 일에 전력을 다했다. 또한 안악면학회와 양산학교가 함께 주최한 사범강습회에 참여해 교사 양성에도 힘썼다. 1908년에는 황해도의 교육운동가들과 함께 해서교육총회를 만들어 각 지역을 돌아다니며 학교 설립을 촉구했다. 비밀결사 신민회新民會에 참여한 후에는 무관학교 설립운동에 관여했다. 105인사건으로 갖은 고초를 당하고 나서도 학교 설립 운동을 포기하지 않았다. 그야말로 김구는 30대의 대부분과 40대 초반을 교육운동에 헌신했다고 할 수 있다. 감옥에서 읽은 한 권의 책이 그의 삶을 어떻게 바꿨는지 알 수 있는 대목이다.

김구가 쓴 금서,《도왜실기》

김구를 둘러싼 논란 가운데 하나가 테러다. 이 논란은 뉴라이트 교과서가 김구를 '테러리스트'로 규정하면서 불거졌다. 잘 알려져 있다시피 김구는 한인애국단이라는 비밀결사체를 만들어 일제의 주요 인물들을 제거하는 일에 앞장선 바 있다. 이를 두고 '의열義烈투쟁'이라고 한다. 테러와 의열투쟁의 차이는 무엇인가. 테러가 불특정 다수를 공격한다면, 의열투쟁은 특정 인물만을 처단하는 데 목적이 있다. 한국 독립운동사에 나타난 의열투쟁은 일률적으로 잘라 말하기가 어렵고, 경우마다 양상도 매우 다르다. 분명한 사실은 적측의 민간인을 무차별로 살상했거나 그러한 의도를 품었던 행위가 단 한 건도 없었다는 점이다.[14] 이 부분이 테러와 의열투쟁의 가장 큰 차이라고 할 수 있다.

1932년 12월 김구는 한인애국단의 활약상을 정리한 책을 하나 발간했다. 제목은 '왜놈들을 도륙한 실제 기록'이라는 의미를 담고 있는《도왜실기屠倭實記》다. 책 제목에서부터 무시무시한 기운이 뿜어져 나오는데, 폭탄이 터지면서 일본도가 깨지는 그림이 표지를 장식하고 있다. 그런데 이 책의 주요 독자는 한국인이 아니라 중국인이었다. 의열투쟁의 진상을 중국인들에게 알리는 게 이 책의 취지였다.

1933년 9월 일제는 《도왜실기》를 금서로 지정했다. 당연한 일이었다. 이 책에는 이봉창의 의거(1932.1.8.)와 윤봉길의 의거(1932.4.29.)를 싣고 있기 때문이다. 거기다 우리에게 잘 알려져 있지 않은 최흥식(崔興植, 1909~1932)과 유상근(柳相根, 1910~1945)의 활약(1932.5.)도 다루었다. 참고로 최흥식과 유상근은 1932년 5월 중국 다롄에서 관동군사령관과 남만철도총재 등을 처단하려다가 사전에 발각되어 옥고를 치른 독립운동가들이다. 이 내용은 각각 〈동경 폭탄사건의 진상〉과 〈상해 폭탄사건의 진상〉, 그리고 〈대련 폭탄사건의 진상〉이라는 제목으로 다루어졌다. 《도왜실기》에 실려 있지 않지만 조선총독을 암살하기 위해 국내로 잠입한 이덕주(李德柱, 1908~1935)와 유진식(俞鎭植, 1912~1966)이 신천에서 체포된 사건(1932.4)도 있었다.

1930년대 초반 중국에는 수많은 독립운동 단체들이 있었다. 그런데 1931년 하반기에 이르러 이들의 입지는 매우 좁아졌다. 그 이유는 만보산사건과 만주사변에 있었다. 먼저 1931년 7월 2일에 발생한 만보산사건은 중국 지린성吉林省 만보산萬寶山 지역에서 벌어진 한국인 농민과 중국인 농민 사이의 충돌을 말한다. 문제는 이 소식이 식민지 조선에 잘못 알려지면서 중국인 학살이 발생했다는 데 있다. 이 일로 한중관계는 크게 악화되었다. 당시 국외 독립운동의 가장 큰 거점은 중국과 만주였다. 중국 당

1946년에 엄항섭이 발간한《도왜실기》의 표지.
1932년에 중국어로 간행된 원서를 한국어로 번역한 책이다.
폭탄이 터지는 장면이 책 표지를 장식하고 있다.

《도왜실기》에 실려 있는 윤봉길(왼쪽)과 이봉창의 사진.

혁명을 꿈꾼 독서가들

국뿐만 아니라 중국인들의 이해와 협조 없이는 독립운동을 이어나가기가 어려웠는데, 국내에서 한국인들이 중국인들을 대규모로 학살한 것이다. 거기다 9월 18일에는 일제가 중국 동북부와 내몽고 동부를 침공하면서 상황이 더욱 나빠졌다. 소위 만주사변이 일어난 것이다. 한중 간의 불편한 관계를 해소하고 침체에 빠진 국내외 독립운동을 다시 일으킬 전환점이 필요했다. 임시정부가 모색한 대응책은 1931년 11월에 이루어진 한인애국단의 창립이었다.[15]

이런 점에서 이봉창과 윤봉길의 활약은 한인애국단이 계획하고 실행했다는 점에서 서로 연결되어 있다고 볼 수 있다. 가령 윤봉길 의거는 이봉창이 던진 수류탄의 위력이 약해 실패했던 것을 거울 삼아 성공할 수 있었다. 이봉창 때보다 더욱 강력한 폭탄을 만들었기 때문이다. 미수로 그치고 말았지만 이덕주와 유진식, 최흥식과 유상근의 활약도 기억할 필요가 있다. 이를 두고 《도왜실기》는 매우 간단하면서도 중요한 주장을 하고 있다. 한국인과 중국인은 함께 힘을 모아서 일본을 물리치자는 내용이다. 김구는 중국에서 벌어지고 있던 비극적인 사건들(만보산 사건과 만주사변)을 바라보면서 한국과 중국이 함께하는 특공작전을 구상했고, 이를 수행하기 위해 한인애국단을 조직했다. 김구가 이 책을 쓸 때 가장 중요하게 생각한 건 '연대'였다.《도왜실기》를 통해 김구가 하고 싶었던 이야기는 한·중항일연합전선의 결성이었다.

그렇다고 중국인들만이 이 책을 읽었던 건 아니다.《도왜실기》는 한인애국단 단원들이 읽어야 했던 필독서 중 하나였다.

1945년 해방을 맞아 충칭에서 기념사진을 찍은 임시정부 요인들.
김구 등 임시정부 요인들은 모두 개인 자격으로 고국 땅을 밟아야 했다.

혁명을 꿈꾼 독서가들

군관학교 생도들을 모집할 때도 《도왜실기》는 긴요하게 사용된 텍스트였다. 이 책의 한국어 번역은 1946년에 임시정부의 숨은 살림꾼이라 할 수 있는 엄항섭(嚴恒燮, 1898~1962)에 의해 이루어졌는데, 출간 직후부터 국내 독자들의 반응은 뜨거웠다. 무엇보다 당대 사람들은 해방이 누구의 손에 의해 이루어진 것인지, 지금껏 임시정부가 어떤 활동을 했는지를 《도왜실기》를 통해 알 수 있었기 때문이다.[16] 이 책의 인기는 연극 공연을 통해서도 나타났다. 1946년 3월 토월회라는 연극단체가 《도왜실기》의 내용을 바탕으로 〈아느냐! 우리들의 피를〉이라는 제목의 작품을 올렸던 것이다.[17]

김구의 애독서

1919년 3·1운동 때 중국으로 망명을 떠난 김구가 고국 땅을 다시 밟은 건 1945년 11월 5일이었다. 그의 나이 44세 때 시작된 혁명가의 여정은 70세가 되어서야 끝날 수 있었다. 하지만 그의 입국은 어디까지나 '개인 자격'으로 이루어진 일이었다. 제2차 세계대전 때 연합국의 일원으로 참전하기 위해 온갖 외교 수단을 동원하고 미국 전략사무국(OSS)과 제휴하여 한반도 진공작전을 준비했으나 끝내 연합국으로부터 정부 자격을 인정받지 못한 임시정부가 겪을 고난을 상징적으로 보여주는 사건이라고 할 수 있다.

우리는 《백범일지》를 통해 청년 김구의 독서 여정이 어떻게 펼쳐졌는지 알 수 있었다. 궁금한 건 그가 중국에서 지내며 읽었던 책들의 목록이다. 이 부분을 알기란 쉽지 않다. 이와 관련해 1949년 3월 중순경 자신의 애독서를 밝히고 있는 인터뷰는 매우 중요한 정보를 담고 있다. 이 인터뷰는 그가 암살당하기 3개월여 전에 이루어진 것이라 더욱 소중하다.

때때로 한가한 경우에 집어 드는 책이 요즘은 홍명희씨의 《임꺽정》이다. 그 사상과 사건의 의미며 의협적인 데 재미를 본다. 동양인으로 《금강경》도 삼양三讓의 필요가 있겠지만 《노자》는 그 가운데서 관념적인 부분만 주의하면서 읽는다면 서양인들이 말한바 변증법을 발견할 수 있다. 《성경》 특히 기독교의 《구약》은 민족사적 관점에서 볼 때에 기독교도가 아니라고 하여도 읽을 필요가 있다. 《고려사》 가운데 희세稀世의 정치가이며 절세絶世의 명장인 을지문덕과 연개소문의 우수하고도 자주적인 긍지를 얻을 수 있다. 《프랑스혁명사》, 《링컨전기》, 《육도삼략》 등도 재미있게 읽은 책들이다. 또 내가 중국에 있을 때에 노신의 〈고향〉과 〈광인일기〉를 읽으면서 고향을 생각했다. 번역이 되었다면 청년들에게 좋을 텐데 어떤지 모르겠다. 요금 갓 입수한 이북만李北滿 저 《이조사회경제사연구》를 읽고 있다. 지금 열거한 책들을 청년들이 꼭 읽어야 한다고 말하고 싶지 않다. 그저 내가 읽은 책들 중에서 몇몇 책을 거론한 것뿐이다. 청년들의 책 읽기에 도움이 된다면 다행이다.[18]

김구가 직접 자신의 애독서들을
밝히고 있는 인터뷰 기사.
1949년 3월 19일 자《자유신문》.

이 신문기사에서 볼 수 있듯이 김구는 9개의 책과 2편의 단편소설을 자신의 애독서로 꼽았다. 김구의 인터뷰를 실은《자유신문》은 중도적 성향의 신문이었다가 편집진 교체 후 우익 성향으로 바뀐 언론사였다. 김구는 한가할 때 보는 책으로《임꺽정》을 꼽았다. 이 책은 벽초 홍명희가 1928년부터 10여 년간《조선일보》에 연재했던 역사소설로 임꺽정의 난을 모티브로 한 작품이다. 한마디로 조선시대의 의적 이야기를 담은 책이라고 할 수 있다.

김구의 애독서 중에는 종교 서적이 적지 않다.《백범일지》에서 볼 수 있듯이 그는 유교→동학→불교→기독교로 이어지는 개종의 역사를 경험했다.《백범일지》말미에 수록된〈나의 소원〉에 나오는 글귀, 즉 "공자, 석가, 예수의 도를 배웠고 그들을 성인으로 숭배"한다는 대목은 김구의 독서 이력을 축약한 표현으로도 해석할 수 있다. 어릴 때부터 유교 경전을 공부했으며 잠시 동학의 접주로 활약하다가 인천 감옥소에서 탈옥한 후 불교와 기독교를 접한 김구다운 표현이다. 사실 김구는 1898년 3월에 탈옥한 후 도피생활의 일환으로 원종圓宗이라는 법명을 지닌 스님으로 지낸 적이 있었다. 이때 그는 낮에는 노동을 하고 밤에는 불경을 읽는 생활을 했다. 덕분에 불교 입문서인《진언집眞言集》과《초발자경初發自經》을 읽을 수 있었다. 그가《금강경》과 《노자》를 애독서로 거론했다는 게 그리 낯선 건 아니다.

애독서의 하나로《성경》을 언급한 것도 마찬가지다. 흥미로운 점은《구약》에 대한 평가다. 김구는《구약》을 "민족사적 관점에서 볼 때에 기독교도가 아니라고 하여도 읽을 필요가 있다"고 했다.《구약》성서는 유대 민족의 역사를 담은 책이다. 유대 민족이 모세라는 지도자를 통해 이집트의 식민 지배에서 벗어나는 이야기가 실려 있는 등 탈식민주의 서사가 가득한 텍스트라고 할 수 있다. 그래서 일제는《구약》성서를 민족의식을 고취시키는 책으로 여겨 폐기하는 종교정책을 시행하기도 했다. 비슷한 맥락에서 김구는 역사책의 일종으로《구약》성서를 추천하고 있는 셈이다.

중국을 대표하는 문학가이자 실천적 지식인인 루쉰(魯迅, 1881~1936)의 작품들은 김구의 망명 시절을 함께해준 책이었다. 당대 지식인들은 루쉰을 중국 사회주의 문학의 선구자이자 혁명가로 읽거나 반봉건 계몽주의자이자 민족주의자로 독해했지만, 김구에게 중요한 건 따로 있었다. 김구는 루쉰의 작품인 〈고향〉과 〈광인일기〉를 읽으며 머나먼 중국 땅에서 고향으로 돌아가지 못하는 슬픈 마음과 고향에 대한 그리움을 달랬던 것이다.

그런데 의아한 대목이 있다. 김구는 루쉰의 대표 작품인 〈고향〉과 〈광인일기〉가 한국어로 번역되지 않았다고 아쉬워하고 있다. 이는 사실일까. 아마도 김구의 착오인 듯하다. 왜냐하면, 루쉰의 작품은 1920년대 후반부터 한국어로 소개되고 있었기 때문이다. 해방 공간에 김광주(金光洲, 1910~1973)와 이용규李容珪가 함께 번역한 《노신 단편소설집》(서울출판사, 1946) 1집과 2집에 실려 있었다(1집에는 〈고향〉, 2집에는 〈광인일기〉와 〈아Q정전〉 등이 수록되었다). 경성제대 출신인 이명선李明善이 1946년에 출판한 《중국 현대 단편소설 선집》(선문출판사)에도 루쉰의 작품이 게재되었다. 루쉰에게 관심이 있는 문학도라면 아주 어렵지 않게 한국어로 번역된 그의 작품을 읽을 수 있었던 상황이었다.

김구가 읽은 마지막 책

그렇다면 김구가 생전에 읽었던 마지막 책은 무엇일까. 신문기자와의 인터뷰에서 김구는 사회주의 지식인인 이북만(李北滿, 1908~?)이 쓴 《이조사회경제사연구》(대성출판사, 1947)를 최근에 입수해서 읽고 있다고 밝혔다. 보통 김구는 반공주의적 성향이 강한 인물로 알려져 있는데, 그런 그가 마르크스주의 역사책을 언급했다는 점이 흥미롭다.

여기서 우리는 매우 낯설고 의외의 인물인 이북만을 마주하게 된다. 그는 1908년 천안에서 태어난 후 1926년 일본으로 건너가 아사히신문의 사환으로 근무했던 걸로 알려져 있다. 1927년 중반 이후 그는 《제3전선》이라는 잡지를 간행하면서 계급문학운동의 이론가로 활동하기 시작했다. 그뿐 아니라 조선프롤레타리아예술동맹(KAPF) 도쿄지부와 무산자사無産者社라는 출판사의 창립과 활동에 적극 참여했다. 그가 쓴 《조선의 교육상태》는 1931년 8월에 금서로 지정되기도 했다. 한국전쟁 이후에는 일본으로 다시 건너가 김삼규(金三奎, 1908~1989) 등과 함께 평화통일운동을 전개한 것으로 알려져 있지만 그 뒤의 행방은 정확히 알려져 있지 않다. 해방 후 그는 조선학술원과 민족문화연구소라는 학술단체에 참여했다. 이 두 단체는 1930년대에 《조선사회경제사》(개조사, 1933)와 《조선봉건사회경제사 상》(개조사, 1937)라는 책을 내면서 경제사학자로 이름을 날린 백남운(白南雲, 1894~1979)을 중심으로 창설된 곳이었다. 쉽게 말해 학문과 지식으로 새로운 나라를 만드는 데 기여하고자 했던 지식인들의 단체였다.

당시 한국사회의 지적 분위기는 마르크스주의 경제학의 열기에 크게 고양되어 있었다. 이를 주도한 지식인은 경성대학 경제학과 교수로 취임한 최호진(崔虎鎭, 1914~2010)이었다.[19] 그는 1942년 일본에서 《근대조선경제사》를 쓴 바 있고, 해방 이후에는 경성대학에서 진행한 경제사 강의안을 토대로 《일반경제학》을 1946년 12월에 펴냈다. 그 밖에도 해방 공간에서 마르크스 이론가로 활약한 전석담(全錫淡, 1916~?)[20]과 김한주(金漢周, 1913~?)[21] 등이 함께 쓴 《이조사회경제사》와 《일제하의 조선사회경제사》(조선금융조합연합회, 1947)라는 책이 출간되고 있었다. 제목에서 알 수 있듯이 《이조사회경제사》와 《일제하의 조선사회경제사》는 마르크스 역사이론에 입각해 한국 경제사를 분석한 책이었다.

혁명을 꿈꾼 독서가들

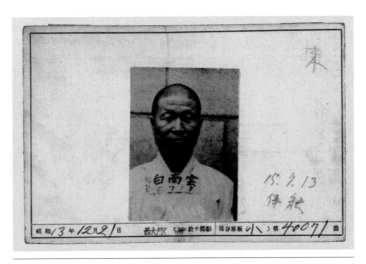

1938년 12월 서대문형무소에서 촬영한 백남운의 모습. 연희전문학교 경제연구회
사건으로 수감되었을 때 찍은 사진이다. (사진 출처: 국사편찬위원회)

　이북만이 쓴 《이조사회경제사연구》는 이러한 지적 분위기
속에서 출간된 책이라고 할 수 있다. 《이조사회경제사연구》는
마르크스 이론에 근거해 조선시대를 분석함으로써 조선사회가
자주적인 근대국가 수립에 성공하지 못하고 식민지로 전락할
수밖에 없었던 이유를 밝혀보고자 한 책이다. 그래서 저자는 서
문에 "조선의 후진성이 어디에서 유래했고, 어느 곳에 그 이유
가 잠재했는가를 구명"하는 데 목적을 두었다고 밝히고 있다.[22]
식민사관의 주요 논리인 정체성론을 받아들이고 있다는 점에서
문제의 여지가 있지만, 1960년대에 내재적 발전론이 등장하기
까지 '조선 후기=정체적 사회'라는 인식이 팽배했던 만큼 어쩔
수 없는 부분이기도 하다.

1949년 7월 5일 거행된 고 백범 김구 선생 영결식 행렬. 그는 1949년 육군 소위
안두희에게 암살당했다.

　　중요한 점은 이 책이 한국사에 대한 반성이라는 맥락에서 작
성되었다는 사실이다. 이북만은 조선사회가 정체된 원인을 규
명함으로써 식민지로 전락한 원인을 파악하고, 이를 통해 새로
운 사회에 대한 전망을 이야기하고자 했다. 일제의 식민 지배를
정당화한 정체성론을 공유하고 있긴 하지만, 이북만은 이를 성
찰의 계기로 삼았다는 점이 다르다고 할 수 있다. 김구는 과거사
반성이라는 이북만의 문제의식에 흥미를 느껴 이 책을 읽었던
걸로 보인다. 이때는 한국사회가 반민족행위자들을 조사하고
체포하는 특별조사위원회(일명 반민특위)의 활동으로 고조되어 있
었다. 이북만의 책은 과거사 청산이 활발히 진행되었던 당시의

사회적 분위기를 반영한 셈이다. 물론 이는 추정일 뿐이다. 1949년 6월 26일 안두희에게 암살당함으로써 평생을 혁명가로 살다 간 김구의 이야기를 우리는 더 이상 알 수 없기 때문이다.

김구의 독서는 독행일치讀行一致의 독서였다. 그의 독서에서 책과 삶은 분리되지 않았다. 누구보다 독서와 실천이 한데 어우러진 삶을 살았던 이가 김구였다. 이는 인생의 스승인 고능선에게서 지행론을 배운 덕분이었다. 이후 김구는 책에서 읽었던 내용을 실천으로 옮기는 데 주저하지 않았다. 김구가 보여준 독행일치의 삶은 많은 이들에게 울림을 주었다. 《백범일지》가 스테디셀러로 꼽히는 가장 큰 이유이다.

4장

중국 대륙을 누빈 독서가들

톨스토이 매니아, 김산

님 웨일즈Nym Wales가 그의 존재를 알게 된 건 루쉰도서관에 비치된 도서 대출자 명단을 유심히 훑어보면서였다. 중국공산당의 근거지였던 옌안延安에서 수십 권의 영문 서적과 잡지를 빌려간 한 동양인의 이름이 유난히 눈에 들어왔던 것이다. 마침 영어 회화가 가능한 사람이 몹시도 필요했던 터라 호기심 반 필요성 반으로 그를 수소문했다. 비가 억수같이 쏟아지던 어느 날, 님 웨일즈는 평생 잊지 못할 그를 만나게 되었다. 그는 바로 장지락(張志樂, 1905~1938). 우리에게는 '김산'이라는 이름으로 잘 알려진 혁명가이다.

님 웨일즈(왼쪽)와 그가 1941년에 출간한 《아리랑의 노래》 초판본.

님 웨일즈가 보기에 김산은 '문학적 소양을 갖춘 고결한 인격자'에
가까운 사람이었다. 김산은 단테와 괴테 등을 즐겨 읽던 문학도에서 아나키스트로,
궁극적으로 마르크스주의자로 나아간 지적 여정을 밟았다.
이 사진은 1931년 1월에 일본영사관이 촬영한 것이다. 바지 호주머니에 두 손을 넣은 채
당당한 자세로 앉아 있는 모습이 인상적이다. 그의 목에는 "본적(은) 평안북도 용천군
북중면 하장동, (이름은) 장지학. (나이는) 27세. 소화 6년(1931) 1월 14일부터 앞으로
3년간 중국에 머무는 것을 금한다"고 쓰인 종이가 걸려 있다.

김산에게는 수많은 이름이 있었다. 그는 1920~1930년대에 중국 대륙을 누비며 장북성, 장북신, 장지학, 장명, 유청화, 유금명, 유금한, 유한산, 유한평, 한국유, 유자재, 이철암, 우치화 등 수많은 가명을 사용했다. 그만큼 김산의 생애는 위험천만한 일들로 가득했다. 도서 대출자 명단에서 시작된 이들의 만남은 《아리랑》이라는 책으로 이어졌다. 《아리랑》은 님 웨일즈가 1937년 여름에 김산과 스무 차례 이상 대담을 진행하면서 들은 이야기를 바탕으로 한다. 그렇게 해서 1941년 뉴욕 존 데이John Day 출판사에서 《아리랑의 노래Song of Arirang》라는 제목의 책으로 출간되기에 이르렀다. 덕분에 오늘날 중국 혁명에 참여했던 김산의 이야기가 전해져오고 있다. 1984년 9월 한국어로 출간된 이후에는 국내의 독자들에게 충격을 안겨준 책이기도 하다. 중국 대륙에서 혁명가로 살아가던 김산의 이야기는 그 당시에 듣도 보도 못한 역사였기 때문이다.

님 웨일즈는 헬렌 포스터 스노(Helen Foster Snow, 1907~1997)의 필명이다. 《중국의 붉은 별》을 쓴 에드거 스노(Edgar Snow, 1905~1972)의 아내로 알려져 있지만, 격동기의 아시아에서 지내며 여러 권의 책을 낸 작가이기도 하다. 그런 님 웨일즈가 보기에 김산은 '문학적 소양을 갖춘 고결한 인격자'에 가까운 사람이었다. 김산은 영문 서적을 폭넓게 읽었는데, 특히 고전들을 많이 섭렵했다고 한다.[1] 님 웨일즈 자신이 존 버니언(John Bunyan, 1628~1688)의 《천로역정》을 감명 깊게 읽었듯이 김산도 세계적 고전인 단테(Alighieri Dante, 1265~1321)의 《신곡》을 탐독한 독서가였다.[2]

1919년에 식민지 조선을 뒤흔들었던 3·1운동은 김산으로 하여금 새로운 지식을 갈구하는 여정에 나서도록 만들었다. 김산은 누군가 낭독한 독립선언서의 내용을 듣고 피가 끓어올랐다. 그는 하루 종일 거리를 뛰어다녔고 목이 터져라 만세를 외쳐댔다. 3·1운동을 경험한 김산은 처음으로 정치의식에 눈을 뜨기 시작했다. 3·1운동이 어느 정도 가라앉자 김산은 고향을 떠나 일본에서 대학을 다니기로 결심했다. 그는 반년 정도 도쿄에서 지내며 사회과학을 공부했다. 그러고는 만주의 신흥무관학교에 입학해 3개월간 군사훈련을 이수했다. 이후 상하이에서 월 20달러를 받고 《독립신문》의 조선어 교정자 겸 식자공으로 일했다. 저녁에는 일종의 야학교에 가서 영어와 에스페란토어, 그리고 아나키즘 이론 등을 공부했다. 상하이에서 김산은 수많은 혁명가들을 만났는데, 어린 시절의 우상이었던 이동휘(李東輝, 1872~1935)를 볼 수 있는 행운을 누리기도 했다.

　김산의 독서는 "단테적 심리를 졸업하고 톨스토이즘과 아나키즘으로 나아갔고 곧 사회주의의 현대철학인 마르크시즘에 이르는" 여정이었다. 님 웨일즈가 보기에 김산은 단테와 괴테 등을 즐겨 읽던 문학도에서 아나키스트로, 궁극적으로 마르크스주의자로 나아간 지적 여정을 밟았다. 중요한 점은 톨스토이를 읽었던 독서 체험이 그를 폐쇄적이며 경직된 혁명가로 만들지 않은 내적인 힘으로 작용했다는 사실이다.[3] 1921년부터 1927년까지 김산은 톨스토이의 책을 주머니에 넣고 다니면서 거의 매일 읽었다. 특히 그가 가장 좋아하던 책은 《인생독본》(1906)이었다. 4권으로 구성된 일본어 책을 읽고 또 읽었다. 혁명가의 길을 걷는 와중에 톨스토이에 흠뻑 빠진 모습이 인상적이다.

톨스토이에 대한 관심은 김산에게만 나타난 모습이 아니었다. 20세기 초에 문학을 읽는 사람치고 톨스토이에 빠지지 않은 사람은 없었다. 톨스토이의 글은 이념의 지향과 상관없이 모든 문학도의 마음에 불을 지폈기 때문이다. 국내에 톨스토이가 처음 소개되기 시작한 시기는 1900년대 후반이었다. 한국의 근대적 지식을 형성하는 데 큰 영향을 미친 잡지들이 톨스토이를 다루었다. 흥미로운 점은 톨스토이가 작가라기보다 '위대한 사상가'로 소개되었다는 사실이다. 이는 톨스토이의 사상서인《참회록》(1882)과《인생독본》이 식민지 조선의 독자들에게 큰 반향을 일으켰다는 점에서 알 수 있다. 반면 톨스토이의 초기 작품인《전쟁과 평화》와《안나 카레니나》는 거의 소개되지 않았다. 홍명희가 톨스토이를 작가라기보다 "도를 전하는 사람"에 불과하다고 평가한 이유이기도 하다.[4]

김산에게 톨스토이는 자신의 사상이 아나키즘이나 마르크스주의로 나아가는 데 논리적인 디딤돌 역할을 한 정신적 지주였다.[5] 님 웨일즈와의 대담에서 그는 "나는 아직도 톨스토이를 좋아한다"고 밝힌 바 있다. 김산이 볼 때, 톨스토이의 인도주의는 독자들로 하여금 고통받고 있는 타자에 대한 공감을 눈뜨게 해주었다. 이는 식민지 조선에서 톨스토이에 심취한 독서가들의 다수가 혁명가가 된 이유이기도 하다. 김산이 보기엔 말이다. 대표적인 사례로, 김산은 의열단장 김원봉이 투르게네프의 소설《아버지와 아들》(1862)을 좋아할뿐더러 톨스토이의 글을 모조리 읽었다고 말한다. 그러면서 김산은 독서에 대한 톨스토이의 태도를 참 좋아했다.

그의 인생에서 가장 극적인 경험은 1927년에 중국 광저우에서 일어난 무장봉기였다. 중국에서 소비에트를 세우기 위한 이 봉기에 수백 명의 조선인 혁명가들이 참여했다. 그중에 김산도 있었다. 중국 혁명에 힘을 보태면 조선의 독립도 이룰 수 있을 것이라고 믿었다. 중국공산당의 광저우 봉기는 삼일천하로 끝났다. 이후 봉기 세력은 동쪽으로 도주하다가 하이루펑海陸豊 소비에트에 합류했다.[6] 이때 김산은 하이루펑 소비에트에서 이루어진 인간의 잔인함을 목도하면서 톨스토이를 떠올렸다. 그와 같은 박애주의자는 인간이 인간에게 잔혹한 행위를 할 때 무엇을 느끼고 말했을지 궁금했던 것이다.[7]

1930년 11월, 중국 광저우 무장봉기 3주년을 기념하는 행사에 참여하기 위해 길을 나서던 중이었다. 김산은 국민당 경찰에게 체포되고 말았다. 이때 경찰은 그의 거주지에서 《마르크스주의의 기초》, 《무산계급정치 교정》, 《식민지 반식민지운동 대강》, 《볼셰비크》 등의 서적과 잡지를 압수했다. 김산은 일본영사관으로 넘겨진 뒤 조선에서 고문을 받았다. 다행히 그는 증거 불충분으로 풀려났다. 이때 망가진 폐는 결핵으로 이어졌다. 한때 건강했던 그는 걸어 다니는 폐인이나 마찬가지였다. 김산은 두 달 동안 고향 용천에서 요양을 한 후 베이징으로 돌아갔다. 이때가 1931년 6월이었다. 베이징으로 돌아간 김산이 마주해야 했던 장면은 자신에게 쏟아지는 온갖 의혹의 시선들이었다. 어떻게 이렇게 빨리 감옥에서 나올 수 있었는지 의심을 받았던 것이다. 평소 단호한 성격이어서 적이 많았던 탓도 있다. 김산은

1927년 중국공산당의 광저우 봉기는 실패로 끝났다. 이 봉기에 수백 명의 조선인 혁명가들도 참여했다. 사진은 진압군에게 끌려가고 있는 공산당원 모습.

자신을 향한 불신의 눈빛들을 감당해야 하는 처지에 놓였다.

동료들로부터 의심의 눈초리를 받는 동안 그가 선택한 행동은 책 읽기였다. 사회과학 서적이 아니라 문학작품을 통해 위기의 시간을 감내했다.[8] 괴테, 테니슨, 키츠의 저서를 빌려 읽었다. 괴테는 김산이 중학교 시절 《젊은 베르테르의 슬픔》(1774)을 읽고 또 읽었을 만큼 푹 빠진 적이 있었던 작가였다. 《파우스트》(1831)는 스스로 밝혔듯이 이해가 되지 않는 어려운 책이었다. 식민지 조선에서는 1920년대가 되어서야 《젊은 베르테르의 슬픔》이 소개되기 시작했다. 이때도 발췌 번역이나 줄거리 요약 형태로 이루어졌기 때문에 《젊은 베르테르의 슬픔》을 온전히 한국어로 읽을 수 있는 상황은 아니었다. 1932년 3월호 《문예조선》에 실린 설문조사(〈괴테와 나〉라는 특집)를 보면, 식민지 조선의 지식인들이 읽었던 《젊은 베르테르의 슬픔》은 모두 예외 없이 일본어 번역본이었다. 따라서 김산이 중학교 시절에 읽었다고 하는 괴테의 책은 1910~1920년대에 출간된 일본어 번역본이었을 가능성이 크다. 김산은 중국 광둥廣東에서 의대를 다닐 때 한 여학생에게 독일어를 가르친 적이 있었다고 하니, 어쩌면 독일어 원서로 《젊은 베르테르의 슬픔》을 읽었을지도 모르겠다.

김산은 미국 소설도 즐겨 읽었던 모양이다. 특히 잭 런던(Jack London, 1876~1916)은 김산이 가장 좋아하는 작가였다. 김산이 보기에 잭 런던은 미국 작가 중 유일하게 보편적 경험을 가지고 프롤레타리아적 해석을 제기하는 인물이었다. 김산은 잭 런던의 문장이 가지는 매력으로 "간결하면서도 힘이 넘치며 다른 나라 말로 쉽게 번역될 수 있다"는 점을 꼽았다.[9] 노동자에 관한 그의 이야기는 어느 나라의 경우에도 그대로 들어맞아서 일본인 노동자든 조선인 노동자든 잭 런던의 작품을 쉽게 읽을 수 있었다. 도시 빈민과 노동자의 삶을 다룬 사회주의 작가인 막심 고리키(Maxim Gorky, 1868~1936)보다 잭 런던을 더 좋아하는 건 고리키가 훌륭한 이념을 갖고 있어도 잭 런던처럼 강한 작가가 아니기 때문이라고.

이와 반대로 김산은 업튼 싱클레어(Upton Beall Sinclair, 1878~1968)에 대해서는 혹평을 가한다. 싱클레어가 쓴 《정글》(1906)은 미국 도살장의 비인간적인 상황을 다룬 작품으로 20세기 초 미국 리얼리즘 문학의 정수로 손꼽힌다. 김산은 싱클레어의 작품을 구체적으로 언급하지는 않으나 미국 노동자의 삶을 알기 위해 싱클레어의 작품을 읽었을 뿐 내용에는 깊이가 없다고 보았다. 그의 작품은 단순한 묘사에 지나지 않는다는 게 김산의 평이다. 즉 밤에 비추는 탐조등처럼 넓기는 하지만 깊지는 못하며, 표면은 비춰줘도 그늘 속에 숨어 있는 사람들의 마음에 대해서는 정작 알지 못한다고 말했다. 잭 런던과 업튼 싱클레어에 대한 평가를 보건대, 김산은 미국 리얼리즘 문학에 대한 이해가 상당했음을 알 수 있다. 열다섯의 나이에 집을 떠나 일본, 만주, 상하이, 베이징, 옌안 등 혁명의 현장에 몸을 던지면서도 책 읽기를 놓지 않았기에 가능했던 일이었다.

1960년 봄, 미국에서 6개월간의 연수를 마치고 귀국하는 길에 들른 서점이었다. 합동통신사 외신부 기자인 리영희(李泳禧, 1929~2010)는 우연히 《아리랑의 노래アリランの歌》라는 책을 발견했다. 1953년에 안도 지로安藤次郎라는 일본인이 님 웨일즈의 책을 번역한 것이었다. 호기심에 책 표지를 들추자 "한 조선인 혁명가의 생애"라는 문구가 눈에 들어왔다. 4·19혁명이 터지기 직전에 그는 '김산'을 만났다. 그 후 이 책은 새로운 세상을 꿈꿨던 이들의 손을 거치면서 소리 없이 읽히고 또 읽혔다. 그러는 동안 모두 '김산'이 누구인지 궁금해했다. 하지만 뾰족한 답을 주는 사람은 없었다. 추측만 난무했다. 그러다 실마리가 풀렸다. 1965년 리영희는 종로에서 서점을 차린 친구를 통해 일본어판 《아리랑》의 개정판을 입수한 것이다. 이 책에서 그는 김산의 본명이 장지락이라는 사실을 알게 되었다.

《아리랑》 일본어판은 1970년대에 유신정권과 맞서 싸웠던 이들의 애독서였다. 《아리랑》을 읽고 중국 혁명사에 매료되기 시작한 리영희는 현대 중국을 공부하는 일에 빠져들었다. 그렇게 해서 1970년대의 대표적인 금서인《전환시대의 논리》(1974)와《8억 인과의 대화》(1977)를 펴낼 수 있었다. 당시 대학생들은 리영희가 쓴 책을 읽고 가슴이 울렁거리는 경험을 겪었다. 특히, 1970년대 중후반과 1980년대 초반 학번의 대학생들은 리영희의 책에 큰 영향을 받았다. 님 웨일즈와 김산의 만남은《아리랑》을 읽는 리영희에게로 이어졌고, 리영희는 군사독재에 저항하는 이들의 사상적 은사로 또 다른 가능성의 세계를 제시했다.

역사학자 강만길도《아리랑》의 애독자였다. 1970년 3월에 일본어판을 구매한 강만길에게《아리랑》을 처음 읽은 날은 자신의 학문 세계가 본격적으로 펼쳐지기 시작한 '기념일'이나 마찬가지였다. 강만길은《아리랑》을 읽으면서 좌익진영과 우익진영이 손을 잡고 연대를 이루어 일제에 맞서 싸웠다는 사실을 새롭게 알 수 있었다.《아리랑》에는 중일전쟁을 계기로 산산이 분열되어 있던 조선인 혁명가들이 연대를 꾀하는 모습이 서술되어 있기 때문이다. 대표적인 사례로 1937년 12월에 결성된 '조선민족전선연맹'을 들 수 있다. 여기에는 조선민족혁명당(김원봉), 조선민족해방자동맹(김규광), 조선혁명자연맹(류자명), 조선청년전위동맹(최창익) 등 4개 단체가 연합전선을 형성했다. 그리고 이 조선민족전선연맹은 군사 조직으로 조선의용대를 발족하여 항일전쟁을 수행해나갔다. 훗날 강만길이 분단 극복 역사 인식을 만들어가는 데 중요한 자양분을 제공한 셈이다. 간혹 한 권의 책으로 맺어진 인연은 세상을 바꾸는 데 작은 보탬이 되기도 한다.

마지막 분대장, 김학철

학교 유도부에서 합숙 훈련을 하고 오겠다고 떠난 아들이 돌아온 건 그로부터 7년이 지난 뒤였다. 목발을 짚고 뚜걱뚜걱 걸어오는 아들의 모습을 본 어머니의 마음은 얼마나 찢어졌을까. 그것도 수용소로 압송되어가는 열차에서 말이다. 1941년 12월 12일, 중국 허베이성河北省 호가장胡家庄에서 일본군의 습격에 맞서다가 한 다리를 잃어버린 조선의용대의 마지막 분대장 김학철(金學鐵, 1917~2001)의 이야기다.

그의 어릴 적 별명은 '행악行惡쟁이'였다. 동네에서 말썽이란 말썽은 모두 그가 일으켰을 만큼 장난이 심했던 아이였다. 그런 그가 독서에 눈을 뜨기 시작한 건 《어린이》라는 잡지를 우연히 접하면서부터였다. 1923년 3월에 창간된 《어린이》는 식민지 조선에 아동문학이 자리매김하는 데 가장 크게 이바지한 잡지였다. 우리에겐 '어린이'라는 말을 정착시키는 데 큰 영향을 미쳤고 '어린이날'을 만든 인물로 잘 알려진 소파小波 방정환(方定煥, 1899~1931)이 《어린이》의 간행에 적극 참여했다. 방정환은 어린이들이 좋은 사람이 될 수 있도록, 장래 훌륭한 일꾼으로 자라길 바라는 마음으로 《어린이》를 발행했다. 소년 김학철은 방정환이 참여한 잡지 《어린이》를 구독하며 책 읽기에 흥미를 느끼기 시작한 것이다. 이를 계기로 김학철은 '아귀처럼' 책을 탐식했다.

고향에서 한글로 된 책을 더는 읽을 게 없어지자 김학철은 일본어 책을 집어 들었다.[10] 이때 김학철은 프랑스 문학 학자이자 동요 작사가인 사이조 야소(西條八十, 1892~1970),[11] 시인이자 동요 작가인 기타하라 하쿠슈(北原白秋, 1885~1942),[12] 1920년대 초중반에 동요 입문서와 이론서를 쓰기도 한 시인인 노구치 우조(野口雨情, 1882~1945)[13]의 글을 즐겨 읽었다. 이들은 1910년대 후반에 일본에서 발행된 어린이 잡지에 글을 기고하면서 활발한 작품 활동을 벌였다. 소년 김학철은 이들의 글을 읽으며 문학적 소양을 키울 수 있었다.

1929년 3월에 원산 제2공립보통학교를 졸업한 김학철은 경성에 있는 보성고등보통학교로 진학했다. 경성 유학 시절 종로는 그에게 독서생활을 풍부하게 만들어준 장소였다. 그가 보성고보로 진학한 해는 1929년이었으므로 광주학생운동의 여파를 겪지 않을 수가 없었다. 보성고보 학생들도 동맹휴학에 가담했다. 동맹휴학 동안 학교에 갈 수도, 그렇다고 집에 앉아 있기에도 난감했던 김학철은 탑골공원 옆에 있는 경성부립도서관에 드나들었다. 도서관 입장권은 낱장으로 2전. 10장을 묶어서 사면 할인을 받아서 15전에 구할 수 있었다. 김학철은 도서관 입장권을 구한 후 하루 종일 소설을 읽으며 독서에 푹 빠졌다. 그 당시 경성의 이름난 헌책방 거리인 관훈동도 빼놓을 수 없었다. 김학철은 헌책방에서 20전을 주고 산 책을 읽고 15전에 되판 후 5전을 보태 다른 책을 사서 읽었다.[14] 책이 귀하던 시절 책벌레가 취할 수 있는 가장 최선의 방법 중 하나였다고 할 수 있겠다. 서점은 어땠을까. 김학철은 안국동 사거리에 있던 이문당以文堂이라는 서점에 가서 새로 나온 잡지 따위를 "서서 읽기"도 했다. 일본어 책의 경우 진고개에 있던 유명한 일본 서점인 일한서방日韓書房과 오사카야大阪屋 서점에서 읽거나 구했다. 명동의 일본 고

서점도 드나들었다. 이처럼 안국동 사거리, 탑골공원, 관훈동은 김학철의 독서 여정에서 매우 중요한 장소였다.

종로를 돌아다니며 책 읽기의 즐거움에 빠져 있던 김학철의 인생을 뒤흔든 사건이 일어났다. 일한서방에서 시마자키 도손의 《파계破戒》를 사고 집으로 돌아가는 길이었다. 갑자기 내린 소나기로 상의 자락 밑에다 책을 넣었다. 이때 김학철은 황금정 (현 을지로) 사거리의 파출소를 지나고 있었는데, 한 순사가 불러 세웠다. 그러고는 다짜고짜 김학철을 책 도둑으로 몰았다. 김학철은 순사와 실랑이를 한 끝에 일한서방 점원의 확인을 받고서야 무사히 귀가할 수 있었다. 겸연스런 얼굴이나 사과 한마디 없는 순사를 보고 김학철은 몹시 분한 감정을 느꼈다. 이 사건은 김학철의 인생을 뒤바꿔버렸다. 페스탈로치와 같은 세계적인 교육가를 꿈꿨던 김학철의 인생이 혁명가의 길로 들어서게 된 계기가 되었다.[15]

이 사건과 맞물려 경성에 혁명가들에 대한 온갖 소문이 퍼지면서 김학철의 마음을 사로잡았다. 무엇보다 윤봉길이 상하이의 홍커우공원에 폭탄을 투척한 사건과 중국 황포군관학교에서 조선인 학생들이 공부하고 있다는 소식에 매우 큰 흥분을 느꼈다. 이때부터 그의 마음은 상하이로 가버렸다. 그의 표현을 빌리자면, "상해의 임시정부는 마음의 메카가 되어버렸고 황포군관학교는 오매불망하는 예루살렘"으로 바뀐 것이다.

처음엔 실망이었다. 어렵사리 상하이에 도착했는데, 그토록 동경하던 임시정부는 떠나가고 없었다. 대신 그는 의열단의 멤버로 합류했다. 이때부터 본명인 홍성걸洪性杰 대신 김학철이라는 가명을 사용하기 시작했다. 애꿎은 가족들이 피해를 받지 않기 위한 배려이자 혁명가의 다짐을 보여주는 조치였다. 훗날 김학철이 북한에서 김일성을 만났을 때 우스갯소리로 본관을 '상해 김씨'라고 소개한 배경이기도 하다.[16]

중국에 왔으니 중국어를 배워야 했다. 거기다 국제도시인 상하이에서 활동하려면 영어도 알아야 했다. 김학철은 동료들에게 외국어를 배우기 시작했다. 이때 그의 독서 여정에서 매우 중요한 작가가 등장한다. 바로 루쉰이다. 1935년에 상하이로 온 후 김학철은 중국어를 배우면서 루쉰의 작품에 빠져들기 시작했다. 1936년 여름의 어느 날, 김학철은 동료와 함께 상하이 북사천로北四川路에 위치한 루쉰의 집을 방문하고자 찾아갔으나 선뜻 용기를 내지 못해 돌아오고 말았다. 아쉬움에 루쉰이 자주 다니던 서점에서 기다리기도 했으나 허탕만 쳤다.[17] 그리고 두 달 뒤, 루쉰이 눈을 감았다는 부고가 상하이 각 신문에 게재되었다. 이를 안 김학철은 평생 후회했다. 훗날 김학철은 아들에게 "두 번 감옥살이는 후회되지 않지만 그 일만은 유감"이라고 여러 번 이야기했을 정도였다.[18]

김학철은 평생 루쉰을 숭배했다. 그가 루쉰을 처음 알게 된 건 1934년에 문예잡지인 《개조》를 읽으면서였다. 루쉰에 대한 애정은 번역으로도 이어졌다. 나중의 일이지만, 1952년 가을에 거처를 베이징에서 옌볜延邊으로 옮긴 김학철은 루쉰의 단편소설들을 번역하기 시작했다. 1952년부터 1955년까지 그가 번역한 작품들은 18편이나 달했다. 이를 통해 김학철은 중국 조선족 문학계에 루쉰의 소설을 알리는 번역가로 활동했다.

김학철이 평생 숭배했던 루쉰. 김학철은 중국 조선족 문학계에
루쉰의 소설을 알리는 번역가로 활동하기도 했다.

중국 문화대혁명 시기에 필화사건으로 10년(1967.12~1977.12)
동안 감옥에 갇혀 있을 때였다. 이유는 그가 쓴 장편소설《20세
기의 신화》가 중국의 근대화 과정에서 빚어진 온갖 문제점들을
고발하고 비판했기 때문이다. 감옥에서는 대부분의 책들이 금
서로 지정되어 읽을 순 없었지만, 루쉰의 책만은 예외였다. 마오
쩌둥이 루쉰을 높게 평가했기 때문이다. 덕분에 김학철은 답답
한 감옥에서 독서를 할 수 있었다. 1976년 4월 1일 자로 아들에
게 보낸 편지를 보면,《루쉰 전집》제6권을 차입해줄 것을 부탁
하는 걸 알 수 있다.[19] 감옥에 갇혀 암울한 나날을 보내는 그에게
독서는 정신적인 원동력이 되었다.

김학철은 상하이와 화루강花露崗을 오가며 항일운동을 전개
했다. 이때의 경험담은 훗날《격정시대》라는 자전적 소설을 쓰
는 데 중요한 자양분이 되었다. 화루강은 중국 장쑤성江蘇省 난징

南京에 있는 곳으로 조선민족혁명당의 중앙본부 소재지였다. 그가 속한 의열단이 중국에 소재한 다른 독립운동 단체들과 연대하여 조선민족혁명당이라는 정당을 만들었기 때문이다. 여기에는 김원봉, 김두봉(金枓奉, 1889~1960), 최창익(崔昌益, 1896~1956), 한빈(韓斌, 1901~1957) 등 쟁쟁한 조선인 혁명가들이 모여 있었다.

화루강은 그의 독서 여정에서도 중요한 곳이다. 김학철은 화루강에서 지내는 동안 헝가리의 국민시인으로 유명한 산도르 페퇴피(Sandor Petoefi, 1823~1849)의 시를 처음으로 알게 되었다. 김학철은 페퇴피가 쓴 〈사랑이여〉를 읊조리고 또 읊조리며 가족에 대한 그리움, 상하이에 두고 온 연인에 대한 그리움을 달랬다. 일본의 마르크스주의 경제학자 가와카미 하지메가 쓴 《가난 이야기》를 읽고 계급의식에 눈을 뜨게 된 것도 이때였다.[20]

1937년 9월, 김학철은 스물한 살의 나이로 중앙육군군관학교에 입학하여 본격적인 군사훈련을 받기 시작했다. 이 군사학교는 1924년에 창설한 황포군관학교의 후신이다. 김원봉을 비롯한 의열단원들은 1926년 10월 황포군관학교를 졸업한 후 중국의 북벌전쟁에 참여했다. 김학철은 혹독한 군사훈련을 받으며 마르크스 사상을 배우기 시작했다. 그 계기는 독서회였다. 어느 날, 김학철은 동급생으로부터 비밀독서회 가입을 권유받았다. 이 독서회는 6~7개의 마르크스·레닌주의 서적들을 차례대로 읽으려는 독서 모임이었다. 김학철은 단번에 거절했다. 빠듯한 학교생활에 밤마다 몰래 모여서 두 시간씩 책을 읽어야 한다는 게 부담스러웠기 때문이다. 몇 달 후 김학철은 독서회 가입을 권유한 동급생으로부터 《국가와 혁명》(1917)을 빌려 읽었다. 김학철은 레닌이 쓴《국가와 혁명》을 읽으며 국가에 대한 묵은 관념이 와르르 무너지며 앞이 탁 트이는 듯한 충격을 받았다고 회고한 바 있다.

동급생 중에 강진세姜振世라는 친구가 있었다. 그는 알렉산드르 파데예프(Aleksandr Fadeyev, 1901~1956)의 소설《괴멸》(1927)을 러시아 원서로 읽을 수 있던 능력자이자 김학철의 책 친구였다. 군관학교에 다닐 때 김학철은 강진세의 추천으로 찰스 디킨스(Charles Dickens, 1812~1870)의《두 도시 이야기》(1859)와 오경재(吳敬梓, 1701~1754)의《유림외사儒林外史》(1745~1749) 등을 읽었다.[21] 졸업 후 조선민족혁명당의 군사 조직인 조선의용대에서 활동할 때는 강진세로부터 엥겔스의《반듀링론》(1878)을 읽어보라는 권유를 받기도 했다.[22] 당시 김학철은 조선의용대원으로서 항일전쟁에 참여하는 가운데 시간을 짜내 책들을 읽었다. 이때 그는 마르크스가 쓴《프랑스 내전》(1871)을 감명 깊게 읽기도 했다.

해방 후 김학철은 소설가로 활동하기 시작했다. 처음에는 서울에서 소설을 쓰다가 북한을 거쳐 중국으로 건너가는 등 파란만장한 삶을 살았다. 그가 북한을 떠난 이유는 중국에서 함께 싸웠던 동료들이 숙청을 당하는 것을 직접 목도했기 때문이다. 결국에는 옌볜조선족자치주로 들어가 전업 작가로 활동했다. 문필가 김학철은 적지 않은 작품을 남기며 중국 조선족 디아스포라 문학의 가능성을 열었다. 이때 김학철은 중요한 단어의 어원을 사전에서 꼭 찾았다고 한다. 그가 주로 참조한 사전은 평양에서 출판된《조선말대사전》이었다. 1992년 4월에 나온《조선말대사전》에는 33만에 달하는 방대한 어휘와 2688만에 이르

김학철이 몸담았던 조선의용대. 1938년 10월 10일 중국의 임시수도 한커우에서 창립했다. 의용대 깃발 중앙에 총대장인 김원봉의 모습이 보인다.

는 단어가 담겨 있다. 남한의 국어학자인 일석一石 이희승(李熙昇, 1896~1989)이 편찬한《국어대사전》도 유용했다.《국어대사전》은 1982년 11월에 개정증보판으로 나오면서 관용어 3000항목과 각 항목의 용례를 국어사전 역사상 처음으로 수록했다. 그 밖에도 일본에서 가장 권위가 높은 사전으로 평가받고 있는《광사림廣辭林》과《광사원廣辭苑》도 참조했다.

혁명가에서 문필가로 돌아선 그의 작품 세계는 크게 두 가지로 나눌 수 있다. 하나는 항일전쟁의 역사이다. 무엇보다 그는

혁명을 꿈꾼 독서가들

역사에서 점차 사라지고 있던 조선의용대의 존재를 기록으로 남기는 일에 주력했다. 그렇게 해서 나온 작품이 《항전별곡》과 《격정시대》, 그리고 《최후의 분대장》이었다. 문제는 기록을 남기기 위한 의도가 강하다 보니 자신의 작품이 소설인지 자료집인지 분간이 되지 않는다는 데 있다. 그러면서 그의 글쓰기는 소설에서 산문으로 넘어가기 시작했다.

다른 하나는 사회주의체제에 대한 비판이다. 그가 1965년에 쓴 《20세기의 신화》는 사회주의 국가에서 벌어지고 있는 개인 숭배를 비판한 정치소설이다. 중국 현대사를 배경으로 조선족 자치주 지식인의 비참한 삶을 형상화한 작품이다. 이 일로 그는 10년간의 징역살이를 해야 했다. 김학철이 《20세기의 신화》를 쓰게 된 이면에는 소련의 해빙기 문학의 영향이 있었다. 해빙기 문학은 1953년 3월에 스탈린이 죽은 후 소비에트에 비판적이었던 젊은 작가들이 작품을 발표하면서 시작된 문학 사조였다. 예렌부르크의 《해빙》(1954), 두딘체프의 《빵으로만 살 수 없다》(1956), 파스테르나크의 《닥터 지바고》(1957), 솔제니친의 《이반 데니소비치의 하루》(1962) 등이 해빙기 문학을 대표하는 작품들이다. 김학철은 문화대혁명이 끝난 지 3년째 되는 1980년에 이르러서야 복권되어 집필을 이어나갈 수 있었다.

서울에서 평양, 그리고 베이징과 옌벤으로 이어지는 긴 여정 속에서 그가 항상 가지고 갔던 책은 《고요한 돈강》(1928~1940)이었다. 김학철은 다른 소지품은 다 버려도 미하일 숄로호프(Michail Sholokhov, 1905~1984)의 《고요한 돈강》만큼은 애지중지하며 수천 리 길을 돌아다녔다. 이 작품은 제1차 세계대전, 러시아

1952년 무렵 김학철 가족.

혁명, 내전으로 이어지는 시대를 살아가는 사람들의 이야기를 다루고 있다. 20세기 러시아 문학을 대표하는 작품으로 평가받기도 한다.《고요한 돈강》은 혁명이 '직선'으로 이루어진다기보다는 복잡한 '곡선'으로, 다시 말해 선과 악의 복잡다기한 범벅 속에서 이루어진다는 걸 너무나 잘 보여주는 명작이다. 중국 항일전쟁과 문화대혁명을 겪었던 김학철이 수많은 책 중에《고요한 돈강》을 끝까지 붙든 이유는 무엇일까. 그것은 인간에 대한 사랑이지 않았을까. 김산과 마찬가지로 그 또한 문학이 주는 내적인 힘으로 교조적인 혁명가로 남지 않을 수가 있었다.

혁명을 꿈꾼 독서가들

5장

페미니스트 나혜석의 탄생

1920년대는 집 안에만 머물러 있던 여성들이 거리로 나오기 시작한 시대였다. 수백 년 동안 집 밖으로 여성의 목소리조차 제대로 낼 수 없었던 관습에 맞서 자신이 원하는 곳곳을 누비고 다녔던 이들을 '신여성'이라고 한다. 어떤 의미에서 이들은 일찍이 조선사회가 경험하지 못한 위협적인 존재였다. 가부장제를 떠받들고 있던 조혼과 강제 결혼에 반대하고 남녀평등과 자유연애, 그리고 여성해방 등을 부르짖은 새로운 주체였기 때문이다. 오랜 기간 여성의 삶을 옥죄던 가부장제를 부정한 최초의 여성 집단이 등장한 셈이다. 그래서 신여성은 당대에 가장 문제적인 존재일 수밖에 없었다.

'최초'의 여성 서양화가인 나혜석(羅蕙錫, 1896~1948)과 '첫 여성잡지'를 창간한 김일엽(金一葉, 1896~1971), 그리고 '처음'으로 시집을 낸 여성 시인 김명순(金明淳, 1896~1951)은 초창기 신여성을 대표하는 존재들이다. 이들에게 '최초'라는 수식어가 따라붙는 이유는 그동안 남성들이 전유하던 영역에 여성으로서 처음 발을 딛는 데 성공했기 때문이다. 이들 가운데 여성적 글쓰기의 선두주자로 시대를 앞서간 나혜석의 삶과 독서 여정을 살펴보자.

나혜석의 여성적 글쓰기

나혜석은 평생 수많은 글을 남겼다. 2013년에 발간된 《나혜석

1931년 화실에 서 있는 나혜석. 나혜석은 현모양처에 딴지를 걸고 새로운 여성상을 제시하는 글, 남녀평등 문제를 제기한 글 등 평생 수많은 글을 남겼다.

전집》에는 단편소설 6편, 희곡 1편, 시 7편, 콩트 1편, 수필 20편, 여성 비평 12편, 페미니스트 산문 11편, 여행기 19편 등이 수록되어 있다.[1] 1933년에 장편소설 《김명애》를 써서 춘원 이광수에게 보냈다는 기록이 있지만, 안타깝게도 이 글은 발표의 기회를 갖지 못한 채 한국전쟁 때 소실되고 말았다. 나혜석은 기본적으로 서양화가였지만 현모양처에 딴지를 걸고 새로운 여성상을 제시한 〈이상적 부인〉(1914), 여성들도 선진 학문을 배우고 몸소 실천해야 한다고 역설한 〈잡감-K언니에게 여與함〉(1917), 여성에게도 미술적 재능이 있다고 주장한 〈회화와 조선 여자〉(1921), 임신·출산·육아의 경험을 진솔하게 술회한 〈모母 된 감상기〉(1922), 남녀평등 문제를 제기한 〈부처 간의 문답〉(1923), 남성들

혁명을 꿈꾼 독서가들

의 축첩 행태를 비판한 〈원한〉(1926), 혼자 사는 여성의 어려움을 토로한 〈여인 독거기〉(1934), 이혼 과정에서 여자에게만 희생을 강요하는 행태를 꼬집은 〈이혼 고백장〉(1934) 등을 쓰며 여성에 의한, 여성에 관한, 여성을 위한 글쓰기를 지향했다. 주로 1910년대 후반과 1920년대에 집중적으로 가부장제에 관한 비판적인 글을 썼다. 1927년 6월부터 1929년 3월까지 세계여행을 다녀온 후에는 〈불란서 가정은 얼마나 다를까〉(1930), 〈구미 시찰기〉(1930), 〈파리에서 본 것, 느낀 것〉(1931), 〈아아 자유의 파리가 그리워〉(1932) 등 여행에 관한 글을 종종 기고했으니 식민지 조선의 대표적인 여행 작가라고도 볼 수 있겠다.

그가 대표적인 신여성으로 주목받은 데는 일본 유학이 컸다. 1913년 4월, 나혜석은 미술 공부를 위해 일본으로 유학을 떠났다. 당시 여성이 전문 분야의 학업을 쌓기 위해 집을 나선다는 건 상상조차 불가능한 일이었다. 덕분에 그의 일본 유학행은 식민지 조선을 떠들썩하게 만들기에 충분했다. 그가 입학한 곳은 1901년에 개교한 도쿄여자미술학교였다. 당시 일본 최고의 미술학교는 도쿄미술학교였지만, 여성의 입학을 허용하지 않았기에 도쿄여자미술학교가 따로 설립된 것이다. 나혜석은 도쿄여자미술학교에서 서양화를 전공한 뒤 1918년에 귀국했다.

수원의 나부잣집 딸이었기에 유학생활이 순탄했을 거라고 생각하기 쉽지만, 그의 유학은 우여곡절이 많았다. 먼저, 딸의 유학을 반대하던 아버지 나기정(羅基貞, 1863~1915)은 딸의 귀향을 재촉하기 위해 학비를 보내지 않았다. 딸의 혼사가 막힐까봐서였다. 나혜석은 아버지가 강요하는 결혼을 피하는 동시에 학비를 벌고자 여주공립보통학교에서 1년 동안 교사로 근무했다. 이 와중에 아버지가 세상을 떠났고(1915), 연인으로 만났던 최승구(崔承九, 1892~1917)가 지병으로 사망했다. 쉽지 않았던 일본 유학에서 그가 배웠던 건 그림뿐만이 아니었다. 루소와 페스탈로치 등 서구의 근대 교육사상을 학과 수업을 통해 접했던 걸로 보인다. 이러한 사실은 도쿄여자미술학교를 다닐 적에 교육학 시험 문제로 "페스탈로치의 교육설"과 "루소의 자연교육설 및《에밀》에 대한 비판 여하"가 나왔다는 데서 알 수 있다.[2]

운 좋게도 나혜석의 일본 유학 시절은 다이쇼 데모크라시와 겹친다. 다이쇼 데모크라시大正デモクラシー란 1910년대부터 1920년대 중반까지 일본의 정치, 사회, 문화가 자유주의적이고 민주주의적인 분위기로 가득했던 시절을 가리킨다. 일본에 서구의 여성해방론이 들어오고 신여성의 활동이 본격화되던 시기이기도 했다. 다이쇼 데모크라시의 분위기가 점점 무르익기 시작한 1911년 9월에는《세이토》라는 잡지가 창간되어 여성해방운동의 서막을 알렸다. 세이토青鞜, 즉 '청탑'이란 18세기 중반 영국에서 등장한 여성 지식인들을 가리키는 블루스타킹blue Stocking을 가리킨다. 이후 블루스타킹은 여성의 지위 향상과 참정권을 주장하는 여성 지식인을 상징하는 말이 되었다.《세이토》는 페미니스트의 별칭인 블루스타킹을 모티브로 한 잡지답게 신여성론, 정조론, 낙태 논쟁, 모성보호 논쟁 등 여성의 성性에 대한 이야기를 세상에 숨김없이 꺼내놓았다.

중요한 사실은 나혜석을 비롯한 여자 유학생들이《세이토》를 읽음으로써 자기 자신을 여성해방의 주체로 자각했다는 점

1911년 창간된 《세이토》 창간호 표지.
《세이토》는 나혜석을 비롯한 한국의 신여성들에게 큰 영향을 끼쳤다.

이다. 이들의 '의식화'는 그대로 행동으로 옮겨졌다. 가령, 일본 유학을 마친 김일엽은 1920년 3월에 《신여자新女子》라는 여성잡지를 창간했다. 그는 1915년부터 1918년까지 도쿄에 소재한 에이와학교英和學校에 다니면서 나혜석과 교류하며 여성해방 사상을 접했던 1세대 페미니스트였다.[3] 그가 잡지를 발간하기 전 청탑회靑塔會라는 모임을 꾸렸다는 게 그 방증이다. 《세이토》의 영향하에 블루스타킹을 오마주한 셈이다. 1920년 4월에 나온 《신여자》 제2호에 블루스타킹의 기원을 소개하는 글이 수록된 이유이기도 하다.

몇 가지 정황상 나혜석도 《세이토》의 영향을 받았던 게 분명하다. 일단 도쿄여자미술학교의 선배들 중에 《세이토》 멤버가

일본 유학을 마친 김일엽이 1920년에 창간한 《신여자》(왼쪽)와 1920년 5월 2일 자 《동아일보》에 실린 《신여자》 광고. "들으라 불같은 부르짖음을!! 읽으라 꽃 같은 미문묘구美文妙句를!!"이라는 문구와 함께 "순전히 여자의 작품뿐"이라는 표현이 눈에 들어온다. 더불어 창간호(2000부 발행)가 매진되어 2호를 발간한다는 내용도 적혀 있다.

있다는 사실이 주목을 끈다. 《세이토》에 소설 6편과 희곡 2편을 게재한 아라키 이쿠코(荒木郁子, 1890~1943)가 대표적이다. 오타케 고기치尾竹紅吉는 도쿄여자미술학교 일본화과를 중퇴한 화가로서 《세이토》의 표지를 담당한 인물이었다.[4] 나혜석은 직간접적으로 이들에게 영향을 받지 않았을까 싶다. 결정적인 대목은 나혜석이 1914년 11월에 쓴 〈이상적 부인〉이다. 나혜석은 이 글을 도쿄 유학생들이 모여 만든 잡지인 《학지광學之光》에 기고했다. 〈이상적 부인〉은 한국인이 처음으로 쓴 페미니즘 논설이라는 점에서 역사적 의미가 상당한 글이다. 이를 계기로 나혜석은 문필가로서 그리고 페미니스트로서 자신의 존재를 알릴 수 있었다.

혁신으로 이상을 삼은 카츄샤, 이기利己로 이상을 삼은 마그다, 진眞의 연애로 이상을 삼은 노라 부인, 종교적 평등주의로 이상을 삼은 스토우 부인, 천재적으로 이상을 삼은 라이쵸우 여사, 원만한 가정의 이상을 가진 요사노 여사. 이분들과 함께 다방면의 이상으로 활동하는 부인이 현재에도 적지 아니하도다. 나는 결코 이분들의 범사凡事에 대하여 숭배할 수는 없으나 다만 현재 나의 경우로는 최고의 이상에 가까워서 부분적으로 숭배하는 바라.[5]

〈이상적 부인〉에는 나혜석이 이상적인 여성으로 꼽는 6명의 인물이 등장한다. 특정한 한 인물을 이상형으로 꼽지 않고, 각각의 이상적인 특징을 가진 인물들을 제시하고 있다. 아마도 나혜석은 이 6명의 이상적인 면을 모두 합친 여성을 꿈꾸고 있었고, 자신이 그런 사람이 되고 싶었던 건 아니었을까.[6] 〈이상적 부인〉에 등장하는 6명의 인물을 잘 살펴보면, 전반부 인물인 카츄샤와 마그다 그리고 노라는 픽션의 주인공 이름임을 알 수 있다. 반대로 후반부 인물인 스토우와 라이쵸우, 그리고 요사노는 실제 인물들이다. 특징적인 점은 〈이상적 부인〉에서 《세이토》 멤버들이 구체적으로 거론되고 있다는 사실이다. 그들은 바로 나혜석이 다섯 번째 이상적 여성상으로 언급한 히라쓰카 라이초(平塚雷鳥, 1886~1971)와 여섯 번째 이상적 여성상으로 거론한 요사노 아키코(与謝野晶子, 1878~1942)다. 이들은 당시 일본의 대표적인

나혜석에게 큰 영향을 끼친 요사노 아키코(왼쪽)와 히라쓰카 라이초.
두 사람은 당시 일본의 대표적인 신여성이었다.

신여성이었다. 나혜석은 히라쓰카 라이초와 요사노 아키코를
부분적으로나마 이상적인 삶을 살고 있는 여성으로 꼽았다. 이
는 나혜석이 히라쓰카 라이초와 요사노 아키코에게서 많은 부
분을 받아들이고 있음을 의미한다(히라쓰카 라이초와 관련해서는 다른
챕터에서 다룰 예정이다).

나혜석은《세이토》를 읽으면서 구체적으로 어떤 영향을 받
았을까. 먼저, 나혜석은 여성적 글쓰기의 방향을《세이토》를 통
해 잡을 수 있었다. 이를 잘 보여주는 글이 1923년에 발표한〈모
母된 감상기〉다. 이 글은 1921년 4월에 첫 번째 아이인 김나열을
낳으면서 겪은 임신과 출산, 그리고 육아의 고통을 토로하는 내
용으로 이루어져 있다. 나혜석은 1916년에 최승구를 떠나보낸

1927년 나혜석과 김우영의 모습. 1927년 6월 19일 세계여행을 떠나기 직전 찍은 사진이다. 두 사람은 2년여 동안 여행을 다녔고, 1930년에 이혼했다.

후 1920년 4월에 변호사인 김우영(金雨英, 1886~1958)과 결혼한 상태였다. 〈모母 된 감상기〉는 어머니 되기의 고통을 적나라한 육체언어로 고백함으로써 가부장제가 여성에게 강요하는 모성을 강하게 비판하는 글로 정평이 나 있다.[7] 모성 이데올로기에 의문을 제기하고, 이의 전복을 꾀한 글이라는 점에서 페미니즘 에세이에 해당한다. 비록 이 글에서 나혜석은 가부장제의 전면적인 철폐를 주장하지는 않았지만, 여성의 생물학적 특수성을 여성 억압의 뿌리로 파악한 급진주의 페미니즘에 가까운 모습을 보여주고 있다.

그런데 이 글은 나혜석이 "원만한 가정의 이상"을 가졌다고 말한 요사노 아키코에게서 영향을 받은 게 분명해 보인다. 요사노 아키코는 근대 일본 문학을 대표하는 여성 작가 중 한 명이다. 1901년에 발표한 첫 가집歌集인 《헝클어진 머리칼》은 남녀 간의 자유로운 연애를 다룬 작품으로 당시 하나의 사건으로까지 받아들여졌을 정도로 큰 인기를 끌었다. 러일전쟁 시기에는 반전사상을 담은 시를 발표하기도 했으며, 1920년대에는 여성 참정권운동에 참여하는 등 작가이자 여성운동가로 다채로운 모습을 선보였다. 오해를 피하자면, 나혜석이 말한 '원만한'이란 가부장적으로 원만한 가정을 말하는 게 아니다. 그보다는 남녀 평등이 원만하게 실현된 가정을 의미한다고 볼 수 있다.[8]

요사노 아키코의 글에서 볼 수 있는 가장 큰 특징은 임신과 육아 경험을 소재로 하고 있다는 점이다. 그 첫 번째 결과가 〈산실일기〉(1905)다. 이후에도 요사노 아키코는 〈산욕의 기록〉(1909)과 〈산욕별기〉(1909) 등을 쓰면서 출산의 극심한 고통을 생생하게 묘사했다. 나혜석은 《세이토》를 통해 접한 요사노 아키코의 글을 모티브로 자신의 임신·출산·육아의 경험을 글로 풀어냈던 걸로 보인다. 이는 〈모母 된 감상기〉에서 나혜석이 요사노 아키코의 이름을 다음과 같이 거론한 데서도 알 수 있다.

나는 '여자가 공부는 해서 무엇하겠소. 시집가서 아이 하나만 낳으면 볼일 다 보았지' 하는 말을 들을 때마다 언제나 코웃음을 쳤다. 들을 만한 말도 되지 않을뿐더러 그럴 리 만무

하다는 게 내 생각이다. 가까운 일본에 사는 요사노 아키코는 11명의 아이를 키우면서도 매달 논문과 시가詩歌를 발표한다. 그가 책 읽는 것을 보면 확실히 '하지 않아서 그렇지. 똑같은 사람이자 여성인데 다를 게 뭐가 있나' 싶은 마음이다.[9]

나혜석이 요사노 아키코를 언급한 이유는 명확하다. 요사노 아키코는 메이지 시대의 대표적인 작가였지만 동시에 11명의 자녀를 키운 어머니였다. 그는 24세(1902)부터 41세(1919)까지 17년간 총 11회 출산으로 13명의 자녀를 낳아 11명을 키웠다.[10] 그러면서도 독서와 글쓰기를 소홀히 하지 않았다는 점에서 첫 번째 임신을 받아들이기 어려워 힘들어했던 나혜석에게 일말의 희망을 던져준 인물이다. 그렇다고 나혜석이 요사노 아키코의 글을 전적으로 모방했다고 볼 수는 없다. 요사노 아키코는 여성의 생물학적 특수성을 긍정적으로 재평가하여 남성중심의 지배문화에 도전하려고 했다는 점에서 나혜석과 결이 다르기 때문이다.

〈모母된 감상기〉는 여성에 관한 글쓰기가 무엇인지를 잘 보여준다. 여성에 관한 글쓰기란 남성들의 왜곡된 시선으로 다루어진 여성의 '육체'를 되찾는 글쓰기다. 자신의 경험에 바탕을 둔 글쓰기를 통해 여성이 자기 자신을 표현했다는 점에서 이 글은 여성적 글쓰기의 전형을 보여준다. 사실 여성적 글쓰기라는 개념은 1970년대에 프랑스 페미니스트들이 만든 담론이었다. 나혜석이 한창 글을 썼던 1920년대에는 여성적 글쓰기란 개념이 형성되어 있지 않았다. 하지만 나혜석은 《세이토》와 요사노 아키코를 읽으며 감각적으로 여성적 글쓰기를 펼쳐나갔다. 여기에는 일본 유학을 통해 습득한 근대 서구의 미술도 한몫을 했다. 서양화를 전공하며 그는 독립적이고 개성적인 '육체'를 가진 '개인'이라는 새로운 개념을 이해했기 때문이다.[11] 그가 페미니스트로서 여성적 글쓰기를 쓸 수 있었던 데에는 미술의 영향도 있었다.

조선의 노라를 꿈꾸다

나혜석이 《세이토》를 통해 여성해방 사상을 수용하고 여성적 글쓰기의 방향을 잡게 된 사실을 살펴보았다. 문제는 그가 여성해방 사상을 받아들인 구체적인 경로가 무엇이냐는 점이다. 여기서 주목해야 할 사실은 〈이상적 부인〉이 일본 유학 시절 나혜석의 문화적 경험을 함축적으로 보여주고 있다는 점이다. 즉 〈이상적 부인〉의 전반부에 등장하는 카츄샤는 톨스토이의 대표작 중 하나인 《부활》의 주인공이다. 마그다는 독일의 극작가 헤르만 주더만(Herman Sudermann, 1857~1928)이 1893년에 발표한 《고향》(1893)에 등장하는 주인공. 그리고 노라는 19세기 노르웨이의 극작가 헨리크 입센(Henrik Ibsen, 1828~1906)이 쓴 《인형의 집》(1879)에 나오는 인물이다. 지금의 우리에게는 잘 알려진 작품이지만 나혜석이 살아가던 시대만 하더라도 꼭 그렇지 않았다. 당시 식민지 조선에서는 매우 낯선 작가들이자 작품이었다. 심지어 나혜석이 일본으로 건너가기 전까지는 한국어로 번역조차 되지 않았다. 나혜석은 어떻게 해서 이 작품들을 알았던 걸까.

나혜석은 크게 두 가지 경로를 통해 이 세 작품을 접했던 걸로 보인다. 하나는 연극이다. 사실《부활》과《고향》, 그리고《인형의 집》은 나혜석의 유학 시절 일본에서 연극 공연으로 큰 인기를 끌고 있었다. 그리고 이 세 작품의 주인공들은 신여성의 모델로 회자되고 있었다. 일본에서 신여성이라는 용어와 개념은 연극을 통해 처음 소개되었기 때문이다. 1924년에 나혜석은 음악회와 미술 전시, 그리고 토월회의 연극을 보고 쓴 글에서 "카츄샤 연극은 일찍이 동경에 있을 때에 마쓰이 수마코(松井須磨子, 1886~1919)가 하는 공연을 본 일이 있다"고 밝힌 바 있다.[12] 이 언급은 1914년에 예술좌藝術座라는 극단이《부활》을 공연했던 일을 가리키는 걸로 보인다. 이러한 점으로 보아 나혜석은 연극 공연을 통해 다른 작품들도 접했을 가능성이 있다.

다른 하나는 잡지와 책이다. 나혜석이 일본에 오기 전 이 세 작품들은 일본어로 번역되어 있었다. 대표적인 사례로《인형의 집》은《입센작 사회극》(1901)과《입센 걸작집》(1913)이라는 일본어 희곡집으로 묶여 나온 상태였다. 전자는 다카야스 겟코(高安月郊, 1869~1944)의 번역으로 출간된 단행본이고, 후자는 예술좌를 이끌고 있던 시마무라 호게쓰(島村抱月, 1871~1918)가 작업한 번역을 바탕으로 나온 책이었다. 알려지기로는 후자의 책이 가장 널리 읽히고 연극으로도 막강한 영향력을 행사했다고 한다. 나혜석이 책으로《인형의 집》을 읽었다면 시마무라 호게쓰가 번역한《입센 걸작집》을 집어 들지 않았을까 싶다. 이 두 일본어 번역본은《인형의 집》이 한국어로 번역될 때 중요하게 참조되는 자료이기도 했다. 1922년에《인형의 집》이《노라》라는 제목의

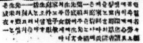

나혜석은 1920년 6월 《신여자》에 〈김일엽 선생의 가정생활〉이라는 제목의
네 컷 만화를 그렸다. 요리하며 시를 짓고, 바느질을 하면서도 글감을
구상하는 등 살림과 작품 활동을 병행하는 김일엽의 하루를 묘사하고 있다.
일본 유학을 마치고 돌아온 신여성의 일상을 그린 작품이다.
첫 번째 컷에 실린 "이 짧은 밤에도 열두 시까지 독서"라는 문구 속에서
치열하게 살아가는 신여성의 열정과 고단함을 느낄 수 있다.

혁명을 꿈꾼 독서가들

한국어 번역본으로 나왔을 때, 옮긴이가 다카야스 겟코와 시마무라 호게쓰의 번역본을 저본으로 삼았다고 밝혔기 때문이다.

문예잡지에 실리는 특집 기사는 독서 길잡이로 중요한 역할을 할 때가 있다. 《세이토》는 1912년 1월에 발간한 제3호에《인형의 집》에 대한 감상과 비평을 게재했다. 그것도 전체 지면의 3분의 2가량을《인형의 집》에 할애하면서 말이다. 《세이토》멤버들이 마쓰이 수마코가 주연한《인형의 집》을 단체로 관람하던 중 주인공 노라에 크게 공감한 게 컸다.[13] 같은 해 6월에는《고향》의 주인공인 마그다를 특집으로 다루었다. 나혜석이 일본에 오기 전에 기획된 특집이지만, 그가《세이토》를 읽으며 이 작품을 충분히 접했으리라 본다.

핵심은 그가 이 작품들을 통해 자신의 삶을 주체적으로 살아가는 여성상을 접했다는 점이다. 구시대적 사고방식의 틀에 갇혀 있는 아버지와 사이가 좋지 않았던 나혜석에게 자신의 삶을 능동적으로 선택한 카츄샤와 마그다, 그리고 노라는 동경의 대상이었다. 나혜석이 "혁신으로 이상을" 삼았다고 본 카츄샤는 처음에 어여쁘고 순수한 시골 처녀였지만 살인 누명을 쓰고 감옥에서 타락한 창녀의 모습으로 급변한다. 그러다 또 다른 주인공인 네플류도프와 재회한 이후에는 감옥 부속병원에서 간호사로, 시베리아 유형지에서는 누더기를 걸친 채 죄수들을 위해 봉사하는 삶을 선택했다. 추측컨대 카츄샤가 보여준 자기 구원의 서사는 나혜석을 매료시키기에 충분했으리라 본다. 나혜석이 "이기利己로 이상을" 삼았다고 말한 마그다는 어땠을까. 그는 여배우로 성공했지만 귀향 후 가부장적인 도덕관과 가문의 명예를 최우선으로 알고 있는 아버지와 첨예한 갈등을 겪는다. 여기서 말하는 '고향'이란 가부장적 관습이 작동하는 억압과 모순의 공간. 끝내 마그다는 아버지와 화해하지 못한다. 나혜석이 그랬던 것처럼.

나혜석을 페미니스트로 이끈 결정적인 작품은 《인형의 집》이었다. 이 작품은 주인공 노라가 결혼의 허상을 깨닫고 자신을 한 사람의 인간이라고 선언하는 내용을 담고 있다. 자신을 인형이 아니라 독립된 인간임을 밝히고 집을 박차고 나온 노라의 모습은 유럽과 아시아에 큰 파장을 일으켰다. 가부장제는 여성의 외출을 금지함으로써 여성을 남성의 사적 공간인 집의 일부로 여기게끔 한다.[14] 그래서 여성은 공적인 공간에서 배제될 수밖에 없었고, 사적인 공간에서 어떠한 끔직한 일을 겪더라도 오롯이 감수해야만 했다. 집 문을 박차고 나온 여성, 집 밖을 '싸돌아다니는' 여성은 가부장제가 제일 혐오하는 대상이었다. 그런데 노라는 자기 자신으로 살아가기 위해 가부장제가 작동하는 집을 박차고 나가버렸다. 가부장제의 억압에서 벗어나려고 했던 여성들에게 노라는 엄청난 영감을 주었다. 그야말로 새로운 시대의 서막을 알린 가출이었다.

연극이든 책이든 《인형의 집》을 접한 수많은 여성 독자들에게 노라는 해방을 상징하는 캐릭터였다. 특히, 아버지가 정해준 남자와 결혼하지 않고 자신의 마음에 드는 사람과 연애를 하고 약혼까지 해버린 나혜석에게는 노라의 이야기가 제일 마음에 와닿았을 것이다. 자신의 심정을 대변해주는 캐릭터라고나 할까. 그래서인지 나혜석은 소설, 시, 그림 등 다양한 방법으로

1922년 6월에 출간된 《노라》는 《매일신보》에 연재된 《인형의 집》 번역을 단행본으로 엮은 책이다. 표지를 넘기면 나혜석이 쓴 노래 가사가 나온다. 작곡가는 대한제국의 군악대 출신인 백우용(白禹鏞, 1880~1930)이다. 참고로 《인형의 집》 번역은 김일엽이 1920년 상반기에 《신여자》를 간행할 때 제일 먼저 기획했다. 아쉽게도 《신여자》가 갑자기 폐간되는 바람에 이 프로젝트는 끝내 이루어지지 못했다. 김일엽은 남성 지식인들이 노라에 주목하여 여성의 자각을 강조했으나 노라를 인형으로 만든 남편의 책임을 묻지 않는 한계를 비판했다. (사진 출처: 국립중앙도서관)

노라에 대한 애정을 적극적으로 표현했다. 예를 들어, 나혜석이 1918년에 발표한 〈경희〉는 노라를 모티브로 만들어졌다고 해도 무방한 작품이다. 이 작품은 일본에서 유학을 하던 경희가 잠시 귀국하여 여성 교육에 부정적인 사람들을 계몽하고, 공부를 중단하고 결혼을 강요하는 아버지를 거역하는 내용으로 이루어져 있다. 결국 경희는 《인형의 집》에 나오는 노라처럼 가부장제가 작동하는 가정을 등지기로 결심한다. 이 작품을 통해 나혜석은 가부장적 굴레에서 벗어나 여성 스스로가 각성하고 삶의 주체로서 당당히 나서자고 이야기하고 있다. 〈경희〉는 식민지 조선의 여성이 어떻게 살아가야 하는지를 끊임없이 고민한 나혜석의 첫 번째 소설 작품이자 국내 최초의 페미니즘 소설이다.

이후에도 나혜석은 노라를 모티브로 한 창작 활동에 나섰다. 1921년 1월부터 4월까지 《매일신보》에 《인형의 집》이 연재될 때의 일이다. 나혜석은 제2막 9회(3.2)와 10회(3.4), 그리고 11회(3.5)에 삽화를 그렸고, 1921년 4월 3일 자 《매일신보》에 〈인형의 가家〉라는 노래 가사를 게재했다. 1922년 6월에 출간한 《노라》(영창서관)에도 〈노라〉라는 노래 가사를 수록했다. 나혜석의 노래 가사는 여성의 정체성에 근거하여 노라의 가출을 적극적으로 지지했다는 점에서 매우 독창적이다. 그 당시 대부분의 남성 지식인들은 노라의 독립 선언에 일정 부분 긍정하면서도 막상 노라의 가출을 부정적으로 바라보았기 때문이다. 규문을 박차고 나가려는 '조선의 딸'들을 다시 규문 안으로 들어오라고, "다시 네 남편에게로 돌아오너라"고 한 이광수의 충고가 대표적이다.[15]

《톰 아저씨의 오두막》을 읽다

이번에는 나혜석이 〈이상적 부인〉에서 네 번째로 언급한 '스토우 부인'에 대해서 살펴보자. 스토우 부인은 미국에서 반노예제 정서를 고취시킨 작가로 유명한 해리엇 비처 스토(Harriet Beeche Stowe, 1811~1896)를 가리킨다. 나혜석이 스토를 "종교적 평등주의

《톰 아저씨의 오두막》의 지은이 해리엇 비처 스토.
나혜석은 스토를 종교적으로 이상적인 여성으로 평가했다.

로 이상을" 삼은 여성으로 평가한 건 스토가 1852년에 발표한
《톰 아저씨의 오두막Uncle Tom's Cabin》이 기독교 관점에서 노예제
도를 비판하고 있는 작품이기 때문이다. 혹자는 이 작품이 미국
남북전쟁과 노예제 철폐의 도화선이 되었다고 말한다. 나혜석
은 1930년에 이혼할 때까지만 해도 기독교인이었으니《톰 아저
씨의 오두막》을 읽고 스토를 종교적으로 이상적인 여성으로 꼽
았던 것 같다. 식민지 유학생이라는 자신의 처지와도 무관하지
않았지만 말이다.

　그러면 나혜석은 어떤 경로를 통해 스토를 알게 되었을까. 보

나마나《톰 아저씨의 오두막》을 읽고 스토를 알게 되었을 가능성이 매우 크다.《톰 아저씨의 오두막》은 출간되자마자 미국과 영국에서 어마어마한 판매고를 올린 베스트셀러였다. 이후 프랑스어, 독일어, 스웨덴어, 네덜란드어, 스페인어, 이탈리아어, 중국어 등 20여 개 언어로 번역되어 전 세계적으로 영향을 미쳤다. 국내의 경우에는《톰 아저씨의 오두막》이《검둥의 설움》이라는 제목의 단행본으로 번역되었다. 출간 시기는 1913년 2월. 훗날《무정》(1918)이라는 작품을 통해 한국 근대문학의 선구자가 된 춘원 이광수가 번역을 맡았다. 출판사는 당대 최고의 편집 역량과 기술력을 보유한 신문관新文館이었다. 이광수는 일본어 번역본인《인자박애의 이야기》(1903)를 저본으로 삼고《노예 톰》(1907)을 부분적으로 참조했던 걸로 보인다.

흥미로운 점은 번역의 맥락이다. 1901년에 중국에서 출간된《흑노유천록黑奴籲天錄》은 미국에서 박해받는 화교와 쿨리 Coolie(해외에서 활동하는 중국인 노동자를 일컫는 명칭)의 관점에서《톰 아저씨의 오두막》을 번역한 책이었다. 흑노유천록이란 흑인 노예의 울부짖음이라는 의미. 중국인들은 아편전쟁 이후 미국으로 건너가 광물을 채굴하고 철도를 만드는 일에 종사했다. 하지만 1880년대에 일어난 경제공황으로 실업문제가 발생하자 미국에서 배척을 받았다. 중국인들이 미국인들의 일자리를 빼앗고 있다는 이유에서다. 전형적인 이주노동자에 대한 혐오였다. 이에 중국의 번역가인 린수(林紓, 1852~1924)는 "미국이 흑인 노예를 대하듯 황인종을 대하는" 상황을 보고《톰 아저씨의 오두막》을 번역하기로 결심했다.[16] 이와 달리 일본의 번역은 메이지 말기의 사회주의와 기독교 사상을 바탕으로 원작을 재해석하는 데 중점을 두었다.

이광수의 번역은 나라를 잃은 이들의 입장에서 이루어졌다. 즉, 일본어 번역본은 노예를 자본에 의해 핍박받는 민중의 다른 이름(《인자박애의 이야기》)이거나 신 앞에서 평등한 존재(《노예 톰》)로 다루었다면, 이광수에게 노예는 제국주의 열강의 침략에 희생된 식민지 민족의 처지를 대변하는 존재였다.[17] 식민지 조선인들에게는 일본이 백인 노예주나 마찬가지였기 때문이다. 《검둥의 설움》에 등장하는 톰 아저씨는 노란 피부의 노예나 다름이 없었다. 동일한 원작을 번역해도 번역의 정치학이 작동하고 있다는 사실을 알 수 있다.

나혜석이 일본 유학길에 오른 시기는 1913년 '4월'이었다. 이광수가 번역한 《검둥의 설움》은 그보다 두 달 전인 1913년 '2월 20일'에 발행되었다. 시기상 나혜석은 《검둥의 설움》이 출간된 걸 알고 일본 유학길에 올랐을 가능성이 있었다. 망국의 유학생으로 다른 나라의 노예 이야기를 읽은 소감은 어땠을까. 중요한 건 《톰 아저씨의 오두막》에서 중요한 변화를 이끌어내는 주체가 여성이라는 사실이다. 예를 들어, 노예 일라이저를 캐나다로 탈출시키고 아들 조지를 통해 집안의 노예들을 해방시킨 셸비 부인을 들 수 있다. 흑인 여성인 일라이저에게는 기독교적 가치와 모성애를 부여함으로써 백인 여성과 동등한 존재로 묘사했다. 훗날 나혜석은 1919년 3·1운동 때 이화학당 관계자들과 함께 만세시위에 적극 참여하고, 1923년에 의열단의 무기 밀반입에 협력을 아끼지 않았다. 여기에는 다양한 이유가 있겠지만

《톰 아저씨의 오두막》과 같은 작품이 미친 영향을 고려할 필요가 있다. 나혜석은 세상을 변화시키는 여성의 존재를 보여준 스토를 "종교적 평등주의로 이상을" 삼은 여성으로 꼽았으니 아무런 영향을 받지 않았다고는 할 수 없기 때문이다.

이상 나혜석이 1914년에 발표한 〈이상적 부인〉을 중심으로 그의 독서 여정을 유추해보았다. 나혜석은 일본 유학 기간에 자신의 삶을 주체적으로 선택한 여성들의 이야기를 접하며 페미니스트로 자각했다고 볼 수 있다. 특히, 그의 독서 여정에서 《세이토》는 중요한 텍스트였다. 식민지 조선의 신여성에게 《세이토》는 가부장제에 맞설 수 있는 지적 기반의 원천이었다. 식민지 조선으로 돌아온 나혜석이 누구보다 젠더 문제에 관심을 갖고 목소리를 낼 수 있었던 데에는 《세이토》가 있었다. 한국 페미니즘 운동의 역사적 기원을 살펴볼 때 나혜석과 《세이토》는 빠트릴 수 없는 중요한 테마다.

6장

사회주의 여성해방운동가, 정칠성

식민지 조선에서 여성의 '연대'와 '권리'를 도모하기 위해 결성된 단체가 있었다. 아내 또는 어머니라는 제한된 역할을 벗어던지고 치열한 역사의 현장에 뛰어든 페미니스트들이 모여 만든 근우회槿友會였다. 식민지 시기 조선 최대의 여성단체로 한국 근대 여성운동의 새로운 이정표를 제시한 근우회에는 다양한 직업을 가진 여성들이 참여했다. 기자(최은희), 의사(현덕신), 작가(김일엽), 산파(정종명), 요리연구가(방신영), 지역운동가(정칠성), 모성보호운동가(박원희) 등 쟁쟁한 멤버들이 포진하고 있었다. 민족주의 계열과 사회주의 계열의 여성운동가들이 이념을 초월해 모인 결과였다.

1926년 12월 5일에 결성된 중앙여자청년동맹의 모습(1926년 12월 7일 자 《중외일보》).
북성회 계열의 경성여자청년동맹과 서울파 계열의 경성여자청년회가 정파 간의 반목을
뒤로하고 힘을 합쳤다. 중앙여자청년동맹은 근우회가 성립하는 데 중요한 기반이 되었다.

정치적 주체로 각성하다

이념을 넘어선 여성들의 연대는 어떻게 시작되었을까. 1920년 대 중반이 되면 안창호를 위시로 민족유일당 운동이 전개되었 다. 민족유일당 운동이란 조선인의 역량을 한데 모아보자는 취 지하에 파벌 갈등과 이념 대립을 극복하고 하나의 단일체를 만 들어보려고 한 거대 프로젝트였다. 1927년 2월에 조직된 신간회 는 민족유일당 운동의 국내 버전인 셈이었다. 민족유일당 운동 의 흐름에 여성운동도 합류했다. 그 첫 번째 결과가 1926년 11월 14일에 열린 사회주의 계열의 여성운동가 모임이었다. 당시 사 회주의운동의 지형도에서 정파가 달랐던 '경성여자청년동맹'과 '경성여자청년회'가 손을 잡은 것이다.

망월구락부도 기여를 했다. 망월구락부는 교직원, 간호사, 유치원 보모, 의사, 신문기자 등 직업을 가진 여성들의 친목을 도모하기 위해 만들어진 모임이었다. 명칭이 망월望月인 이유는 멤버들이 매월 음력 보름 때마다 모이기 때문이라고.[1] 심각한 취 업난 속에서 '전문직 여성'으로 살 수 있는 사람은 그야말로 극 소수의 엘리트에 불과했다. 여성에게 교육의 기회가 많이 열렸 어도, 이들 모두가 취업을 할 순 없었다. 중요한 사실은 1927년 1월 중순에 열린 망월구락부의 1주년 기념행사에서 사교 모임 을 벗어나 뭔가 더 의미 있는 활동을 해보자는 의견이 나왔다 는 점이다. 그 자리에는 김활란(金活蘭, 1899~1970), 손메례(孫袂禮, 1885~1963), 최은희(崔恩喜, 1904~1984) 등 민족주의 계열의 여성 지 식인들이 대다수를 차지했지만, 황신덕(黃信德, 1898~1983)과 정종명(鄭鍾鳴, 1896~?) 같은 사회주의 운동가들도 있었다. 이념을 초월한 여성들의 연대가 시작하는 순간이었다. 이러한 흐름 속에서 1927년 5월 27일에 근우회의 창립을 알리는 총회가 열렸다.

근우회는 식민지 조선의 페미니즘을 상징하는 단체였다. 여성의 지위 향상을 위해 다양한 사업들을 펼쳤다. 그 일환으로 편물강습회를 열어 여성의 경제적 독립을 지원했다. 편물編物이란 뜨개질을 지칭하는 말. 여성의 취업이 일반적이지 못한 시절 여성이 소득을 창출할 수 있는 몇 안 되는 수단 중 하나였다. 근우회의 핵심 멤버인 정칠성(丁七星, 1897~1958)도 마찬가지였다. 손재주가 뛰어났던 정칠성은 편물 전문가로 이름이 알려진 여성 운동가였다. 가령, 1923년 12월 2일에 대구여자청년회가 개최한 편물강습회에서 정칠성은 서복주, 이금조 등과 함께 강사로 참여했으니까 말이다.[2] 1925년 3월에는 일본 도쿄에 있는 여자 기예학교에 입학하여 재봉과 편물과 관련된 선진 기술을 습득했다. 1930년에는 분옥수예사粉玉手藝舍라는 공방을 차리기도 했다. 정칠성의 삶에서 편물은 생계수단이자 여성운동의 수단으로 중요한 부분을 차지했다.

사실 그는 기생 출신이었다. 조선의 유명 기생들을 소개한 《조선미인보감》에는 정칠성이 정금죽丁琴竹이란 기명으로 소개되어 있기도 하다.[3] 3·1운동 이전까지 그는 대정권번大正券番과 한남권번漢南券番에서 가야금과 창에 능통하고 '바둑 잘 두는 기생'으로 유명했다.[4] 참고로 권번이란 기생들의 조합을 말한다. 이 가운데 대정권번은 1913년 경성 다동에서 설립된 다동기생조합을 재조직한 기생조합이고, 한남권번은 주로 경상도와 전라도 출신의 기생들이 모여 만든 기생조합이었다. 정칠성은 자신이 기생이었음을 숨기진 않았지만 그렇다고 기생으로 기억되는 것을 달가워하지 않았다. 어느 자리를 가든지 기예를 절대 보여주지 않았을 뿐더러, 생활고에 시달리면서도 이화여자전문학교 음악과가 제안한 가야금 과목 교수 자리를 거절했을 정도였다.[5] 자세한 내막은 알 순 없지만 두세 군데 명문대가의 소실이 되는가 하면 어느 관료의 며느리가 된 적도 있었다고 하

근우회의 주축 멤버로 활동했던 정칠성.
손재주가 뛰어났던 정칠성은
편물 전문가로 이름이 알려진 여성운동가였다.

니 평탄치 않은 삶을 살았음은 분명하다. 스스로도 "여자 중에서도 남달리 기구한 생활을 하던 사람이올시다"라고 소개했다.[6]

당시 기생들 사이에서는 승마 열풍이 불고 있었다. 장안의 일류 기생들은 말을 타고 경성 시내와 교외를 누볐다. 자신들의 경제력을 과시하기 위한 측면도 있었겠지만, 여성 억압적인 사회에 대한 울분을 풀기 위한 일탈이기도 했다. 정칠성도 말을 탔다. 훗날 그는 "17세에 즉 몸이 아직까지 화류계에 던져 있을 때에 말 타던 일"이 가장 즐거운 순간이었다고 밝혔다. 흥미로운 점은 승마의 동기다. 정칠성은 "활동사진이나 소설에서 외국 여

자들이 흔히 말을 타고 전쟁터에 나아가서 적국과 싸울 때에 남자 이상으로 활발하고 용감스럽게 싸워서 개선가를 부르는" 모습에 자신도 "조선에 유명한 여장부가 될까 하고 먼저 말타기부터 배웠"다고 한다. 승마를 거론하면서 활동사진과 소설을 통해 여성 영웅을 동경하게 되었다는 이야기가 의미심장하다.

그에게 승마에 대한 호기심을 가져다준 작품은 무엇이었을까. 정칠성이 말한 활동사진이란 '영화'를 부르는 옛말이다. 좀 더 좁게는 무성영화를 가리킨다고 할 수 있다. 그가 기생으로 살아가던 1910년대는 무성영화가 성행했다. 이 가운데 미국에서 제작된 모험 활극은 가정에서 벗어나 모험을 감행하는 젊은 여성을 주인공으로 삼은 경우가 많아 전 세계적으로 여성들의 호응을 얻었다.[7] 대표적인 작품으로 1910년대 후반에 인기를 끌었던 〈더 브로큰 코인The Broken Coin〉을 들 수 있다. 식민지 조선에서 〈명금名金〉이라는 제목으로 개봉된 이 영화는 여주인공이 깨진 두 조각의 동전을 맞춰 암호를 풀고 보물을 찾는 내용을 담고 있다. 〈명금〉의 흥행으로 식민지 조선에는 모험 활극 영화가 크게 유행했다. 이 작품은 1920~1930년대에 책으로 나오기도 했다. 당시 정칠성이 봤다던 영화가 무엇인지 특정할 순 없으나 〈명금〉과 같은 모험 활극이었을 가능성이 다분하다.

정칠성이 읽었다고 하는 소설은 여성영웅 소설을 가리킨다. 여성영웅이 등장하는 소설은 당대 독자들에게 아주 낯선 건 아니었다. 이미 조선 후기에서부터 《박씨부인전》과 《홍계월전》과 같은 여성영웅 소설들이 대중적으로 많은 사랑을 받았기 때문이다. 정칠성이 언급한 사례에 가장 잘 들어맞는 작품으로는 《애국부인전》이 있다. 이 책은 유럽의 백년전쟁(1337~1453)에서 프랑스를 구한 잔 다르크의 이야기를 다룬 작품이라서 전쟁터에서 말을 타고 싸웠던 외국 여성이 등장한다. 당시 교육에서 소외받고 있던 여성을 주 독자층으로 끌어들이기 위해 국한문이 아니라 순한글로 작성되었다. 1910년대 전반기에는 조선총독부로부터 금서로 지정되기도 했다.[8]

《정목란전》도 주목할 필요가 있다. 월트디즈니 애니메이션인 〈뮬란〉의 원작 〈목란사〉(중국 북조 무렵의 장편 서사시로 목란이라고 하는 효녀가 연로한 아버지를 대신해 남장을 하고 군대에 징집되어 여러 전투에서 큰 공을 세우고 고향에 돌아왔다는 이야기)에 연원을 두고 있는 작품이다. 목란의 이미지는 협녀, 여성영웅, 효녀, 여장군 등 시대와 장르에 따라 다양하게 만들어졌다. 《정목란전》은 조선 후기에 유행했던 여성영웅 소설의 형식에 중국 고사를 소재로 다룬 작품이다. 유일서관에서 1916년과 1919년에 출판한 걸로 알려져 있다.[9] 주인공 목란은 '충효열忠孝烈'이라고 하는 유교적 가치를 구현하는 인물이긴 하지만, 배우자를 정하고 가문과 국가의 위기를 극복하는 데 주체적인 여성의 모습을 보여주고 있다는 점에서 의미가 있다.

정칠성의 말타기는 오래가지 못했다. 당시 기생들의 말타기는 신문에 기사와 사진이 실릴 정도로 큰 화제를 불러일으켰다. 심지어 일제 당국은 "기생이 말 타고 다니는 것은 온당치도 않을뿐더러 풍기 취체상 관계가 적지 않"다는 이유로 기생들의 말타기를 금지시켰다.[10] 남성중심적인 사고방식과 풍속에 반한 행위로 여겼기 때문이다. 재미있는 사실은 당시 언론이 말타기를 즐

《애국부인전》표지(왼쪽)와 책에 수록된 삽화. 저자는 〈시일야방성대곡〉으로 유명한 장지연이다. 1907년에 광학서포廣學書舖에서 발간했다.

긴 기생으로 현계옥(玄桂玉, 1896~?)과 정칠성을 콕 짚었다는 점이다.[11] 훗날 중국에서 의열단에 참여하며 혁명가의 길을 걸어갔던 '사상思想기생' 현계옥이 정칠성과 함께 말을 타던 사이였던 것이다. 나중에 이 둘이 식민지 조선을 뒤흔든 페미니스트가 될 줄은 이때만 해도 누가 상상이나 했을까.

그러다 인생의 변곡점이 찾아왔다. 어느 날부터 전국 방방곡곡 거리에 사람들이 독립을 외치며 만세를 부르기 시작했던 것이다. 바로 3·1운동이었다. 3·1운동은 여성이 규방에서 뛰쳐나와 정치적 주체로 자리매김한 최초의 사건이었다. 그 이전에도 여성들은 국채보상운동과 교육운동 등을 통해 사회 활동에 참여했지만, 참여 계층이 양반가 여성에 한정되어 있었다. 하지만 3·1운동 때는 학생, 교사, 전도부인, 기생 등 참여 계층이 대폭 확장되었다. 여성들의 광범위한 참여는 3·1운동의 주요 특징 중 하나라고 할 수 있다. 여성들이 남성들과 어깨를 나란히 하고 만세시위에 참여했거나 시위를 주도한 경험은 1920년대에 여성해 방론이 등장할 수 있었던 배경으로 작용했다.

시위 현장에는 기생들의 울분이 있었다. 이들은 기생조합이라는 인적 네트워크를 활용해 정치적 주체로서 거리에 나왔다. 수원 기생 김향화가 주도한 자혜병원에서의 만세시위, 해주 기생 김월희와 문월선 등을 중심으로 이루어진 해주 읍내의 기생 만세운동, 패물을 팔아 구입한 상복으로 시위를 벌인 통영의 기생 정막래와 이소선 등이 있었다.[12] 정칠성도 기생으로 "홍분에 넘치는 뜨거운 눈물을 흘리면서" 시위에 참여했다.[13] 이를 계기로 정칠성은 기름에 젖은 머리를 탁 던져버리고 혁명가의 길을 걸어가기 시작했다.

일본 유학과 독서

"베벨의 《부인론》을 본 것이 언제였나요?"
"동경 유학 시절이었던 것 같아요. 지금도 베벨의 《부인론》은 참 좋은 책이라고 생각합니다."
"그 책을 읽고 어떤 생각이 들었나요?"
"퍽이나 많은 감동을 받았어요. 지금도 마찬가지지만, 그때

도 이런 책은 한번 기어이 조선 여성에게 읽히고 싶은 생각
이 들었어요. 내가 다니던 그때에는 동경에서나 경성에서나
학생계에서도 퍽 많이 읽히고 있었지만."

"동경에서 학교 다닐 때에 어떤 방면의 책을 많이 읽었나요?"

"물론 좌익 서적들이었지요. 동경여자기예학교에 다니고 있
었지만 틈만 나면 각종 대회와 연설회에 돌아다녔어요. 경
제·과학·역사 방면의 좌익 서적을 열심히 읽었어요."[14]

정칠성의 책 읽기는 《삼천리》 기자와의 인터뷰를 통해 알려진
경우가 대부분이다. 위 인터뷰에서 주목해야 할 사실은 정칠성
의 일본 유학이다. 그는 평생 두 차례에 걸쳐 일본 유학을 떠났
다. 첫 번째 유학은 1922년부터 1923년 상반기까지 도쿄영어강
습소에서 영어와 타이핑 기술을 익힌 것이다. 그 당시 타자기를
전문적으로 다루는 타이피스트는 여성의 사회적 진출을 가능하
게 만든 직업이었다. 여성의 경제적 독립은 기술밖에 없다고 생
각한 정칠성에게 타이피스트는 이상적인 직업이었을 테다. 기
명인 금죽錦竹을 버리고 칠성七星으로서 살아가기 시작한 것도
이때부터였다.

귀국 후 2년 가까이 여성운동을 펼쳤던 그는 다시 일본 유학
길에 올랐다. 앞에서 얘기했듯이 1925년 3월에 도쿄여자기예학
교에 입학했던 것이다. 이때 그는 다양한 방법으로 견문을 넓혀
나가면서 사회과학과 페미니즘 책을 섭렵했다. 그중 베벨의 책
을 읽고 큰 감동을 받았다. 베벨(August Bebel, 1840~1913)은 19세기
독일의 사회주의 이론가였다. 그가 쓴 《여성과 사회주의》는 여

성 억압의 기원을 유물론의 관점에서 분석한 책으로 마르크스주의 여성해방론의 고전으로 꼽히는 작품이다. 1879년에 처음 출판되었을 때는 180페이지의 비교적 작은 책이었는데, 여러 차례 개정증보 과정을 거치면서 400페이지가 넘는 분량으로 늘어났다. 국제적으로도 널리 알려져서 1913년 베벨이 눈을 감을 때까지 5개 언어로 번역되었다고 한다.[15] 그 이후에는 최소한 53개 언어로 소개되었다고 하니 전 세계적으로 영향을 미친 책이었다고 할 수 있다.

1920년대는 지면을 통해 여성해방론에 대한 인식이 확산되어갔던 시기였다. 특히, 사회주의 여성해방론을 다룬 책은 여성 문제에 대한 근본적인 인식의 전환을 가져다주었다. 대표적인 사례로 1925년 11월에 출간된 《부인해방과 현실생활》(조선지광사)을 들 수 있다. 이 책은 경제평론가인 배성룡(裵成龍, 1896~1964)이 베벨의 책을 한국어로 발췌 번역한 페미니즘 서적이다. 식민지 조선에 사회주의 여성해방론을 처음으로 소개한 단행본이다. 정칠성이 읽었다고 하는 베벨의 책은 아마도 배성룡이 작업한 《부인해방과 현실생활》였을 가능성이 크다.

그렇다고 일본어 번역본의 가능성도 아예 빼놓을 수는 없다. 베벨의 일본어 번역본은 크게 두 가지가 있다. 하나는 1923년에 출간한 《부인과 사회주의》. 번역자는 마키야마 마사히코(牧山正彦). 다른 하나는 1927년에 나온 《부인론》이다. 번역 작업은 가토 가즈오(加藤一夫, 1887~1951)가 맡았다. 1927년 번역본은 정칠성이 식민지 조선으로 돌아온 후에 출판되었으므로 그가 이 책을 읽었을 가능성은 상대적으로 낮다. 만약 정칠성이 일본어로 베벨

아우구스트 베벨(왼쪽)과 《여성과 사회주의》를
일본어로 번역한 책 표지. 1927년에 춘추사가 세계대사상전집의 하나로 발간했다.
세계대사상전집은 춘추사가 1927년부터 1937년까지 주로 서구의 고전을 중심으로
153권을 번역한 대규모 프로젝트였다. 번역자인 가토 가즈오는 민중예술론을
주장한 시인이자 아나키스트로 알려져 있다.

을 읽었다면 1923년에 나온 《부인과 사회주의》를 펼쳤을 것이
다. 다만 위 인터뷰에서 언급되는 베벨의 책은 1927년 번역본을
지칭하는 걸로 보인다.

배성룡이 번역한 책은 1940년 8월에 일제의 검열로 금서가
되었다. 중일전쟁 이후 출판 통제가 강화되면서 사회과학 서적
이 수난을 겪던 시기였다. 금서로 지정되면서 거의 사라진 탓인
지 《부인해방과 현실생활》을 소장하는 곳을 찾기가 만만치 않
다. 이후 베벨의 한국어 번역본은 1982년이 되어서야 이뤄졌다.
그런데 1982년 번역본인 《여성과 사회》(선병령 옮김, 한밭)는 1~2

부만 다루었다. 1987년에 나온《여성론》(이순예 옮김, 까치)은 1~3부를 번역했다. 4부로 구성된 베벨의 책을 온전하게 번역한 건 아니었던 것이다. 1993년에 이순예가 4부까지 포함된 번역본을 내면서 완역본이 나올 수 있었다. 그런데 1920년대에 두 차례에 걸쳐 나온 일본어 번역본은 이미 4부까지를 다 다루었다. 하나의 고전을 소개하는 일에 일본과 한국의 격차가 상당하다는 걸 알 수 있다.

사회주의 여성해방론은 여성문제를 사회구조적인 차원에서 사유할 수 있는 단초를 제공해주었다. 인간이 인간을 억압하는 계급사회가 지속되는 한 여성 억압도 유지될 수밖에 없으므로 자본주의라는 억압구조를 타도해 온전한 여성해방을 이루자는 게 사회주의 여성해방론의 핵심이다. 특히, 베벨의 책은 여성 억압의 기원을 설득력 있게 제시했다. 억압의 원인을 규명해야 억압을 철폐하는 길도 찾을 수 있기 때문이다. 베벨의 주요 논리인 여성노예론은 사회주의 여성해방론의 중요한 전제로 여겨졌다.《여성과 사회주의》에 명시된 "여성은 노예의 일에 종사한 최초의 인간이었다. 이른바 노예가 존재하기 이전에 이미 노예였다"는 표현은 사회주의 여성해방론의 강령이나 마찬가지였다. 이러한 사실은 여성의 처지를 남성들의 '성적 노예'와 '경제적 노예'로 규정한 조선여성동우회에서 확인할 수 있다. 조선여성동우회는 한국 여성사에서 처음으로 사회주의 여성해방론을 지향한 여성단체였다. 창립 시기는 1924년 5월. 정칠성이 두 번째 유학을 떠나기 전이었다. 저명한 사회주의 여성운동가인 허정숙(許貞淑, 1908~1991), 박원희(朴元熙, 1898~1928), 주세죽(朱世竹,

1928년 1월 6일 자 《동아일보》에 실린 사진이다. 식민지 조선의 여성운동가들을 망라했다. 이들의 이름은 다음과 같다. 맨 위 왼쪽에서부터 황애시덕, 김마리아, 이혜경, 장선희, 김영순, 황신덕, 유영준, 신의경, 이정숙, 유각경, 이덕요, 정종명, 김활란, 박원희, 이경완, 김동준, 심은숙, 박경식, 정칠성, 조원숙. 몇몇 저명한 인물들을 제외하고는 아직까지 잘 알려지지 않은 인물들이 태반이다.

1899~?), 고명자(高明子, 1904~?), 정종명 등이 조선여성동우회에 참여하고 있었다. 정칠성도 조선여성동우회 멤버였다는 점에서 그가 두 번째 유학 이전에 베벨을 알았을 가능성도 있다.

정칠성은 근우회에서 활동할 때 전국 각지를 돌아다니며 여성해방을 부르짖었다. 이때 그는 베벨의 여성노예론에 바탕을 둔 여성해방론을 역설했다. 1928년 5월 20일에 신간회 황주지회가 주최한 사회문제 강연회를 살펴보자. 여기서 그는 '여성운동과 신간회'라는 주제로 강연을 하면서 "여자는 남자의 완롱물玩弄物이오. 남자의 위안물慰安物이오. 일개의 생식기계에 지나지 못한 노예"라고 주장했다.[16] 지금 봐도 강한 표현이다. 베벨의 여성노예론이 정칠성에게 미친 영향을 알 수 있는 대목이다. 강연회는 정칠성의 발언 내용이 문제가 되어 한 차례의 주의도 없이 바로 해산되고 말았다.

그의 사회주의 여성해방론은 삼월회 간부로 발표한 〈신여성이란 무엇〉이라는 글을 통해 알 수 있다. 삼월회는 1925년 도쿄의 여자 유학생들 가운데 사회주의 사상에 관심이 있는 사람들이 모여 만든 단체였다. 정칠성도 삼월회 멤버로 활동했다.[17] 이 글에서 그는 공장에서 일하는 여성이야말로 여성해방의 주체이자 진정한 신여성이라고 주장했다. 그에게는 새벽 5시 고동 소리와 함께 피곤한 다리를 옮기며 흑탄연돌 속에서만 볼 수 있는 여성 노동자들이 진짜 신여성이었다.[18] 여성의 경제적 자립과 사회 참여는 나혜석을 비롯한 자유주의 여성운동가를 통해서도 제기된 의제지만, 정칠성만큼 무산계급 여성을 해방의 주체로 주목한 이는 거의 없었다고 해도 과언이 아니다.

콜론타이를 읽는다는 것

그의 독서 여정에서 알렉산드라 콜론타이(Alexandra M. Kollontai, 1872~1952)의 소설도 중요한 부분을 차지하고 있다. 콜론타이는 초기 소비에트 정부의 대표적인 여성 혁명가이자 페미니스트로, 초기 소비에트 정부가 선진적인 여성·가족 정책들을 추진하는 데 크게 활약한 인물이다. 또한 1919년 8월에 모스크바 여성위원회를 볼셰비키당 여성부로 승격시키는 데도 큰 영향을 미쳤다. 그가 이끌던 여성부는 여성의 가사노동 부담을 덜어주기 위해 탁아소와 공동취사·식당 등을 설치하는 사업을 추진했다. 1922년에 숙청을 당한 이후에는 외교관으로 활동하며《붉은 사랑》(1923)과《삼대의 사랑》(1927) 등을 비롯한 소설 작품을 집필했다.

1917년 러시아혁명기를 전후한 그의 활약상은 언론을 통해 식민지 조선에 알려졌다. 콜론타이는 탁월한 혁명가이자 유능한 외교관으로서 소개되긴 했지만, 그보다 그의 문제작들로 인해 작가로서 식민지 조선의 독서계에 큰 반향을 일으켰다. 먼저 콜론타이의 대표작인《붉은 사랑》을 살펴보자. 이 작품은 러시아혁명과 내전에 함께 참여한 블라지미르와 바샤의 사랑과 이별을 다루고 있다. 블라지미르는 한때 무정부주의자였지만 네프Nep 기업가로 활약하면서 부르주아적 성향을 드러내고 있었고, 바샤는 볼셰비키이자 노동계급 여성을 대표하는 인물이다. 바샤는 남편 블라지미르에게 '니나'라는 내연녀가 있다는 걸 알아차리지만, 니나가 자신의 남편을 진심으로 사랑한다는 사실을 알게 되자 그에게 양보하고 남편으로부터 독립된 삶을 살기로 결심한다. 심지어 바샤는 블라지미르의 아이를 가진 니나를 축복해준다. 바샤도 임신한 상황이었지만 아버지 없이 아이를 키울 결심을 한다. 어떻게 보면 일종의 막장 드라마로 보일 수 있지만, 이 작품에는 러시아혁명의 과정, 당과 소비에트에 대한 충성, 공산주의 사회를 대비한 탁아소의 운영, 다른 계급을 품는 프롤레타리아계급의 동지애 등 가족과 사회에 대한 새로운 전망을 담고 있다.[19] 알려지기로는 콜론타이의 결혼생활을 다소 꾸며서 쓴 작품이라고 한다.

《붉은 사랑》은 한국어로 번역되지 않았다. 1927년에 《적연赤い戀》이라는 제목의 일본어로 출판되었을 뿐이다. 번역자는 마쓰오 시로松尾四郎였다. 식민지 조선에서는 서평의 형식으로 콜론타이의 책이 소개되곤 했다. 1931년 상반기에 동아일보사가 조사한 바로는 경성 지역의 여학생과 인쇄 노동자 사이에 콜론타이의 작품들이 꽤 인기를 끌었던 것으로 나타났다.[20] 일본어로 책을 읽는 게 가능한 독자들에게는 콜론타이의 작품들이 인기리에 읽혔음을 알 수 있다. 아마도 일본어 책을 취급하는 서점을 통해 콜론타이의 작품들이 유입되었던 것으로 보인다. 문제는 남성 지식인이 주도권을 장악한 식민지 조선의 언론이《붉은 사랑》을 통속적인 소설로만 다루었다는 점이다.

"세계의 평론가와 사상계를 흔들어놓았던 콜론타이의 소설 《붉은 사랑》에 대하여 조선의 여류 사상가들은 아무런 이야기를 하고 있지 않습니다. 우선 콜론타이가 이런 말을 한 적

혁명가이자 페미니스트인 콜론타이. 그의 책들은 정칠성을 비롯해
당시 경성 지역의 여학생들에게 상당히 인기가 있었다.

이 있지 않습니까. 오늘날 모든 여성들에게는 가정적 의무보
다 사회적 의무가 더 크다고요. 그렇다면 일상생활에서 가정
적 의무와 사회적 의무가 많이 충돌할 텐데요. 조선 여성들
은 어느 쪽을 더 따라야 할까요?"
"그야 옛날에는 가정적 의무를 다하는 것이 전부였겠지요.
지금은 상황이 많이 달라졌습니다. 가정은 '작은 것'이고 사
회는 '큰 것'입니다. 우리 신여성이 나아갈 길은 분명합니다."
"만약 집안일을 보지 않는다고 남편이 이혼을 요구하거나 쫓
아내버리면요?"

"사회적 의무를 더 중요하게 여겨야 합니다만, 조선의 형편 상 쫓겨난 여성들은 당장 갈 데가 없습니다. 되도록 남편에게 배척을 받지 않을 정도로 사회 일을 해나가야 할 것입니다. 또 가정적 의무와 사회적 의무가 반드시 충돌한다고 볼 수 없습니다."

"그래도 남편이 밖에 나가는 일을 하지 못하도록 제한하면 어떻게 해야 할까요?"

"그렇다면 그 집을 뛰쳐나와야 합니다. 남편보다 일과 동지가 더 중하니까요."

"네. 좋은 말씀을 들었습니다. 그러면 정칠성 선생님. 콜론타이는 '연애와 성욕은 별개 문제다. 연애는 굉장히 시간이 드는 일이다. 투쟁을 하는 사람이 언제 연애를 하겠느냐. 그저 성욕을 풀기 위해 잠깐잠깐 얻을 길을 구하는 게 더 필요하다'고 이야기한 적이 있습니다. 정칠성 선생님은 이 말을 어떻게 생각하시나요?"

"현실을 잘 본 말입니다. 성욕과 연애는 별개의 문제입니다. 결혼과 이혼의 자유가 없는 곳에서는 그렇게밖에 할 수 없습니다."

"여자의 정조 관념, 즉 순결성은 아주 무시하는 거 아닙니까?"

"모르겠어요. 그러나 정조를 너무 중요시할 필요가 있을까요."

"그러면 《붉은 사랑》에 대한 이야기를 해보도록 하겠습니다. 이 책에서 바샤는 자신이 처녀가 아니니까 키스를 하지 말아

달라고 합니다. 그러자 블라지미르는 지나간 과거의 일이라
고 말하고 바샤와 결혼합니다. 여기에 대해서 우리는 문제
삼지 말아야 할까요?"

"대답하기가 곤란합니다. 제가 이야기를 해봤자 아직 조선사
회가 용납해주지 않을 테니까요."

"다음으로 넘어가보도록 하겠습니다. 바샤는 남편과 별거생
활을 하다가 몇 달 만에 돌아옵니다. 그런데 남편 방에 걸려
있는 다른 여자의 옷을 보게 됩니다. 다른 여자들이었으면
울고 불며 질투를 했을 텐데, 바샤는 전혀 그렇게 행동하지
않았습니다. 오히려 바람을 피운 남편을 용서해줍니다. 이것
에 대해서는 어떻게 생각하시나요?"

"역시 아무런 이야기를 할 수 없습니다. 조선사회가 허락하
지 않을 테니까요. 차라리 입을 다물겠습니다."

"또 남편이 값비싼 옷감을 사주자 바샤는 거부하는 장면이
나옵니다."

"물론 그래야 하겠지요. 사치는 인간 말종이나 하는 짓입니다.
프롤레타리아의 세계에서 사치란 없습니다. 좌우간 새로운
남녀관계를 만들려면 무엇보다도 여성의 경제적 독립이 필
요합니다. 문제는 여성이 어떻게 남성중심 사회에서 경제적
독립을 얻는가라는 점입니다. 자본주의 사회에서는 불가능
한 일입니다. 무산자의 해방 없이 여성의 해방은 없습니다."

"《인형의 집》에 나오는 노라의 해방과《붉은 사랑》에 등장하
는 바샤의 해방은 어떻게 다른가요?"

"노라의 해방은 개인주의적 자각이었을 뿐입니다. 그래서

노라는 눈보라 치는 날 밤에 남편의 집을 뛰쳐나오지요. 이후 노라는 어디 가서 무엇을 먹고 살아가겠습니까. 길거리에 나가 굶어 죽고 얼어 죽는 '해방'은 과연 진정한 해방일까요? 그러니 경제적인 해방을 이루지 못하면 다 소용없는 일입니다."

이 대화는 《붉은 사랑》을 중심으로 제기되는 성도덕의 문제를 《삼천리》 기자가 질문하고 정칠성이 답변하는 것을 재구성한 것이다.[21] 덕분에 정칠성은 콜론타이에 관해 논한 몇 안 되는 페미니스트가 되었다. 정칠성은 여성의 사회적 진출과 자유연애를 옹호하는 입장에 서서 콜론타이를 지지했다. 그리고 정조와 혼전순결을 여성에게만 강요하는 가부장제에 비판적인 태도를 보였다. 콜론타이의 작품을 통속소설로 다룸으로써 여성에게 가부장적 통제를 강화시키려 했던 남성 지식인들에게 맞섰던 것이다. 그런데 기자와의 인터뷰에서 정칠성은 정조와 관련된 질문이 나오면 답변을 회피했다. 정칠성은 여성에게만 강요되는 정조를 비판하면서도 그 비판의 날을 강력하게 세우는 건 꺼려했다. 그 이유는 무엇일까. 아마도 정칠성은 비판의 초점이 흐려질 것을 우려했던 것 같다.[22] 불필요한 논란을 굳이 만들고 싶지 않았던 정칠성의 전략적 선택이었을 것이다.

노라와 바샤를 비교하는 대목도 흥미롭다. 정칠성에게 노라는 기존 구조를 유지하면서 여성의 사회적 평등을 실현하고자 했던 모순적인 캐릭터였다. 그래서 정칠성은 노라가 '개인주의적 자각'에 지나지 않았다고 비판했다. 즉, '노라'로 상징되는 중

산층 여성들이 가정에 속박될지도 모른다는 위험에 대해 불평할 때, 식민지 조선의 수많은 무산계급 여성들은 일터로 향했다. 저임금에 장시간 노동을 하면서도 모든 집안일을 도맡아야 했던 무산계급 여성들에게는 경제적 해방이야말로 진정한 여성해방이었다. 여기서 정칠성은 자유주의 여성해방론과 사회주의 여성해방론을 분명히 구분한 뒤 후자를 택하는 입장을 보였다. 정칠성은 콜론타이로 상징되는 붉은 연애를 통해 차이의 정치를 감각적으로 습득했다.

그는 어떤 경로를 통해 콜론타이를 접했을까. 한 가지 힌트가 있다. 그가 몸담았던 삼월회는 1926년에 야마카와 기쿠에(山川菊榮, 1890~1980)가 쓴 《리프크네히트와 룩셈부르크》를 소책자로 발행했다.[23] 책의 주인공 카를 리프크네히트(Karl Liebknecht, 1871~1919)와 로자 룩셈부르크(Rosa Luxemburg, 1871~1919)는 독일 베를린에서 스파르타쿠스단을 설립한 사회주의 혁명가들이었다. 이 책은 삼월회의 팸플릿 제1집으로 발간되었고, 《조선일보》에 신간으로 소개되기도 했다.[24] 곧바로 당국으로부터 발매 금지와 압수를 당한 비운의 책이기도 하다.[25]

야마카와 기쿠에는 일본 사회주의 여성해방론의 대표적인 이론가였다. 1908년에 철야 작업으로 녹초가 된 10대 여성 노동자들을 보고 충격을 받으면서 자선사업을 통한 구호 대신에 사회주의자로서 여성해방론을 구축해나갔다. 운동권 내부의 여성 혐오에 대해서도 맞서 싸웠던 걸로 유명하다. 중요한 점은 일본에서 콜론타이를 처음 소개한 사람이 야마카와 기쿠에라는 사실이다.[26] 정칠성의 유학 이후에 이루어진 것이지만, 야마카와

일본 사회주의 여성해방론의 이론가 야마카와 기쿠에.
정칠성은 삼월회라는 연결고리를 통해 야마카와 기쿠에를 접했고,
그의 저작을 소책자로 발행하기도 했다.

기쿠에는 1927년에 콜론타이의 글을 번역한《부인과 가족제도》
라는 책을 내기도 했다. 이러한 사실은 정칠성이 삼월회라는 연
결고리를 통해 야마카와 기쿠에를 접하면서 콜론타이의 작품들
을 읽었을 가능성을 시사한다.

　가부장제가 지배하는 사회에서 콜론타이를 읽는다는 건 어
떤 의미였을까. 사실 성도덕의 차원에서 더욱 화제가 된 작품은
《삼대의 사랑》이었다. 이 작품은 마리아-올가-제니아로 이어
지는 3대 모녀의 이야기를 통해 성, 연애, 결혼에 대한 인식이 세
대를 거치면서 어떻게 변화되는지를 보여주고 있다. 이들에게
는 공통점이 하나 있는데, 그건 바로 가부장적 가정의 해체였다.

1대인 마리아는 부부와 가정의 의무를 거부하고 사랑을 찾아 떠나갔으며, 2대인 올가는 두 남자를 사랑하는 폴리 아모리스트였다. 3대인 제니아는 사랑이라는 감정에 빠지는 걸 거부하고 육체적 쾌락을 즐기는 파격적인 인물이었다(그래서 어머니의 애인과 성관계를 맺기도 한다). 식민지 조선의 남성 지식인들은 이 작품을 성적 타락을 부추기는 퇴폐주의 미학의 산물로 선전했다.

콜론타이의 책은 식민지 조선의 독자들에게 성적 자기결정권에 대한 인식을 심어주는 계기가 되지 않았을까 싶다. 한 예로 《삼대의 사랑》을 읽은 한 여학생은 "최근에 와서 도덕적 관념이 얼마나 급격하게 변하는 것을 볼 수 있는 동시에 조선 여자의 도덕에 대한 표준도 이리하여야 할 것입니다"라고 말했으니 말이다.[27] 《삼대의 사랑》에서 제니아는 바쁜 당 활동(이른바 사회적 활동)으로 연애관계에 집중할 시간적 여유가 없지만, 성욕도 포기할 수 없다는 딜레마를 해결하기 위해 애정 없는 성관계를 선택한다.[28] 누군가에게 제니아는 문란한 여성일지 모르겠지만, 성적 자기결정권을 행사하고 있다는 점에서 성해방운동의 캐릭터였다. 혼전 동거, 여러 남자와의 연애관계, 한 남자를 둘러싼 모녀의 애증관계, 정신적 사랑 없는 성행위 등은 가부장적 성 통제를 해체하기 위한 장치였다. 이는 사회주의 여성운동가들이 지속적으로 혁명에 참여하려면 여성을 남성에게 예속시키는 정조 개념에서 벗어나야 했던 상황과도 관련 있다.

정칠성이 1935년 3월에 기고한 〈동무 생각〉은 근우회에서 함께 활동했던 옛 동지들을 그리워하는 가슴 절절한 글이자 가부장적 성도덕에 맞선 하나의 은유였다.[29] 그에게는 근우회에서

1927년 10월 20일에 근우회가 주최한 여성문제 토론회 풍경.
여성해방의 관건이 경제적 독립인지 여성 계몽인지를 두고 토론을 벌였다.
1927년 10월 22일 자《매일신보》에 실린 사진.

보낸 몇 년이 가장 극적인 시기였다. 선전조직부 멤버로서 전국을 종횡무진했고, 1929년 5월에 창간된 기관지《근우》의 발행 책임자를 맡았다. 그해 7월에 열린 제2차 전국대회에서는 중앙 집행위원장으로 뽑히면서 여성운동의 지도자로 두각을 나타냈다. 근우회를 새롭게 이끌게 되면서 그는 식민지 조선의 여성혐오와 맞서 싸웠다. 그 당시 언론은 공공연하게 '구여성'을 계몽의 대상이자 불쌍한 존재로, '신여성'을 풍자와 오락거리로 삼았다. 이 가운데 '취미 잡지'를 표방한《별건곤別乾坤》은 신여성의 사생활과 여성운동을 조롱하는 일에 앞장섰다. 가령 두창의 후유증으로 얼굴에 곰보자국이 남아 있는 정종명의 외모를 비하하는 식으로 말이다. 이에 대해 정칠성은 집행위원장 명의로 각 지회에 〈별건곤 박멸이유서〉를 보내 불매운동을 전개하는 방식으로 대응했다.[30]

아쉽게도 근우회는 1931년에 해소되고 말았다. 여성의 '연대'와 '권리'를 함께 도모했던 근우회 멤버들은 뿔뿔이 흩어졌다. 누군가는 멀리 블라디보스토크에 있다는 소문이 돌았다. 객지에서 고생하고 있을 옛 동지들이 걱정스럽고, 가정에 속박당해 연락이 끊긴 동무들이 안쓰러웠다. 정칠성은 경성 동대문 밖에서 어머니 노릇하기에 주야불문인 황신덕, 세 아이를 거느리고 살림과 양육에 분주한 허정숙, 수년째 편지 한 장 없는 조원숙(趙元淑, 1906~?), 아이들 뒤치다꺼리하기에 바쁜 심은숙沈恩淑 등을 언급하며 여성을 사적 영역의 존재로 취급하는 사회적 관념에 의문을 제기했다. 정칠성이 종로 뒷거리 공평동의 옛 근우회 터전을 둘러보고 흘린 눈물은 지나가버린 세월에 대한 야속함 때문만은 아니었다. 한때 활발하게 활동했던 여성운동가들이 결혼 이후 별다른 사회 활동을 하지 못하고 연락을 끊은 채 지내는 모습에 대한 한탄이었다.

책은 정칠성에게 자신의 삶과 생각을 이야기할 수 있는 언어를 부여했다. 조선의 여장부가 되어볼까 하고 말을 타던 10대의 정칠성과 현해탄을 오가며 새로운 사상을 배웠던 20대의 정칠성, 그리고 여성운동가로 가부장제에 위협적인 존재가 되었던 30~40대의 정칠성에게는 책이 있었다. 그가 선택한 사회주의 여성해방론은 기생으로서 파란만장했던 삶의 고통을 설명할 수 있는 언어였다. 물론 억압, 착취, 프롤레타리아 여성, 자본가 등으로 구성된 사회주의 언어가 기생으로서 겪었던 고통을 적확하게 설명했을지는 의문이다. 중요한 사실은 독서가 '말하지 못하는 존재'의 고통을 표현하는 데 매우 유효한 경험이 되었다는 점이다. 비록 완벽하지는 못하더라도 말이다.

7장

엘렌 케이의 애독자들

식민지 조선에서 가장 큰 인기를 끌었던 페미니스트는 단연코 스웨덴 출신의 엘렌 케이(Ellen Key, 1849~1926)라고 할 수 있다. 그가 쓴《어린이의 세기Barnets a Rhundale》는 오늘날 교육학 고전 중 하나로 손꼽히는 책이다.《어린이의 세기》는 1900년 스웨덴에서 처음으로 발간되었을 때만 해도 별다른 관심을 받지 못했으나 2년 후에 독일에서 번역되어 나올 때 큰 반향을 불러일으켰다. 독일에서만 수십만 권이 간행될 정도였다. 유럽에서 교육문제에 대한 논의를 공론화시키는 데 큰 영향을 미쳤다고 한다. 엘렌 케이는《어린이의 세기》가 거둔 흥행 성공으로 국제적인 교육사상가로 이름을 남길 수 있었다.

식민지 조선 여성운동가들에게 큰 영향을 끼친 스웨덴 출신의 작가 엘렌 케이.
《조선일보》,《동아일보》와 더불어 조선인이 발행한 3대 민간신문 중 하나인
《시대일보》는 1926년 5월 2일 자 지면에 엘렌 케이의 죽음을 추모하는 의미로
그의 생애와 사상을 소개하는 글을 게재했다.

《어린이의 세기》가 세계적으로 큰 주목을 받았던 이유는 새로운 시대에 대한 전망을 이야기하고 있기 때문이다. 일단 이 책이 19세기에서 20세기로 넘어가는 시점에서 나왔다는 사실을 기억하자. 새로운 세기는 새로운 사회가 되어야 하고, 새로운 사회를 만들기 위해서는 새로운 세대를 위한 교육이 요구될 수밖에 없다는 게 엘렌 케이의 주장이다. 여기서 말하는 새로운 세대란 '어린이'를 가리킨다. 즉, 엘렌 케이는 20세기가 어린이의 세기가 될 수 있도록 새로운 교육 방식을 마련해야 한다고 주장했다. 대표적으로 가정교육의 중요성, 체벌 금지, 대안학교 설립 등이다. 어린이의 주체성을 강조한 그의 교육관은 오늘날에도 의미하는 바가 크다.

홍미로운 사실은 우생학적 세계관이 엘렌 케이의 사상을 관통하는 핵심 키워드라는 점이다. 교육에 대한 그의 관심은 우생학적 세계관에 기인한 바가 크다. 엘렌 케이는 산업혁명 이후 여성들이 일터로 나가면서 발생한 사회문제들이 어린이의 신체적·정신적 성장에 악영향을 미쳐 장차 '인류의 질'을 떨어뜨리게 될 것이라고 보았기 때문이다. 그가 이야기하는 사회문제란 가정 파괴, 아동에 대한 무관심 등을 의미한다. 엘렌 케이는 여성이 어머니로서 육아에 전념해야 이 문제를 풀 수 있다고 보았다. 남녀의 본질적인 성차를 인정한 그에게 여성의 영역은 가정이었기 때문이다. 따라서 엘렌 케이는 여성이 가정 이외의 노동에 종사할 필요성을 없애기 위해서 모성을 보호하는 법적이고 제도적인 장치를 마련해야 한다고 주장했다. 여기에는 공장에서 이루어지는 억압과 착취로부터 여성을 보호하고자 했던 맥락도 있었다.

연애의 자유도 마찬가지였다. 엘렌 케이는 1911년에 발표한《연애와 결혼》을 통해 '연애의 자유'를 주창했다. 그런데 그가 말하는 연애의 자유도 인종개량에 목적이 있었다.《연애와 결혼》의 서문에 영국 '우생교육협회'의 멤버인 하브록 엘리스(Havelock Ellis, 1859~1939)의 글이 실려 있다는 사실은 의미심장하다. 엘렌 케이는 정신적·육체적으로 완전한 사랑을 하고 있는 커플이 결혼을 해야 '우수한 자손'을 낳을 수 있다고 보았다. 문제는 사랑이 영원하지 않을 수 있다는 점이다. 엘렌 케이는 사랑이 식으면 결별이 불가피하므로 이혼도 자유로워야 한다고 보았다. 인종개량을 위한 연애의 자유는 반대로 인종개량을 위한 이혼의 자유로 이어졌던 것이다. 그에게 연애와 결혼은 우생학의 실천을 위한 수단이었다.

요컨대 엘렌 케이의 궁극적인 관심은 '인류의 미래가 될 우수한 아동의 양성'에 있었다. 그러다 보니 결혼-출산-양육의 과정에서 우수한 아동을 양성하는 데 영향을 미치는 부분들을 개선하기 위해 주의를 기울였다. 그가 말하는 아동의 권리와 모성보호, 그리고 연애의 자유란 인종개량이라는 발상 속에서 이루어지는 것들이다. 오늘날 우생학이라는 맥락을 거세한 채 그의 교육사상을 논의하는 건 온당치 못하다고 생각한다. 엘렌 케이는 우생학적 사고방식이 강하게 작동했던 시대를 살아갔던 페미니스트였다.

엘렌 케이의 존재를 식민지 조선에 공식적으로 처음 소개한 글은 노자영(盧子泳, 1898~1940)이 쓴 〈여성운동의 제일인자 엘렌 케이〉(1921)였다.[1] 시인 노자영은 이 글의 서두에서 "生田군의 엘렌 케이론을 토대로 삼았다"고 밝히고 있다. 그가 언급한 인물은 근대 일본에서 평론가이자 번역가로 활약한 이쿠다 조코(生田長江, 1882~1936)를 가리킨다. 이미 노자영은《개벽》의 필진들과 함께 서구 근대사상과 인물을 조명하는 기획에서 이쿠다 조코의 책인《근대사상 16강》(1915)과《사회개조의 8대 사상가》(1920)를 저본으로 삼은 적이 있었다.[2] 후자의 책은 서구의 8대 사상가를 소개하고 있는데, 엘렌 케이가 유일한 여성으로 등장하고 있다. 카를 마르크스, 표트르 크로포트킨, 장 자크 루소, 레프 톨스토이, 윌리엄 모리스, 에드워드 카펜터, 헨리크 입센 등과 함께 소개되고 있다는 사실은 당시 일본 사회에서 엘렌 케이의 영향력이 어느 정도였는지를 충분히 보여준다.[3] 아마도 엘렌 케이를 소개한 글을 쓸 때도 이쿠다 조코와 혼마 히사오(本間久雄, 1886~1981)가 함께 쓴《사회개조의 8대 사상가》를 참조했던 걸로 보인다.

그런데 이광수의 소설《무정》(신문관, 1918)을 읽어보면 노자영의 글이 발표되기 전에도 엘렌 케이의 인지도가 어느 정도 있었음을 알 수 있다.《무정》의 주인공 이형식이 자신의 독서 이력으로 루소, 셰익스피어, 괴테, 크로포트킨을 열거한 다음에 "엘렌 케이 여사의 전기(傳記)를 보았다"고 이야기하는 대목이 등장하기 때문이다. 문제는 엘렌 케이가 식민지 조선에서 자유연애를 추구하는 신여성의 가치를 표상하거나 아니면 현모양처의 이념을 대변하는 방식으로, 그러니까 매우 양가적으로 받아들여졌다는 사실이다.[4] 엘렌 케이의 책들이 한국어로 완역되지 않은 채, 일본어 번역본을 읽은 소수의 남성 지식인들이 자신들의 입맛에 맞는 내용만을 인용한 까닭이었다. 다시 말해 식민지 조선의 남성 지식인들은 엘렌 케이를 오해했다. 어쩌면 '의도적인 오해'였을지도 모르겠다. 엘렌 케이 사상의 기반인 모성주의와 인종개량 등은 생략된 채 연애론 아니면 현모양처주의로 소비되어버렸다.

엘렌 케이를 둘러싼 오해 속에서 나혜석과 김일엽은 엘렌 케이의 연애론을 식민지 조선에 실험했다. 나혜석이 〈잡감-K언니에게 여함〉에서 "남녀 간에 육肉 외에 영靈의 결합까지 있는 줄 압니다"라고 서술한 대목은 엘렌 케이의 연애론인 '영육일치의 사랑'을 의미한다. '영육일치의 사랑'이란 독립적 인격을 갖춘 자유로운 남녀의 정신적·육체적 결합을 뜻한다. 나혜석은 사랑에 바탕을 둔 인격적인 결혼을 이야기함으로써 육의 결합에 불과했던 기존의 결혼제도를 우회적으로 비판하고 있는 셈이다. 전통적인 가부장제 사회에서 이루어졌던 결혼이란 신분과 사회적 지위에 의한 집안끼리의 결합이었기 때문이다.

김일엽의 신정조론도 마찬가지다. 김일엽은 정조가 육체가 아닌 마음에 있다고 주장함으로써 여성들이 정조에 얽매이지 않게끔 길을 열어놨다.[5] 김일엽은 새로운 성도덕을 만들어 정조와 봉건적 가족제도에서 벗어난 여성해방을 구현하고자 했던 것이다. 사랑 없는 결혼의 잔혹함에 시달리고 있던 식민지 조선의 여성들에게는 일종의 탈출구와 같았다. 이렇듯 나혜석과 김일엽은 엘렌 케이의 연애론을 가부장제에 균열을 가하는 급진적인 사상으로 밀어붙였다. 하지만 이들의 시도는 자유연애가 일부일처제의 가부장제로 편입되면서 좌절되고 말았다.

1928년 즈음의 김일엽 모습. 그는 새로운 성도덕을 만들어 정조와 봉건적 가족제도에서 벗어난 여성해방을 구현하고자 했다.

그렇다면 나혜석과 김일엽은 어떤 경로를 통해 엘렌 케이의 사상을 접했던 걸까. 아마도 이 둘은 일본 유학 시절 《세이토》를 매개로 엘렌 케이의 사상을 알게 되었던 것으로 보인다. 나혜석이 〈이상적 부인〉에서 언급한 히라쓰카 라이초는 일본에서 엘렌 케이의 모성주의를 적극적으로 받아들인 대표적인 인물로, 다시 말해 엘렌 케이의 열렬한 팬이었기 때문이다. 그렇다 보니 《세이토》는 다이쇼 데모크라시 시대에 가장 적극적으로 엘렌 케이를 소개한 매체가 되었다. 예를 들어, 라이초는 1913년 1월부터 1914년 12월까지 《세이토》에 엘렌 케이의 《연애와 결혼》을 번역한 글을 게재했다.[6] 《세이토》 구독자라면 엘렌 케이의 글을 읽는 게 그리 어려운 상황은 아니었던 것이다.

《세이토》의 멤버인 이토 노에(伊藤野枝, 1895~1923)도 주목할 필요가 있다. 그는 '감정의 해방과 자유'를 기치로 활동했던 여

나혜석과 김일엽에게 영향를 끼친 이토 노에. 《세이토》는 이토 노에가 3대 편집장을 맡으면서 페미니즘 잡지로 완전히 변모했다.

성운동가이자 노동문학가였다.[7] 사실 《세이토》는 이토 노에가 3대 편집장을 맡으면서 페미니즘 잡지로 완전히 변모했다고 볼 수 있다. 흥미로운 점은 이토 노에가 1914년에 러시아 출신의 미국 아나키스트이자 페미니스트인 엠마 골드만(Emma Goldman, 1869~1940)의 글을 번역해서 《부인해방의 비극》이라는 제목의 책을 낸 적이 있다는 사실이다. 그런데 이 책에는 엠마 골드만의 글뿐만 아니라 엘렌 케이의 전기가 수록되어 있다. 나혜석과 김일엽이 이토 노에가 번역한 엠마 골드만의 책을 읽었을 가능성을 고려할 필요가 있다고 본다.

또한 이들은 문학평론가 혼마 히사오가 쓴 책을 통해서도 엘렌 케이의 사상을 공부했을 수도 있다. 혼마 히사오는《부인과 도덕》(1913),《엘렌 케이 사상의 진수》(1915),《와야 할 시대를 위하여》(1916),《전쟁과 평화 그리고 장래》(1918) 등 엘렌 케이에 관한 가장 많은 책을 쓴 인물이다. 일본 자연주의 문학의 대표적인 평론가인 그는 엘렌 케이의 사상을 근대적 개인의 자아 발견으로 보았고, 사회개조 사상의 일환으로 파악했다.[8] 혼마 히사오가 쓴 책들이 나혜석과 김일엽의 일본 유학 시기와 미묘하게 맞물리면서 출간되었다는 점이 눈에 띈다.

모성보호운동가, 박원희

계집아이가 공부가 무엇이냐. 학교에 가고 싶다고 말했지만 돌아온 대답은 편견과 관습이었다. 박원희는 밥도 먹지 않고 몇 날 며칠을 울며불며 공부를 시켜달라고, 그렇지 않으면 죽겠다고 야단을 쳤다. 여자아이들에겐 공부를 시키지 않던 당시의 차별적 관습을 묵묵히 받아들이기보다 저항하는 길을 택했던 당찬 아이가 박원희였다. 끝내 그는 부모로부터 학교 입학을 허락받았다.

한성고등여학교의 예과(1909~1910)와 본과(1911~1914)를 졸업한 후 그는 경성여자고등보통학교 부설 사범과에 진학했다. 졸업 후 학교 교사로 근무했지만, 의무 복무 기간인 4년을 마치자마자 그만두었다. 그러고는 혁명가 김사국(金思國, 1895~1926)과 만나 결혼하고 부부이자 사상적 동지로서 함께 일본으로 유학을 떠났다. 이들의 일본 유학은 1921년 10월부터 1923년 초반까지 이어졌다. 귀국 후 그는 한 명의 혁명가로서 현장에 뛰어들었다. 조선여성동우회(1924), 경성여자청년회(1925), 중앙여자청년동맹(1926), 근우회(1927) 등의 핵심 멤버로 활동하면서 사회주의 여성운동의 한 축을 짊어졌다.

그가 여성운동에 더욱 매진하게 된 계기가 있었다. 1923년 3월에 열린 전조선청년당대회였다. 박원희는 제1분과위에서 여성문제를 토론하면서 가정제도 개혁·현모양처주의 반대·자유 결혼 및 자유 이혼·공창제의 폐지를 통과시켰다.[9] 그런데 현모양처주의 반대 건을 어렵게 통과시키면서 남성 사회주의자들과 여성문제에 대한 인식 차이를 절감했던 모양이다. 이 경험은 박원희가 여성해방운동에 더욱 매진하게끔 만든 중요한 계기가 되었다.

일본 유학 시절 박원희는 사회주의와 페미니즘에 관한 다수의 책을 읽었으리라 본다. 그가 한창 공부에 매진하던 1922년에는 혼마 히사오가 쓴《엘렌 케이 논문집》이 출간되었고, 엘렌 케이의 대표작인《어린이의 세기》도 일본어로 번역되어 나왔다. 그 밖에도 엘렌 케이의 연애론을 다룬 책이 간행되었다. 귀국 후 그는 북간도로 이주하여 동양학원의 영어 강사로 근무했는데, '동양학원 사건'으로 구금되었을 때 엘렌 케이의 책을 번역했다고 한다.[10] 아쉽게도 그의 번역은 끝내 출판으로 이어지지 못했다. 아마도 엘렌 케이의 대표작이라 할 수 있는《어린이의 세기》를 번역하지 않았을까 싶지만, 지금으로서는 정확히 어떤 책인지 알 수 없다. 어쨌든 이러한 사례는 박원희의 여성해방운동에

박원희가 경성여자청년회 현판 앞에 서 있는 모습(1925년 12월 20일 자
《조선일보》). 1925년 2월 21일에 창립된 경성여자청년회는 다른 정파 세력이 만든
경성여자청년동맹에 대항하기 위한 성격을 지녔다. 박원희는 경성여자청년회관에서 서적을
구비하여 회원들이 여성해방에 관한 책을 읽고 토론할 수 있도록 했다.

서 엘렌 케이의 영향이 컸다는 점을 알 수 있다.

　그의 독서 여정은 강연회 내용을 통해서도 유추해볼 수 있
다. 1926년 1월 박원희는《조선일보》가 주최한 강연회의 연사로
참여했다. 일본의 여성운동가 스미이 미에住井美江를 초청한 자
리였다. 여기서 박원희는 '제가諸家의 연애관'이라는 주제로 입
센·엘렌 케이·베벨의 연애관을 소개하며 사랑이 전제된 결혼과

이혼의 자유에 대해 이야기했다. 주목할 점은 그가 영국의 퀴어 작가인 에드워드 카펜터를 인용하고 있다는 사실이다. 에드워드 카펜터는 동성애자와 여성의 성적 해방을 주제로 다수의 책을 쓴 작가이다. 추측해보자면 박원희는 사카이 도시히코(堺利彦, 1871~1933)가 번역한 《자유사회의 남녀관계》(1925)를 읽고 에드워드 카펜터를 알게 되었을 것 같다.

일본 여성운동계의 거물 오쿠 무메오(奥むめお, 1895~1997)가 쓴 《부인문제 16강》(1925)도 읽었으리라 본다. 이 책은 일본 여성운동과 관련된 내용을 총망라한 페미니즘 서적이다. 엘렌 케이의 모성주의를 다룬 챕터(제7강)가 있으며, 신맬서스주의의 산아제한론을 다룬 챕터(제8강)도 있다. 그 밖에도 모성과 아동의 보호문제(제13강), 사회주의와 부인(제14강), 부인 노동문제(15강) 등을 다루었다. 오쿠 무메오는 1925년 8월에 식민지 조선을 방문하여 일본 여성운동의 흐름을 짚어주고, 여기에 대한 자신의 견해를 밝히는 강연을 한 바 있다. 오쿠 무메오의 강연은 1000여 명의 청중들이 몰려들 정도로 큰 인기를 끌었다.

그의 활동에서 눈여겨봐야 할 점은 모성보호운동이다. 1920년대 중반쯤 되면 과격한 노동, 장시간 노동, 비위생적인 설비 등으로부터 모성을 보호해야 한다는 목소리가 제기되기 시작했다. 엘렌 케이의 모성주의에 자극을 받은 식민지 조선의 여성운동가들은 모성보호운동을 전개하기 시작했다. 대표적인 사례로, 박원희가 주도하여 만든 경성여자청년회는 '남녀평등'과 '모성보호'를 핵심 목표로 내세웠다.[11] 박원희는 현대 자본주의 사회가 여성을 출산과 육아의 수단으로 취급하면서도 막상 모성보호 시설 없이 독박육아를 맡기는 문제에 대해 이의를 제기했다. 무엇보다 박원희는 출산을 앞둔 여성 노동자들을 위한 복지제도와 복지시설의 필요성을 강하게 주장했다.

그렇다고 박원희가 엘렌 케이의 모성주의를 무조건적으로 받아들인 건 아니었다. 엘렌 케이가 모성을 여성의 천부적인 직능으로 신성시했다면, 박원희는 여성에게 주어진 조건으로 이해했기 때문이다.[12] 즉, 박원희는 모성이 신성하기 때문이 아니라 일을 하고 있는 여성들이 동등한 환경에서 노동할 수 있는 여건을 만들기 위해서 모성을 보호해야 한다고 여겼다. 그는 모성이 보호되지 않으면 여성이 남성과 동등한 입장에서 경쟁할 수 없을뿐더러 여성의 경제적 권리를 획득할 수 없다고 보았다. 이를 위해 박원희는 소련의 모성보호제도를 대안으로 제시했다. 산모에게 한 달간 유급 출산휴가와 육아휴가를 보장하고 임부상담소, 산아원, 탁아소를 마련하자는 게 박원희의 주장이었다.[13] 당시로서는 매우 급진적인 의견이었다.

이후 모성보호는 여성운동의 주요 쟁점으로 부상했다. 이러한 변화를 잘 보여주는 데가 근우회였다. 1928년 2월에 결성된 근우회 경성지회는 '모성보호'를 행동강령 중 하나로 채택했다.[14] 그해 5월 근우회가 개최하려 했던 전국대회에서는 8주간의 출산휴가, 직장 내 수유시설 마련, 임신·출산 여성 노동자에 대한 해고 금지 등을 의논하려고 했다.[15] 그 결과 1929년 7월 전국대회에서는 '부인노동의 임금차별 철폐 및 산전산후 임금 지불'이 행동강령에 들어가게 되었다.[16] 이전에는 없던 새로운 내용이었다. 안타깝게도 박원희는 1928년 1월에 서른 살의 나이로

1928년 1월 7일 자 《조선일보》에 실린 박원희의 부고 기사(위).
같은 해 1월 10일 열린 박원희 장례식 장면.
근우회를 비롯한 34개의 사회단체가 모여 장례식을 주관했다.

눈을 감았기 때문에 근우회의 모성보호운동에 그가 미친 영향을 파악하기란 쉽지 않다. 다만 그는 근우회 창립 멤버였고 중앙 집행위원 겸 교양위원으로 활동했다는 점에서 근우회가 모성보호운동을 펼치는 데 적지 않은 영향을 미쳤으리라 본다. 1930년 8월 평양의 고무공장 노동자들이 임금 인하에 맞서 파업을 할 때 출산휴가와 수유시간의 자유 등을 요구할 수 있었던 배경이기도 했다.

잊힌 독서가, 최영숙

이처럼 나혜석과 김일엽은 엘렌 케이의 연애론을 통해 가부장의 논리를 부수려 했고, 박원희는 엘렌 케이의 모성주의를 바탕으로 여성 노동운동을 펼쳐나갔다. 엘렌 케이는 우생학과 여성해방을 절묘하게 접합시킨 페미니스트로서 식민지 조선의 페미니즘이 태동하는 데 큰 영향을 미쳤다. 그런데 이들과 별개로 엘렌 케이를 동경하여 스웨덴으로 떠난 인물이 있었다. 알려지기로는 5개 언어에 능통했다고 하는 최영숙(崔英淑, 1905~1932)이다.

그가 엘렌 케이를 처음 접한 곳은 중국 난징에서였다. 여주보통학교와 이화고등보통학교를 졸업한 그는 1922년에 난징으로 유학을 떠났다. 1920년대 초반은 식민지 조선에서 중국 유학이 급증하던 시기였다. 신문 지면에 중국 유학을 소개하는 글이 시리즈로 연재될 정도였다. 1922년 12월에 보도된 바에 따르면 중국으로 유학을 간 조선인 학생 수는 300명 이상이었다.[17] 북방으로는 베이징과 톈진天津, 화동華東으로는 상하이와 난징 지역 학교들이 조선인 유학생들에게 인기가 있었다. 이 가운데 최영숙은 상하이에 인접한 교육도시인 난징으로 신학문을 배우러 갔던 것이다.

이때는 중국에서도 엘렌 케이에 대한 관심이 커지고 있었다. 신문화운동을 주도하고 있던 잡지들이 여성문제를 다루는 과정에서 엘렌 케이를 이야기했기 때문이다. 특히, 1920년부터 1925년까지는 《부녀잡지》의 주도로 엘렌 케이를 둘러싼 다양한 논쟁이 벌어지고 있었다. 이 와중에 최영숙은 "엘렌 케이 여사의 저서를 많이 탐독하고 또한 중국 동무들 사이에서 그의 사상과 인격에 관한 이야기를" 듣게 되었다.[18] 그가 읽었다고 하는 엘렌 케이의 책이 무엇인지 특정할 순 없으나 일본과 중국에서 번역된 서적이었을 가능성이 크다.

중요한 사실은 최영숙이 책과의 만남을 통해 자기 세계가 확장되는 경험을 했다는 점이다. 책을 읽는다는 건 인식의 범주를 넓히는 과정이다. 그에게 엘렌 케이의 책은 자기가 알고 있던 세계가 허물어지는 강력한 계기로 작용했다. 최영숙이 엘렌 케이의 책을 읽고 스웨덴 유학을 결심할 수 있었던 건 한 인물에 매료된 까닭이기도 하지만 세계의 지평이 확장된 결과이기도 했다. 지금으로부터 100여 년 전, 중국 난징에서 스웨덴으로 떠나기로 한 최영숙의 마음은 어땠을까. 4년간의 중국 유학을 마치고 그는 스웨덴으로 가기 위해 시베리아를 횡단하는 기차에 몸을 실었다. 이때 《동아일보》 기자가 어떻게 알았는지 하얼빈哈爾濱에서 기다리고 있다가 최영숙을 취재했다. 덕분에 최영숙의 스웨덴 유학 소식이 식민지 조선에 알려질 수 있었다.

경기도 여주군 출신인 최영숙은 1926년 7월 13일 밤 하얼빈에서 시베리아 횡단열차를 타고 멀리 스웨덴을 향하여 떠났다. 지난 9일에 배를 타고 상하이를 떠나 다롄에 상륙했을 때, 최영숙은 일본 경찰에게 잡혀 많은 고생을 했다고 한다. 그는 일어와 중국어, 그리고 영어에 정통하다. 경찰에게 체포된 이유는 사회주의에 관한 책을 많이 가지고 있었기 때문이다.[19]

머나먼 곳으로 출발하기에 앞서 최영숙은 일본 경찰의 주목을 받을 정도로 사회주의 서적을 많이 지참했던 모양이다. 그의 책 사랑을 알 수 있는 대목이다. 이를 통해서 최영숙은 스웨덴으로 떠날 무렵 사회주의 사상에 빠져 있었다는 사실을 알 수 있다. 이는 그가 스웨덴에서 지내는 동안 여성 노동자들의 노동환경을 눈여겨본 이유이기도 하다. 최영숙은 노동시간이 제한되어 있고 최저임금을 보장해주는 스웨덴의 노동조건에 주목했다. 생활비를 쓰고도 남는 임금에 놀라기도 했다. 최영숙은 스웨덴의 선진적인 노동시스템을 식민지 조선에 도입해보려고 했던 것 같다.

안타깝게도 최영숙이 스웨덴이 도착했을 때는 엘렌 케이가 세상을 떠난 뒤였다. 그의 스웨덴 유학행이 꼭 엘렌 케이 때문만은 아니었겠지만, 엘렌 케이를 읽고 나선 길고 긴 여정이었다. 거기다 최영숙은 너무나 큰 외로움과 쓸쓸함에 어쩔 줄 몰랐다.

1926년 7월 23일 자 《동아일보》.
스웨덴으로 유학을 떠나는
최영숙을 취재했다.

그나마 중국 유학은 임효정이라는 친구가 곁에 있었기 때문에 버틸 수가 있었다. 하지만 스웨덴은 언어와 풍속이 다르고 아는 사람조차 없는 머나먼 곳이었다. 밤이나 낮이나 울기만 했던 최영숙이었다. 다행히 적응을 마친 후에는 몇 개월간 언어를 배운 후 스톡홀름대학에 입학하여 경제학을 전공했다. 이곳에서 그는 조선을 소개하는 글을 투고하고 황태자 도서실의 일을 거두면서 생활비와 학비를 벌 수 있었다.

유학이 끝나갈 무렵 최영숙은 고민에 빠졌다. 미국으로 갈지 중국으로 갈지 아니면 고향으로 돌아갈지를 말이다. 결국 최영숙은 자신의 조그마한 힘으로나마 역경에 처해 있는 식민지 조선의 여성을 위해 일해보겠다는 결심을 하기에 이르렀다. 최영숙은 집으로 돌아가는 길에 다양한 나라를 둘러보았다. 특히 인도에서 최영숙은 4개월 동안 지내며 간디와 나이두를 만나는 특별한 경험을 하기도 했다.

문제는 집으로 돌아온 뒤에 벌어졌다. 스웨덴까지 유학을 갔다 왔으니 그의 귀국은 큰 주목을 받고도 남았다. 그런데 어렵게 유학을 마치고 돌아왔음에도 그를 불러주는 곳은 단 한 군데도

최영숙의 귀국을 보도하고 있는 1931년 11월 29일 자 《동아일보》.
〈서전(스웨덴)에 유학, 9년 만에 귀국한 최영숙씨〉라는 제목이 달려 있다.
기사 속 사진은 최영숙의 스톡홀름대학 졸업식 때의 모습이다.

없었다. 어느 인터뷰에서 최영숙은 한 1년 동안만 신문기자 노릇을 해보았으면 하는 바람을 비추었으나 결국 헛된 희망이었다. 이화학교 은사인 김활란의 의뢰로 공민독본을 편찬하는 일을 맡은 게 전부였다. 5개 언어를 구사할 수 있고 스웨덴에서 경제학 학사학위를 딴 엘리트였으나 마땅한 일자리를 구하지 못했다. 그가 귀국한 해인 1931년은 세계 대공황의 여파로 모두가 경제적 어려움을 겪던 시기이긴 했지만, 그의 실업은 이상할 만큼 견고했다. 모두가 '똑똑한 여자'를 부담스러워했던 것일까.

거기다 그의 죽음은 진지한 애도의 시간을 가지지 못했다. 그가 세상을 떠난 후 인도 남성과의 결혼과 혼혈아 출산이라는 개인사가 알려졌기 때문이다. 그 당시 대중잡지인 《삼천리》, 《동광》, 《별건곤》 등은 처녀로 알고 있던 여성 엘리트 최영숙의 스캔들을 대서특필했다. 그가 힘들게 유학생활을 보내면서 이루고자 했던 꿈은 사람들의 가십거리에 묻혀 사라져버렸다. 이렇듯 최영숙의 삶은 남성 지식인들에 의해 타자화되었다. 더욱 큰 문제는 최영숙이 〈인도 유람〉이라는 글을 통해 인도 남성의 존재를 이미 밝혔지만,[20] 아무도 이 글을 확인하지 않은 채 최영숙을 스캔들의 대상으로 소비했다는 점이다. 애석하게도 최영숙의 죽음은 공론장에서 소비되는 전형적인 여성 이야기를 보여준다. 이는 여성의 육체를 구경거리로 대상화한 식민지 조선의 민낯을 드러내고 있다.

8장

과학 조선을 꿈꾼 독서가들

이상설, 수학을 사랑한 혁명가

필사는 독서의 한 형태다. 책을 눈으로만 읽는 데 그치지 않고 붓을 들어 문장을 베껴 쓰는 필사는 가장 느린 독서법이라 할 수 있겠다. 그럼에도 필사를 하는 이유는 몰입의 즐거움을 느끼거나 책 읽기에 더 깊숙이 들어가기 위해서다. 책의 내용뿐만 아니라 글의 감동을 가슴에 담아두는 데도 필사만 한 게 없다.

고종의 밀명을 받아 을사늑약의 부당성을 알리기 위해 네덜란드 헤이그로 떠났던 이상설(李相卨, 1870~1917)은 필사의 중요성을 알고 있던 독서가였다. 특히 그는 서양 과학을 다룬 책을 읽으며 새롭고 관심 있는 내용을 붓으로 쓰며 정리했다. 제국주의

고종의 밀명을 받아 을사늑약의 부당성을 알리기 위해 네덜란드 헤이그로 떠났던 이준, 이상설, 이위종(왼쪽부터). 당시 언론들은 세 특사의 활동에 호의적이었으나, 열강의 대표들은 냉담하기만 했다. 이준은 헤이그에서 사망했고, 이위종은 러시아로 건너가 붉은 군대의 일원으로 활약했다.

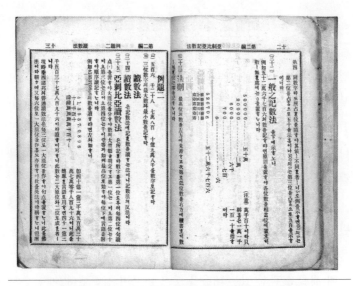

이상설은 그 당시 누구보다 자연과학 책을 섭렵한 지식인이었다.
《산술신서》는 이상설이 일본인 수학자의 책을 참고해 만든 수학책이다.
구성은 〈총론〉(제1편), 〈정수의 구성 및 계산〉(제2편), 〈계산의 사칙 및 여러
계산법〉(제3편), 〈정수의 성질〉(제4편), 〈분수〉(제5편), 〈소수〉(제6편),
〈순환소수〉(제7편)로 이루어졌다. (사진 출처: 대한민국역사박물관)

침략에 맞서기 위해서는 근대 과학 지식을 알아야 한다고 생각
했던 것일까. 조선의 마지막 과거 급제자인 그가 서양의 과학 지
식을 배우는 데 적극적이었다는 사실이 흥미롭다.

이상설의 필사 독서를 엿볼 수 있는 자료로는《식물학植物學》
과《화학계몽초化學啓蒙抄》, 그리고《백승호초百勝胡艸》가 있다. 이
가운데《식물학》과《화학계몽초》는 '서양 원서(과학책)→중국
번역서→이상설 필사'로 이어지는 지식의 유통 과정을 생생하
게 보여주는 기록의 산물이다. 즉, 이 두 권의 책은 한국의 근대
지식 형성 과정에서 중요한 역할을 한 중국의 서양 서적 번역과

긴밀한 관계가 있다. 중국은 양무운동의 일환으로 서양 서적 번역이 활기를 띠었고, 고종은 개화 정책을 추진하면서 중국이 번역한 서양 서적을 구입했다. 이러한 맥락에서 이상설은 중국이 번역한 서양 서적을 읽을 수 있었던 것이다.

《식물학》과 《화학계몽초》는 로버트 하트(Robert Hart, 1835~1911)가 기획한 '서학 계몽' 시리즈인 《식물학계몽》과 《화학계몽》을 읽으면서 필사한 기록물이다. 기획자인 하트는 1863년에 중국의 해관 총세무사로 부임한 인물이다. 그는 서양의 과학 지식을 중국에 소개하고자 선교사 조지프 에드킨스(Joseph Edkins, 1823~1905)에게 16종의 책을 중문으로 번역하는 일을 맡겼다. 그렇게 해서 1886년에 총세무사서가 출자한 16종의 과학책이 세상에 나올 수 있었다.

이상설이 읽었던 책의 원전은 무엇일까. 먼저 《식물학》의 바탕이 되었던 《식물학계몽》은 영국 식물학자인 조지프 후커(J. D. Hooker, 1817~1911)가 쓴 《Botany》(1877)를 중문으로 번역한 책이다. 《화학계몽초》의 출처가 되는 《화학계몽》은 영국 화학자인 헨리 로스코(Henry Enfield Roscoe, 1833~1915)가 쓴 《Science Primers: Chemistry》(1876)를 중문으로 번역한 과학 서적이다. 정리하자면, 이상설의 필사 독서는 'Botany(1877)→식물학계몽(1886)→식물학'과 'Chemistry(1876)→화학계몽(1886)→화학계몽초'의 경로를 거쳤다. 이는 영국의 과학 지식이 중국을 통해 한국에 수용되었다는 사실을 보여준다고 할 수 있다.[1]

중요한 점은 이상설이 단순히 주요 내용을 베껴 쓰는 데 그치지 않았다는 사실이다. 이상설은 화학에 대한 조예가 상당했는지《화학계몽초》에 보충 설명을 덧붙이기도 했다.[2] 그리고 이상설은《식물학계몽》과《화학계몽》을 필사하면서 실험에 관한 내용에 주목했다. 심지어《화학계몽초》에는 이상설이 손수 그린 실험도가 제법 실려 있을 정도였다. 화학 실험에 대한 그의 관심을 엿볼 수 있는 대목이다.

《백승호초》도 자연과학 책을 필사한 기록물이지만, 지식 유통의 경로가 달랐다.《백승호초》는 도쿄대학교 의학부 조교수인 이이모리 테이조(飯盛挺造, 1851~1916)가 번역한《물리학》(1879)을 참고했기 때문이다. 이상설은 을사늑약을 전후로 연해주 독립운동의 지도자로 활약하게 되지만, 선진 학문을 배우는 일에 국가나 민족의 경계를 개의치 않았다. 덕분에 이상설은 당시 서양의 최신 물리학 지식을 접할 수 있었다.

서양의 과학 지식을 배우는 데 적극적이었던 이상설이 제일 좋아했던 분야는 과학의 언어인 수학이었다. 언어가 풍부할수록 정보를 받아들이고 표현하는 수준이 깊어지는 건 당연지사. 이상설이 1896년에 성균관장으로 부임하면서 교과과정에 서양 수학을 필수 과목으로 지정했고, 1898년에서 1900년 사이에《수리數理》와《산술신서算術新書》라는 수학책을 썼던 건 과학의 언어를 이해할 수 있는 토대를 마련하고자 했던 조치였다. 그야말로 이상설은 '근대 수학 교육의 개척자'였다. 평생에 걸쳐《기려수필騎驢隨筆》을 집필한 송상도(宋相燾, 1871~1946)라는 인물은 이상설을 수학에 관심이 많은 천재적인 청년으로 기록하기도 했다.

그는 어떤 책을 읽으며 서양 수학을 공부했던 걸까. 일단 이상설은 1895년에 출간된《근이산술서近易算術書》를 통해 근대

수학의 기초를 배웠을 가능성이 크다. 《근이산술서》는 일본에서 발행된 《명치산술明治算術》을 기본으로 삼고 사쿠마 문타로佐久間文太郎가 쓴 《초등교육 근세산술》과 우에노 기요시(上野清, 1854~1924)가 집필한 《근세산술》의 장점을 적절하게 취사선택하여 편찬한 수학책이다.[3] 다음으로 이상설은 1723년에 청나라에서 간행된 후 19세기 중엽까지 조선에 서양 수학을 소개하는 데 중요한 역할을 했던 《수리정온數理精蘊》을 읽었던 걸로 보인다. 이러한 사실은 이문원 교수가 소장하고 있던 《수리》라는 책을 통해 알려지게 되었다. 《수리》는 이상설이 《수리정온》을 공부하면서 정리한 내용을 담고 있는 책이다. 다만 《수리》는 《수리정온》의 내용을 초서체(한자의 필기체)로 인용하고 있다는 점에서 독자를 상정하고 쓴 책이라고 보긴 어렵다.[4] 흥미로운 점은 《수리》의 후반부에 《수리정온》에서 소개되지 않은 근대 수학의 내용이 수록되어 있다는 사실이다.

《수리》가 일종의 개인 학습 노트였다면, 1900년에 쓴 《산술신서》는 자신이 몸담고 있던 한성사범학교의 교재용이었다고 할 수 있다(1906년에 연해주로 망명한 후 서전서숙이라는 민족학교에서 수학을 가르칠 때도 이 책을 교재로 삼았다). 《수리》가 18세기 청나라의 수학책을 참조했다면, 《산술신서》는 19세기 일본의 수학책을 참조하며 펴냈다는 점이 다르다. 즉, 이상설은 일본의 수학자인 우에노 기요시가 쓴 《근세산술》(1888)을 읽고, 이를 다듬어서 《산술신서》라는 수학 교과서를 펴냈던 것이다.

그 당시 누구보다 자연과학 책을 섭렵한 이상설의 모습은 그동안 헤이그 특사에 가려진 그의 새로운 면모다. 1907년에 블라디보스토크에서 출발한 네덜란드행 기차는 교육운동에 전념하던 수학 교사가 혁명가로 변신하는 순간이었다. 기대와 걱정, 두려움과 불안으로 가득한 여정이었다. 머나먼 나라 네덜란드에서 빼앗긴 주권을 되찾기 위해 동분서주했지만 허사였다. 심지어 이상설은 동료 이준을 떠나보내야 했고, 자신도 영영 고향으로 돌아가지 못하는 신세가 되고 말았다. 그렇다고 낙담만 하고 있을 수는 없었다. 고국에서 의병항쟁이 거세게 일어나고 있다는 이야기가 들려오고 있었으니까. 고향을 잃어버린 이상설이 향한 곳은 미국이었다. 이후 그는 연해주를 누비며 독립운동에 전념했다. 수학, 물리학, 화학 등은 그에게 새로운 상상력과 지적 자극을 주었지만, 시대는 그가 과학책 애독자이자 수학 교사로 있는 것을 허용하지 않았다.

나경석, 아인슈타인을 소개한 과학 기자

스물을 갓 넘긴 그가 향한 곳은 일본이었다. 대한제국의 멸망을 앞두고 일본으로 유학을 떠난 그의 심정은 어떠했을까. 수원에서 부잣집 아들로 태어나 남부러울 것 없이 성장한 그가 고향을 떠난 이유는 무엇이었을까. 수원의 명문가인 나주나씨 집안의 차남이자 나혜석의 둘째 오빠인 나경석(羅景錫, 1890~1959)의 이야기는 일본으로 떠난 여정에서부터 시작해야 할 듯싶다.

　나경석의 성장 과정에 대해서는 자세히 알려져 있지 않으나 1910년에 일본으로 건너가 세이소쿠正則영어학교에 다녔다

나경석, 배숙경 부부.
나경석은 자신의 진로를 엔지니어로 설정하고 개척한 선구자였다.

는 사실이 전해진다. 세이소쿠영어학교는 일본 유학의 관문으로 제법 많은 조선 유학생들이 다니고 있었다. 1911년에 세이소쿠영어학교를 졸업한 그는 도쿄고등공업학교에 입학해 엔지니어의 길을 밟기 시작했다. 그 당시 일본으로 유학을 떠난 이들의 대부분이 문과를 선택했다는 점에서 매우 이례적인 진학이었다. 나경석이 어떤 연유로 이공계를 선택했는지 알 수 없지만, 자신의 진로를 엔지니어로 설정하고 개척한 선구자였다는 건 분명하다. 동생 나혜석을 일본의 미술학교에 입학시켜 미술 공부를 할 수 있는 길을 열어준 것도 이맘때였다.

이공계 진학과 관련하여 한 가지 힌트가 있다. 나경석은 유학을 떠나기 전 한성연회 도서종람소에 책을 기부한 적이 있다. 한성연회 도서종람소는 청년학우회라는 단체가 기획한 일종의 도서관이었다.[5] 1910년 6월에 간행된 《소년》을 보면, 나경석이 어떤 책을 기증했는지가 기록되어 있다. 수학자 우에노 기요시가 쓴 《대수학강의와 예제해설》과 일본의 셰익스피어로 칭송받고 있던 나쓰메 소세키의 데뷔작 《나는 고양이로소이다》였다. 메이지 시대의 일본을 고양이 눈으로 우스꽝스럽게 그려낸 소세키의 대표작이 등장한다는 점이 이채롭지만, 나경석도 이상설처럼 우에노 기요시가 쓴 책을 읽으며 수학을 공부했다는 사실을 알 수 있다. 이러한 점으로 보아 나경석은 일본 유학을 떠나기 전부터 이공계 학문에 상당히 관심을 보였다는 걸 알 수 있다.

1914년 7월에 도쿄고등공업학교를 졸업한 나경석은 오사카大阪로 향했다. 당시 오사카는 후쿠오카福岡와 함께 조선인 노동자들이 밀집한 공업도시였다. 현재 오사카 코리아타운이 형성될 수 있었던 역사적 배경이다. 나경석은 1915년부터 1918년까지 오사카에서 노동운동에 뛰어들었다.[6] 1913년 여름방학 때 일본을 여행하다가 오사카와 고베神戸에서 혹사당하는 조선인 노동자들의 참상을 목격한 게 컸다.

이 시기 그는 사회주의 신문과 잡지를 읽으며 사회주의 사상에 심취하기 시작했다. 그러면서 자신의 노선을 아나키스트로 잡았다. 나경석이 쓴 〈저급低級의 생존욕〉은 한국인이 아나키즘을 다룬 최초의 글로 평가받고 있다.[7] 이 글은 총파업과 사보타주sabotage로 자본주의체제의 해체를 주장했다는 점에서 나경석이 아나코생디칼리즘Anarcho-syndicalisme을 지향했다는 사실을 알 수 있다.[8] 아나코생디칼리즘은 착취 없는 새로운 체제를 만들기 위해 노동자들의 연대와 직접행동으로 정부를 타도하고 노동조합이 생산과 분배의 관리권을 장악해야 한다고 주장하는 아나키즘 사상이다.

당시 일본에서 아나코생디칼리즘을 주창한 대표적인 사상가는 오스기 사카에였다. 오스기 사카에는 생디칼리즘연구회를 운영하면서 중국과 조선의 유학생들에게 아나키즘을 소개하는 데 큰 역할을 한 인물이다. 나경석이 〈저급低級의 생존욕〉을 쓴 연유에는 오스기 사카에와의 교분도 일정 부분 영향을 미쳤을 것으로 보인다. 따라서 나경석은 오스기 사카에의 저서들을 읽었을 가능성이 다분하다. 오스기 사카에는 찰스 다윈의 《종의 기원》(1914)과 장 자크 루소의 《참회록》(1915), 그리고 크로포트킨의 《상호부조론》(1917) 등을 번역했다.[9] 공교롭게도 이 책들은 나경석이 오사카에서 노동운동을 했던 시기와 거의 맞물린다. 나경석은 오스기 사카에를 매개로 19세기 생물학의 정수인 진화론을 접했을 가능성이 있다. 찰스 다윈이 쓴 《종의 기원》은 진화생물학의 토대가 되는 책이고, 크로포트킨의 《상호부조론》은 진화론의 자장 안에서 인간 이해의 단서를 생물학에서 찾으려고 한 저서이기 때문이다. 다만, 전자가 적자생존과 약육강식을 핵심적인 가치로 내세웠다면, 후자는 동족 간의 상호부조에 주목했다는 점이 다르다.

이러한 가능성은 최승구의 사례를 통해서도 확인할 수 있다. 스물다섯의 나이에 죽은 최승구는 1910년대를 대표하는 시인

중 한 명이다. 그는 나경석의 동생 나혜석과 연인관계였으며, 나경석과 토론을 통해 사상적 모색을 하던 동지관계였다. 이 둘이 주고받은 편지는 유학생 잡지인 《학지광》에 게재될 정도였다. 그런데 최승구의 사촌 동생인 최승만의 회고에 의하면, 최승구는 방학 때 수많은 책을 싸서 가지고 왔다고 한다. 그중에는 "서양 문호들의 걸작·소설·희곡 등"이 있었고 "사카이 도시히코와 오스기 사카에의 저서"도 포함되어 있었다.[10] 최승구와의 관계를 생각했을 때, 최승만의 회고는 나경석도 일본의 마르크스주의 이론가 사카이 도시히코와 오스기 사카에의 책들을 읽었을 가능성을 시사한다.

1918년에 귀국한 나경석이 제일 먼저 한 일은 아이들을 가르치는 거였다. 1년 동안 중앙학교에서 물리를 가르치는 과학 선생님으로 지냈던 것이다. 기록에 따라서는 그가 화학 교사로 일한 것으로도 나온다.[11] 이때 나경석은 중앙학교 제자로 김원봉을 알게 되었다. 이 일로 김원봉은 고향으로 가는 길에 나경석 집을 방문했고 나혜석과 소설 《백경》(모비딕)에 관해 이야기를 나누었다. 이 만남은 훗날 나혜석이 만주 부영사 부인(남편 김우영이 만주 안동현 부영사였다)으로 지낼 때 의열단 활동을 지원하는 계기가 되었다.[12]

1919년 3·1운동이 일어나자 나경석은 독립선언서 1000부를 만주 지린吉林에 전했고, 무기 10정을 구입하여 귀국하다가 발각되어 징역형을 치렀다. 출옥 후 나경석은 문학동인지 《폐허廢墟》의 멤버이자 《동아일보》 기자로 활동했다. 기자로서 그의 가장 큰 업적은 일본 니가타현新潟縣의 나카쓰가와中津川 댐 공사장에서 벌어진 조선인 노동자 학살 사건을 집중 취재한 것이었다. 이 사건은 댐 공사장에서 일하던 조선인 노동자들이 가혹한 학대를 피해 도망가다가 집단적으로 살해된 일을 가리킨다. 이 사건은 살해된 노동자의 시체가 낚시꾼에 의해 발견되면서 세상에 알려지게 되었는데, 나경석은 조사위원으로 파견되어 사건의 진상을 밝히는 데 매진했다.

흥미롭게도 나경석은 '과학 기자'로서 글을 쓰기도 했다.《동아일보》에 1922년 2월 23일부터 3월 3일까지 7회에 걸쳐서 공민公民이라는 필명으로 〈아인스타인의 상대성원리〉라는 글을 연재했던 것이다. 과학 전문 기자로서 그는 세계 과학계에 큰 영향을 미친 아인슈타인을 소개하고 "아인슈타인의 상대성원리를 알지 못하면 현대인이 아니다"라고 이야기하면서 과학 지식의 필요성을 강조했다. 이미 그는《학지광》에 과학에 관한 글을 쓴 적이 있었다.[13] 〈과학계의 일대 혁명〉이란 글을 통해 그는 퀴리 부인과 라듐을 소개하며 조선인들이 과학에 무지한 사실에 안타까움을 표하며 과학 공부의 중요성을 역설한 바 있다.

그렇다면 나경석은 무엇을 읽고 아인슈타인을 소개하는 기사를 썼던 걸까. 일단 그가 나왔던 도쿄고등공업학교에 아인슈타인 저술가인 타케우치 토키오(竹內時男, 1894~1944)가 재직하고 있었다는 점이 주목을 끈다. 타케우치 토키오는 1918년부터 도쿄고등공업학교 교수를 지내며《아인슈타인과 그의 사상》(1921)과《아인슈타인 상대성이론의 기초》(1922)라는 책을 통해 아인슈타인의 과학이론을 일본에 소개하는 일에 앞장섰다. 시기상 나경석은 타케우치 토키오에게 직접 배우지는 못했지만 과학

나경석이 '공민'이라는 이름으로 연재한 〈아인스타인의 상대성원리〉 기사.
1922년 2월 23일 자 《동아일보》.

동향을 파악하기 위해 그의 책을 참조하지 않았을까 싶다. 결정
적인 책은 일본의 물리학자인 이시와라 준(石原純, 1881~1947)이
1921년에 발간한 《아인슈타인과 상대성이론》이었다.[14] 나경석
은 이시와라 준의 책을 토대로 아인슈타인을 소개하는 글을 썼
던 것으로 보인다. 그 근거는 첫 번째 연재 글에 실린 사진이다.
나경석이 글을 쓰며 올린 아인슈타인 사진은 이시와라의 책에
수록된 사진과 동일하다. 당시 아인슈타인의 사진과 초상화들
은 다양한 판본으로 유포되고 있었고, 일부는 저작권에 묶여 있
었다. 따라서 신문기사가 동일한 사진을 사용했으니 해당 사진

이 실린 책을 참조했을 가능성이 크다.[15]

타케우치 토키오와 이시와라 준의 책은 식민지 조선의 지식인들이 아인슈타인의 과학이론을 배우는 데 중요하게 참조한 자료였다. 가령 신태악(辛泰嶽, 1902~1980)은 자신의 글이 타케우치 토키오의 책을 토대로 작성했음을 밝혔다. 이정렬이라는 인물도 아인슈타인을 소개하는 글을 쓸 때 이시와라 준의 책을 참조했다고 이야기했다.[16] 1922년에 출간된《위인 아인쓰타인》(선민사)은 해방 이전까지 유일하게 아인슈타인을 다룬 한국어 단행본인데,《아인슈타인과 그의 사상》과《아인슈타인과 상대성원리》을 원본으로 삼아 편집하고 일부 내용을 실정에 맞게 추가한 과학 서적이었다.[17]

이후 나경석은 조선물산장려회의 조사부원을 지내며 엔진니어 출신 기자라는 독특한 이력을 살렸다. 또한 그는 물산장려운동을 둘러싼 논쟁에서 생산력이 담보되어야 사회주의 혁명을 이룰 수 있다는 생각을 내비쳤다. 식민지 조선의 경제자립을 꿈꿨던 물산장려운동은 내부적으로 근본적인 시각의 차이가 있었다. 바로 소규모 수공업과 가내공업을 통해 생산하는 물품의 사용을 장려하는 '토산장려의 논리'와 자본주의적 대공업을 설립하여 생산력의 증대를 꾀하자는 '생산증식의 논리'였다. 나경석은 후자의 입장이었다. 하지만 물산장려운동에 한계를 느꼈는지 1924년 6월에 이사직을 그만두고 만주 펑톈奉天으로 이주했다. 이후 그는 농장을 개간하고 고무공장을 설립하는 등 사회운동의 일선에서 물러났다. 해방 공간에서도 정치에 관여하기보다는 조선전재기술자협회의 결성을 주도하고 조선초자공업을 설립하는 등 엔지니어로서 활동을 이어갔다.

방신영, 근대 영양학을 도입한 요리책 저술가

근우회에서 민족주의 계열의 여성 지식인을 대표하는 인물은
단연코 김활란이다. 우리에게 김활란은 조선기독교여자청년회
(YWCA)를 창설한 여성운동가이자 이화여자전문학교를 이끈 교
육가로 잘 알려져 있다. 1927년 5월에 근우회가 창립할 때는 초
대 회장을 맡기도 했다. 그런데 김활란과 함께 활동한 방신영(方
信榮, 1890~1977)에 대해서는 잘 알려져 있지 않다. 그는 망월구락
부 멤버로서 근우회에 참여한 민족주의 계열의 여성 지식인이
었다. 2년간 근우회의 재정을 맡았고, 1927년에는 근우회의 창
립준비위원과 집행위원으로, 1928년에는 제1회 전국대회 준비
위원으로 재무부를 담당했다.

　홍미로운 점은 그가 근우회에 참여하기 전 요리책을 쓴 요
리연구가로 유명했다는 사실이다. 근우회가 창립되기 10년 전
인 1917년에 《조선요리제법》(신문관)이라는 요리책을 냈던 것
이다.[18] 근우회에는 김일엽과 같은 문학 작가의 참여도 있었지
만, 방신영처럼 독보적인 요리책을 쓴 작가의 활약도 있었다. 그
의 제자인 최이순(崔以順, 1910~1987)에 따르면 이 책은 1913년에
출간되었다고 하는데,[19] 현재 이 사실을 확인할 수 있는 자료는
남아 있지 않다. 어쨌든 1910년대 중반에 나온 이 책은 50여 년
동안 꾸준히 인기를 누렸다. 해방 이후에는 《조선 음식 만드는

방신영(왼쪽)과 방신영이 정리한 요리책 《조선요리제법》. 표지 사진은 1931년도 개정증보판이다. 1910년대에 나온 이 책은 50여 년 동안 꾸준히 인기를 누렸다.

법》(1946)과 《우리나라 음식 만드는 법》(1952)이라는 책으로 개정·증보될 정도로 말이다. 해방 전후로 베스트셀러로 등극한 요리책이었다.

방신영은 민족운동가 최광옥(崔光玉, 1879~1910)의 영향으로 요리책을 쓰게 되었다고 한다. 최광옥은 방신영의 친오빠인 방규영이 다니고 있던 경신학교의 교사였다. 최광옥은 종종 방신영의 집에 초대되어 식사를 함께하곤 했는데, 방신영 어머니의 음식 솜씨에 매우 깊은 인상을 받은 모양이다. 방신영에게 어머니의 요리법을 기록해보라고 권유를 했기 때문이다. 이에 방신영은 "나는 나의 어머니 앞을 떠나지 않고 날마다 정성껏 차근차근 일러주시는 대로 꾸준히 기록"했다.[20] 그러니까 방신영은 음식 솜씨가 뛰어났던 어머니에게서 전해 들은 요리법을 토대로 《조선요리제법》을 쓸 수 있었던 것이다. 어떻게 보면 이 책은 어머니와의 시간을 기억하기 위해 만든 추억 책이기도 하다.

《조선요리제법》은 한국 출판 역사에서 요리책의 시작을 알렸다. 1670년경에 쓰인《음식디미방閨壺是議方》이 전해진 지 240여 년 만에 인쇄본으로 출간된 최초의 한국 요리책이었기 때문이다. 이용기가 쓴《조선무쌍신식요리제법朝鮮無雙新式料理製法》(영창서관, 1924), 이석만이 쓴《간편조선요리제법》(삼문사, 1934)과 더불어 식민지 조선의 3대 요리책이라 할 수 있겠다. 참고로 이용기는《조선요리제법》에 맨 처음 서문을 쓴 인물이고, 이석만은 방신영의 조카였다. 그러니까 이 세 책은 저자나 내용 면에서 기묘하게 얽혀 있었다.[21] 구술로 들은 요리법을 문헌화했다는 점에서 한국 구술사에서도 의미가 있는 책이다.

의문은 방신영이 어머니의 구술만으로 이 책을 썼느냐는 점이다. 요리법Recipe이라는 건 요리행위를 기록하고 보존하려는 노력에서 기인한다. 책이 가지는 특성상 하나의 책을 완성하기 위해서는 구술뿐만 아니라 여러 자료들을 봐야 한다. 이런 의미에서 보면 저자는 또 다른 독자이기도 하다. 그렇다면 방신영은 요리책을 쓰기 위해 어떤 책들을 참고했을까. 최근 연구에 의하면, 방신영은 1908년에 우문관右文館이라는 출판사가 발간한 《부인필지婦人必知》를 참조했을 가능성이 크다.[22] 탕, 나물, 포, 찜, 장, 국수, 병과, 김치, 차, 장, 초 등의 요리법에서《부인필지》를 참고한 점이 발견되었기 때문이다. 부인필지란 '여성이 반드시 알아야 할 지식'이라는 뜻이다. 연세대학교가 소장하고 있는

《부인필지》에는 "대한요리와 재봉의 필요한 법"이라는 부제가 달려 있다. 저자는 명신여학교 교사 이숙李淑이다. 저자와 출판사에 대한 정보는 지금까지 밝혀진 바가 별로 없다.

《조선요리제법》의 인기는 이 책이 해방 직전까지 10쇄 이상을 찍었다는 데서 알 수 있다. 그런데《조선요리제법》은 1931년에 개정증보판으로 나오면서 내용이 대폭 바뀌었다. 그전에는 없던 영양학 개념과 계량에 대한 내용이 새로 실렸다. 이러한 변화는 방신영이 1920년대 중반에 근대 영양학을 배우기 위해 일본 도쿄로 유학을 떠난 사실과 밀접하다. 이때부터 그에게는 도쿄 유학생 출신의 요리전문가라는 수식어가 따라붙었다. 귀국 후 '병든 어린이를 위한 음식'이라는 개념을 식민지 조선에 처음 도입하면서 여성의 고유영역으로 여겨졌던 음식 만들기에 근대성을 부여하는 데 선구적인 역할을 했다.[23]

일본에서 근대 영양학을 배우며 그가 읽었던 책은 무엇이었을까. 무엇보다 방신영은 의학 박사인 누카다 유타카(額田豊, 1878~1972)가 쓴 책들을 읽었던 것으로 보인다. 누카다 유타카는 1925년에 제국여자의학전문학교를 설립한 인물로 생리화학·결핵·당뇨·신장염 등에 관한 전문 의학서적을 쓴 학자였다. 가계경제의 상당 부분을 차지하는 식료품 소비의 합리화를 꾀하기 위해 쓴《알뜰생활법》은 1939년까지 여섯 차례에 걸쳐 책 제목과 출판사를 바꾸면서 출간된 스테디셀러였다.[24] 방신영이 유학했던 시기인 1926년에는《영양경제 신알뜰생활법》이라는 제목으로 출간되었다.[25] 거기에다 같은 해에 누카다 유타카는 체신성의 의뢰를 받아《영양요리의 성립에 대하여》라는 지침서를 쓰기도 했다.[26] 이 책들은 일반인들의 생활 습관을 개선하기 위해 정확한 영양 지식을 전달하는 데 목적이 있었다. 영양학을 배우러 간 그에게 누카다 유타카의 책은 필독서이자 교양서였을 테다.

9장

비밀독서회, 식민지 조선을 뒤흔들다

비좁은 방에 네다섯 명가량의 사람들이 모여 앉았다. 작은 소리 하나 허투루 낼 수 없을 만큼 방 안의 긴장감은 팽팽하게 감돌고 있었다. 이들이 모인 이유는 간단하다. 책을 읽고 이야기를 나누기 위해서다. 그런데 이들의 손에 쥐어져 있는 책이 범상치 않다. 여러 명의 손때를 탔는지 표지 모서리가 닳고 해진 《공산당 선언》이었다. 이들은 바로 일제강점기 내내 식민지 조선을 뒤흔들었던 비밀독서회의 멤버들이었다. 소위 '불온한' 책을 읽고 소지했다는 이유만으로 감옥에 가야 하는 시대였다. 책을 통해 새로운 세상에 대한 전망을 이야기하는 일이 쉽지 않았던 시절의 풍경이었다. 이들에게 책은 낡고 모순된 세상을 돌파하기 위한 하나의 무기였다.

동맹휴학의 시대

식민지 조선의 학제는 초등교육기관인 보통학교와 중등교육기관인 고등보통학교로 이루어져 있었다. 보통학교를 졸업하고 사범학교로 진학하는 경로도 있었지만 이 부분은 다음 챕터에서 살펴보도록 하자. 보통학교의 수업연한은 6년이었고, 고등보통학교는 5년이었다. 그나마 1922년에 교육정책이 바뀌면서 1년씩 연장된 수업 기간이었다. 고등교육기관인 전문학교와 제국대학은 엘리트 중의 엘리트만 들어갈 수 있는 곳이었다. 문제는 학교가 식민정책의 특성이 가장 잘 드러나는 장소라는 데 있었다. '동화'와 '차별'을 핵심으로 하는 식민지 교육정책은 조선인 학생들을 끊임없이 괴롭혔다. 학생들은 가만히 있을 수가 없었다. 연대의 힘은 강한 법. 학생들은 학교 수업을 집단적으로 거부하는 동맹휴학으로 자신들의 의사를 표현했다.

〈표〉 1920년대 동맹휴학 건수

구분	1921	1922	1923	1924	1925	1926	1927	1928	계
보통학교	6	20	22	5	38	33	36	32	192
고등보통학교	15	31	32	9	8	20	36	49	200
전문학교	2	1	3	-	2	2	-	2	12
계	23	52	57	14	48	55	72	83	404

조선총독부 경무국,《朝鮮に於ける同盟休校の考察》, 1929, 6~9쪽을 재구성.

〈표〉에 나와 있듯이 1921년부터 1928년까지 발생한 동맹휴학 건수는 공식적으로 집계된 수치만 해도 404건이나 된다. 평균적으로 한 해에 50건의 동맹휴학이 일어났던 셈이다. 숫자상으로 볼 때 고등보통학교가 200건으로 가장 많았고, 보통학교가 192건으로 뒤를 이었다. 그런데 200건과 192건의 사이에는 엄청난 차이가 있었다. 보통학교는 일제의 '3면 1교' 정책에 따라 증설되어 1800여 개가 세워졌지만(1930년 기준),[1] 고등보통학교는 기껏해야 42개밖에 없었기 때문이다(1930년 말 기준). 보통학교가 고등보통학교에 비해 30배 이상 많았던 것이다. 따라서 고등보통학교의 동맹휴학은 보통학교와 비교할 때 학교 수에 비해서 상당한 양을 차지했다고 볼 수 있다. 조금 과장하자면, 거의

혁명을 꿈꾼 독서가들

1926년 6월 10일 열린 순종 장례식.
이날을 기해 만세시위가 일어났는데, 조선학생과학연구회 등의 단체가
사전에 치밀하게 준비한 시위였다. (사진 출처: 국가기록원)

모든 고등보통학교가 동맹휴학을 한 번 이상씩 경험했다고 볼
수 있다.

　중요한 사실은 동맹휴학이 6·10만세운동을 기점으로 기조
가 바뀌었다는 점이다. 6·10만세운동이란 1926년 6월 10일에
치러진 순종의 장례일을 기해 일어난 만세시위를 말한다. 6·10
만세운동 이전의 동맹휴학이 주로 학내 문제에 불만을 제기하
는 수준이었다면, 6·10만세운동을 거치면서는 식민지 교육 자체
에 의문을 던지기 시작했다. 이러한 변화는 6·10만세운동이 '조
선인 본위의 교육'을 환기함으로써 비롯되었다고 할 수 있다.[2]
조선인 본위의 교육이란 조선인을 위한, 조선인에 의한 교육을
말한다. 다시 말해 식민지 교육의 차별을 없애달라는 요구였다.

동맹휴학의 변화는 저항의 양상이 조직적으로 전개되는 것과 맞물리면서 이루어졌다. 1920년대 중후반에 이르러 동맹휴학은 양적으로 증가할 뿐만 아니라 동맹휴학 투쟁본부를 설치하는 등 이전에 비해 한층 조직적이고 장기적인 투쟁으로 펼쳐졌기 때문이다. 이를 잘 보여주는 곳이 6·10만세운동의 추진 세력 중 하나였던 조선학생과학연구회였다. 옛날에는 6·10만세운동과 관련하여 세칭 '사직동계'로 알려져 있던 단체였다.[3] 조선학생과학연구회는 1925년 9월에 창립한 후 1933년 조선학생회로 합류할 때까지 학생운동을 이끌던 조직이었다. 대부분 경성에 소재한 전문학교와 고등보통학교에 다니고 있던 20대 학생들이었다. 그런데 처음 명칭이 '학생사회과학연구회'였다는 사실에서 알 수 있듯이 이들은 일종의 사회과학 동아리를 표방했다. 다만, 합법 단체로 활동하기 위해서는 일제의 허가를 받아야 했기 때문에 부득이하게 '사회과학' 대신 '과학'만 사용했던 것이다.

조선학생과학연구회는 사회주의 사상의 보급을 통한 학생들의 '연대'와 식민지 교육의 부당성에 대한 '저항'을 신조로 삼았다. 이 가운데 도서관 설립은 사회주의 사상을 대중적으로 보급하는 사업의 하나로 중요하게 여겨졌다. 1925년 11월 15일에 열린 모임에서 학생도서관 설립을 결의했던 것이다.[4] 조선학생과학연구회는 학생도서관 설립을 위해 회원들의 책 기증을 권유했으며 도서관 창립 전무위원專務委員을 선출했다. 1926년 3월에는 사립 경성도서관이 경성부 관할로 넘어가려고 하자 조선인의 손으로 도서관을 경영해야 한다는 기치를 내걸고 운동에 앞

1926년 4월 22일 조선학생과학연구회가 기획한 칸트 강연회가
태평동 내청각에서 열렸다. 1926년 4월 24일 자 《시대일보》에 실린 기사.

장서기도 했다.

근대 지식의 보급도 조선학생과학연구회가 관심을 둔 영역
이었다. 1926년 4월에 조선학생과학연구회가 기획한 두 차례의
기념강연회는 당대 지식인들을 총망라한 자리였다. 4월 19일에
개최한 찰스 다윈 기념강연회의 경우 독일에서 의학 박사학위
를 취득한 유일준(兪日濬, 1895~1932) 등이 강사로 참여했다.[5] 독일
에서 철학을 공부한 최두선(崔斗善, 1894~1974)과 교토제국대학 철
학과에 입학하여 교육학을 전공한 최현배(崔鉉培, 1894~1970), 그
리고 스위스에서 한국인 최초로 철학 박사학위를 딴 이관용이
4월 22일에 열린 칸트 강연회의 강사진이었다. 당시로서는 초호
화 캐스팅이었던 셈이다.

다윈과 칸트 강연회로 바쁜 나날을 보내던 조선학생과학연

구회는 순종의 사망 소식을 듣게 된다. 이들은 가만히 있을 수 없었다. 이병립(李炳立, 1904~?), 이선호(李先鎬, 1903~?), 이천진(李天鎭, 1904~?), 조두원(趙斗元, 1903~1955) 등 조선학생과학연구회의 핵심 멤버들은 시위 계획을 짜기 시작했다. 1926년 5월 20일에 는 40여 명이 모여 구체적인 계획을 모의하기에 이르렀다. 그 결과 6월 10일 순종의 장례일에 1000여 명의 학생들이 일제히 시위를 벌일 수 있었다. 사흘 전인 6월 6일에 조선공산당이 발각되는 우여곡절 끝에 이루어진 일이었다. 이 일로 10명이 주모자로 기소되었는데, 무려 6명이 조선학생과학연구회의 핵심 멤버였다.[6] 6·10만세운동 과정에서 조선학생과학연구회가 수행한 역할이 어느 정도였는지를 가늠해볼 수 있는 부분이다.

6·10만세운동을 주도한 여파는 컸다. 핵심 멤버들이 대거 검거되었을 뿐만 아니라 이전과 달리 조선학생과학연구회가 기획한 강연회와 토론회는 모두 열 수 없었다. 회원 수도 크게 줄어드는 상황이었다. 위기를 타개할 방법이 필요했다. 합법 단체로는 아무 일도 하지 못하니 음지에서 활동하기로 했다. 바로 각 학교 내에 5명 안팎의 비밀독서회를 만들어 조직의 외연을 확장하기로 했다. 그 결과 중앙고등보통학교, 배재고등보통학교, 휘문고등보통학교, 보성전문학교에 비밀독서회를 조직하는 성과를 거두었다. 이를 바탕으로 조선학생과학연구회는 동맹휴학에 직접 개입하기 시작했다.

한국전쟁 때 지리산에서 빨치산을 이끌었던 이현상(李鉉相, 1905~1953)도 조선학생과학연구회 출신이었다. 그가 맡은 학교는 보성전문학교와 연희전문학교, 그리고 제일고등보통학교였다.

1926년 11월 2일에 열린 6·10만세사건 1차 공판 모습.
이때 조선학생과학연구회의 핵심 멤버 6명이 기소되었다.
1926년 11월 3일 자 《동아일보》에 실린 사진.

이 가운데 가장 성공적으로 비밀독서회를 조직한 곳은 보성전
문학교였다. 아무래도 자신이 다니던 학교였으니 성공률이 가
장 높았으리라. 경찰과의 심문 과정에서 그는 5명의 회원을 확
보한 후 네 번 정도 은밀히 모임을 가졌다고 밝혔다. 모임 장소
는 주로 이현상의 자취방과 동네 뒷산이었다. 주요 텍스트는 사
카이 도시히코가 일본어로 번역한 《공상적 사회주의와 과학적
사회주의》였다.[7]

　이들이 비밀독서회를 만들려고 했던 이유는 무엇일까. 식민
지 조선의 혁명가들은 토론회와 강연회 등을 통해 사회주의 사
상을 전파했지만, 독서회에서 이루어지는 '책 읽기 모임'이야말

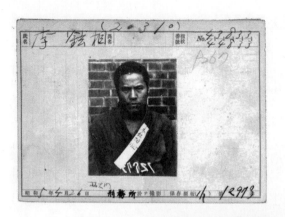

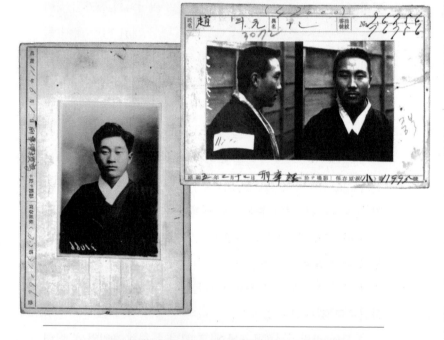

조선학생과학연구회 멤버였던 이현상, 조두원, 이병립의
일제감시대상인물카드(위부터). 비밀독서회 멤버들은 각 학교에 독서회를
만들어 새로운 세상을 만드는 데 헌신할 예비 혁명가들을 양성하고자 했다.
(사진 출처: 국사편찬위원회)

　　　　　　　혁명을 꿈꾼 독서가들

로 사회주의 사상을 전파하는 데 효과적인 창구였음을 잘 알았다. 자신들에게 큰 영향을 미쳤던 일본의 사회주의자들도 독서를 통해 사회주의 사상을 받아들이지 않았던가.[8] 혁명가들은 각 학교에 독서회를 만들어 새로운 세상을 만드는 데 헌신할 예비 혁명가들을 양성하고자 했다. 문제는 6·10만세운동 이후 학생운동을 공개적으로 펼치기가 무척 어려운 상황이었고, 학내에 독서회 자체가 불법이라는 사실이다. 독서회는 비밀결사의 형태를 띨 수밖에 없었다. 바야흐로 학생운동은 비밀독서회의 시대로 접어들기 시작했다.

비밀독서회의 저력

하나의 사건이 발생하는 데는 조건과 의지, 그리고 우연이라는 세 가지 요소가 맞물려 작용한다. 1929년 11월부터 1930년 3월까지 전국적으로 전개된 광주학생운동은 이 세 가지 요소가 얽히고설킨 거대한 흐름이었다. 당시 광주는 조선인 학생과 일본인 학생 간의 갈등이 고조된 상황이었고(조건), 경성과 함흥에 이어서 동맹휴학이 활발하게 전개된 지역이었다(의지). 광주고등보통학교에서만 네 번(1923, 1924, 1927, 1928)의 동맹휴학이 일어났을 정도였다. 이 기록은 관공립학교 가운데 가장 많은 수를 차지한다. 이러한 조건과 의지가 갖춰진 상태에서 1929년 11월 3일에 '우연찮게' 한일 학생들 간에 충돌이 발생했다. 원래 이날은 일요일이었으나 일본의 명치절이자 누에고치 6만 석 돌파 기념식이 거행되는 관계로 학생들 모두 등교를 해야만 했다. 행사가 끝난 후 집으로 돌아가는 과정에서 조선인 학생과 일본인 학생 사이에 시비가 붙었고, 이 시비는 집단폭행으로 이어졌다. 이때 비밀독서회가 우발적으로 일어난 일을 하나의 사건으로 발전시키는 데 큰 역할을 했다.

광주 지역의 비밀독서회는 1926년 11월에 결성된 성진회醒進會를 효시로 한다. "깨달아 나아가자"는 의미를 지닌 성진회는 학생들이 가장 앞서서 만든 비밀독서회 중 하나였다. 주로 광주고등보통학교(이하 광주고보)와 광주농업학교(이하 광주농교)의 학생들로 구성되었다. 성진회 자체는 이렇다 할 활약상을 보여주지 못했으나 성진회 출신을 중심으로 광주 지역의 비밀독서회가 하나둘 만들어졌다. 멤버들이 졸업 이후에도 비밀독서회의 결성과 활동에 깊숙이 관여한 까닭이다. 그 결과 비밀독서회는 광주고보와 광주농교뿐만 아니라 전남사범학교와 광주여자고보로까지 확산되었다. 일본인 학생들이 다니던 광주중학교를 제외하면 광주 지역의 모든 중등교육기관에 비밀독서회가 만들어진 셈이다.

광주 지역의 비밀독서회가 새로운 전기를 맞게 된 계기는 일본 유학을 떠난 장재성(張載性, 1908~1950)의 귀국이었다. 당시 광주 지역의 학생들에게 그의 위상은 남달랐다. 일본 유학 중에도 방학 때마다 귀국하여 후배들을 지도했을 뿐만 아니라 1928년에 전개되었던 광주고보와 광주농교의 동맹휴학에도 관여했으니 그에 대한 학생들의 신망은 매우 두터울 수밖에 없었다. 그런 그가 1929년 6월에 귀국한 후 후배들을 불러 모았다. '전설과도

광주고보 시절의 장재성.
1929년 6월 귀국한 그는 후배들을
불러 모아 비밀독서회를 조직했다.
이 독서회 멤버들이 광주학생운동
시위를 주도했다.

같은 선배'의 호출이었다. 장재성은 후배들에게 놀라운 제안을 했다. "조직적으로 단결하여 공산주의 사상을 연구하고 이를 보급 실행"하기 위해 학교별로 운영되고 있던 비밀독서회를 총괄하는 독서회 중앙본부를 만들자는 거였다. 제안을 한 장재성이 독서회 중앙본부의 '책임비서'로 선출되었다. 독서회 중앙본부는 개별 학교 단위로 조직되었던 비밀독서회가 한 지역의 학생들이 연대하는 형태로 발전한 형태였다. 광주학생운동이 일어나기 5개월 전의 일이었다.

장재성은 왜 독서회 중앙본부를 만들려고 했던 걸까. 장재성이 일본 유학 중이던 시기에는 학생운동을 좀 더 급진적인 형태로 발전시켜야 한다는 논의들이 있었다. 그러니까 교육 환경에 대한 불만을 넘어서 제국주의를 향한 저항으로 말이다. 가령 도쿄의 유학생들이 만든 신흥과학연구회는 동맹휴학을 전국적인 차원에서 지도할 수 있는 주체가 만들어져야 한다고 주장했다.[9] 그렇게만 된다면 제국주의에 대한 대립각을 좀 더 뾰족하게 세울 수 있을 거라고 보았다. 이들의 구상은 장재성이 주도하여 만든 독서회 중앙본부를 통해 어느 정도 구현되었다고 볼 수 있다.

第二圖　見取圖

독서회의 모임 장소는 주로 장재성이 차린 빵집과 독서회 멤버들이 출자해 만든 문구점이었다. 이 그림은 일제가 작성한 검증조서에 실린 장재성 빵집의 전경이다.

독서회 중앙본부는 얼마 못 가 해체되고 말았지만, 광주학생 운동에 기여한 바가 많다. 몇 가지 경우를 살펴보자. 먼저, 1929년 11월 3일 광주 지역의 시위를 주도한 건 모두 비밀독서회 멤버들이었다. 이후 대규모 검거사태가 일어나자 독서회 멤버들은 제2차 시위를 추진했다. 거사일은 11월 12일로 잡았다. 이날 각 학교의 독서회 멤버들이 격문을 살포하고 시위를 독려했다. 학생들은 '구속 학생 석방'과 '식민지 교육 철폐'를 외치면서 시가지를 행진했다.

시위는 점차 인근 지역으로 파급되어갔다. 광주 지역의 시위에 가장 빨리 동조한 이들은 목포상업학교의 학생들이었다. 11

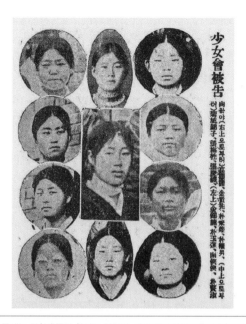

광주학생운동에는 여학생들의 참여도 있었다. 바로 광주여자고등보통학교 학생들로 구성된 '소녀회'였다. 그러나 이 명칭은 취조 과정에서 일제가 만든 것이었다. 핵심 멤버인 장매성(張梅性, 1911~1993)의 회고에 따르면 원래 명칭은 독서회였다. 참고로 장매성은 장재성의 동생이다. 그 밖에 박옥련, 고순례, 장경례, 암성금자岩城錦子, 남협협 등이 참여했다. 이들은 계급차별과 민족차별, 그리고 여성차별을 타파하기 위해 사회과학 서적을 함께 읽었다. 1930년 9월 30일 자 《동아일보》.

월 19일 목포상업학교 학생들은 깃발을 흔들고 격문을 뿌리며 행진에 나섰다. 이 시위의 주체도 목포상업학교의 비밀독서회 멤버들이었다.[10] 12월로 들어서면서 시위는 전국으로 확산되었다. 12월 5일부터 12월 16일까지 전개된 경성 지역의 시위는 거의 모든 중등학교 학생들이 참여했다고 해도 과언이 아니었다. 이후에 전개된 시위에도 비밀독서회가 관여한 경우가 있었다. 1930년 1월에는 강릉농업학교의 비밀독서회 멤버들이 광주학생운동에 호응하는 시위를 벌였고, 1930년 2월에는 사리원농업학교의 비밀독서회 멤버들이 시위를 준비하다가 발각되기도 했다. 비밀독서회는 광주에서 시작된 시위를 전국적으로 확산하는 데 크게 기여했다. 3·1운동과 6·10만세운동과 더불어 3대 독립운동이라고 일컫는 광주학생운동은 비밀독서회의 저력이 가장 잘 나타난 경우라 할 수 있다.

회독의 정치학

식민지 조선을 뒤흔들었던 비밀독서회의 저력은 함께 모여 책을 읽는 회독會讀에서 나왔다. 회독은 여러 사람이 한 공간에 모여 하나의 책을 가지고 서로 토론하며 의견을 나누는 공동체적 독서를 말한다. 홀로 책을 읽는 묵독默讀과 달리 구술문화에 바탕을 둔 독서법이다. 1910년대 무단통치의 침묵에서 벗어나 다시 웅변과 토론의 시대가 열리면서 회독이 가능해진 것이다.[11]

회독은 매우 정치적인 독서법이었다. 첫 번째 이유는 회독이 주는 질문의 힘이다. 기본적으로 회독은 책을 미리 읽고 와야 하는 '묵독'과 참가자 간의 '토론'으로 이루어졌다. 책을 읽으며 갖게 된 생각과 의문을 이야기하고 질문을 던져보는 건 매우 중요한 경험이다. 일제의 식민 지배는 질문을 허용하지 않는 체제다. 비밀독서회에서 이루어지는 토론은 질문의 힘을 키움으로써 체제에 물음표를 던지도록 해주었다. 비밀독서회가 주도하여 전개된 동맹휴학이 식민지 교육에 저항할 수 있었던 근본적인 이

일본 마르크스주의 이론가 사카이 도시히코(왼쪽)와 야마카와 히토시.
조선의 학생들은 비밀독서회를 통해 두 사람이 지은 책을 읽고 열띤 토론을 벌였다.

유이기도 하다.

질문의 힘은 학생들에게 세상을 해석하는 '언어'를 가져다주었다. 식민지 조선의 현실은 어떠한 모순에서 비롯된 것인지, 이 문제를 해결하기 위한 진단과 대안은 무엇인지를 비밀독서회를 통해 알 수 있었다. 식민체제에 의문을 제기하는 책들이 비밀독서회 멤버들에게 큰 인기를 끌었던 이유이기도 하다.《공산당 선언》의 일본어 번역을 처음 시도했으며 수많은 책을 남긴 혁명가 사카이 도시히코가 쓴《사회주의 대의》(1922)라는 책을 살펴보자.[12] 이 책은 마르크스의 주요 이론인 유물사관을 설명하고, 새로운 사회에 대한 전망을 잘 풀어내어 독자들에게 큰 호응을 얻었다. 사회주의 사상을 공부하기 위해서는 반드시 봐야 했던 필독서였다. 비밀독서회 사건을 다룬 재판 기록에 이 책이 빈번하게 등장하는 이유이기도 하다. 가령 강원도 강릉 신리면(현재의 주문진)의 청년들은 1930년 4월경에 비밀독서회를 만들고《사회주의 대의》를 함께 읽어나갔다.[13] 이후 이들은 강릉에서 프롤레타리아 연극을 공연하거나 통조림 공장에서 노조를 만들고 파업을 주도하는 일에 앞장섰다. 전라북도 고창에서는 김명환, 강학수, 이은숙, 김용호 등의 청년들이 1934년 9월 중순에 모여 비밀독서회를 만들고《사회주의 대의》를 교재로 삼아 농촌 소년들에게 사회주의 사상을 가르쳤다.[14] 1931년 10월에 야학을 만들었던 안종철이라는 운동가도 마찬가지였다.[15]

일본 마르크스주의의 최고 이론가로 인정받고 있는 야마카와 히토시가 쓴《자본주의의 기교》(1926)도 비밀독서회의 주요 교재였다.[16] 이 책은 제목에서 알 수 있듯이 자본주의 제도의 모순을 폭로하고 있다. 아울러 이 모순을 극복하기 위해 어떠한 실천이 필요한지도 이야기하고 있다. 광주고보 독서회는 장재성의 빵집과 문구점 등을 옮겨 다니며《자본주의의 기교》를 함께 읽고 자신들의 고민과 생각을 나눴다. 김원봉과 함께 의열단과 조선의용대에서 활동한 김성숙은 1966년 9월에 이루어진 면담에서 야마카와가 쓴 책이 제일 기억에 남는다고 진술했다.[17] 또 다른 의열단원인 서응호는 동지들과 함께《자본주의의 기교》등을 비롯한 사회주의 서적 500부를 구입하여 독서운동을 펼치려다가 검거된 적이 있었다.[18] 비밀독서회의 토론과 책은 자신이 처한 부당한 현실을 분명한 언어로 설명하고 질문을 던지게 해주었다는 점에서 의미가 있다고 할 수 있다.

두 번째 이유는 회독의 대등성이다. 토론은 참가자 간의 평등한 관계를 전제로 한다. 비판이 허용되지 않는 문화에서 토론이란 불가능한 일이기 때문이다. 이들이 둥글게 모여 앉는 건 대등성을 상징적으로 구현한다는 점에서 매우 의미심장하다. 참가자 전원이 대등한 입장에서 토론하는 회독의 장은 가장 직접적으로 평등이 실현된 곳이었다. 이러한 과정에서 비밀독서회 멤버들은 평등에 대한 감수성을 쌓아갔다. 동맹휴학이 차별을 기반으로 한 식민지 교육에 반기를 들 수 있었던 이유라 할 수 있다.

가령 4개월간에 걸쳐 세 차례의 동맹휴학을 일으킨 숙명여자고보의 사례를 살펴보자. 이들의 동맹휴학은 1927년 5월부터 9월까지 지속적으로 전개되면서 식민지 교육제도에 일대 경종을 울렸다. 동맹휴학의 원인은 한 일본인 교사가 조선인을 야만인으로 모욕하고 학교 측이 조선인 선생 10여 명을 일본인으로 바꾸는 데서 비롯되었다. 숙명여자고보 학생들은 모욕 발언을 한 일본인 교사를 사임하게 하고, 조선인 교사들을 다수 채용하라고 요구하면서 등교 거부에 들어갔다. 나중에는 학부형, 졸업생, 사회단체들이 가세할 정도로 갈등의 양상이 심했다. 6·10만세운동 이후 비밀독서회가 확산해가는 과정과 맞물려 일본인 교사의 민족차별을 문제 삼는 동맹휴학이 늘어난 까닭이기도 하다. 회독의 대등성은 식민지 교육의 차별에 민감하게 반응할 수 있는 기저로 작용했다.

세 번째 이유는 회독의 결사성이다. 회독은 독서토론을 목적으로 기일을 정하고 일정 장소에서 모인다는 규칙을 전제로 한다. 여기에는 복수의 사람들이 자발적으로 모인다는 결사성을 내포한다. 예를 들어, 성진회는 격주 토요일마다 사회과학 서적을 읽고 토론하는 모임을 가졌다. 여러 명의 사람들이 비밀리에 약속 시간과 장소를 정하고 은밀하게 모여 행동을 벌인다는 건 체제에 균열을 가하는 행위라고 할 수 있다. 간혹 합법적으로 출판된 책을 읽고 독서토론만 한 '건전한' 독서회가 검거되는 일이 벌어지기도 했는데, 이는 일제가 '동지'를 규합하는 행위 자체를 불온시했기 때문이다. 그만큼 일제는 식민지 조선인의 집단행동을 경계했다.

마지막 이유로는 문제의식의 공유를 들 수 있다. 회독은 참가자들이 대등한 입장에서 서로 토론하는 시간을 가진다. 이들은 과연 무엇에 관해 토론했을까. 눈여겨봐야 할 사실은 이들의 토론이 텍스트에 관한 토론으로 그치지 않았다는 점이다. 증언에 따르면 광주고보 독서회는 교재를 선정해 분량을 나눈 다음 격주로 모여 자기가 맡은 부분을 발표했다. 이때 누군가의 발표가 끝나면 반드시 '현실과 결부시켜' 비판과 토론을 벌였다.[19] 여기서 '현실'이란 식민 지배의 모순과 자본주의 폐해 등을 말한다. 비밀독서회는 단지 책의 내용을 이해하는 데 그치지 않고, 살아 있는 지식으로 비판적 재구성을 했다. 이러한 과정을 거치면서 독서회 멤버 간에는 문제의식의 공유가 이루어졌다.

독서회 중앙본부를 만든 장재성은 문제의식 공유의 중요성을 잘 알았던 것 같다. 광주 지역의 비밀독서회를 배후에서 통제하려면 문제의식을 공유해야 한다고 생각했던지 그는 사회주의 문헌 가운데 가장 잘 읽히고, 가장 명쾌하며, 가장 선동적인《공산당 선언》을 등사해서 각 학교의 독서회 멤버들에게 배포했기 때문이다. 독서회 중앙본부를 만든 직후인 1929년 7월에 이루어진 일이었다. 비밀독서회 멤버들은《공산당 선언》을 읽으며 역사가 계급투쟁의 역사라는, 마르크스주의의 중요한 명제를 학습했다. 그러면서 자신이 처한 현실의 모순이 어디에서부터 비롯된 것인지, 이 모순을 타파하기 위해서 자신이 해야 할 일은 무엇인지를 곱씹었으리라.

비밀독서회가 읽었던 책들

비밀독서회는《사회주의 대의》와《자본주의의 기교》외에도 수많은 책을 읽었다. 그런데 우선 이들이 읽었던 대부분의 책은 '팸플릿' 형태로 제작되었음을 알 필요가 있다. 팸플릿은 특정 사상을 전파하고 정치적 견해를 알리기 위해 만들어진 소책자를 말한다. 저술뿐만 아니라 인쇄와 보급에 걸리는 시간도 빨라서 프로파간다의 수단으로 사용하기에 적합한 형태의 출판물이었다. 서구에서는 16세기 이후에 출판물이 사상 전파의 수단으로 활용되면서부터 정치적인 격변기마다 팸플릿의 출판이 급증했다.[20] 프랑스혁명기에 팸플릿의 출판이 급증한 건 잘 알려진 사실이다. 식민지 조선에서도 혁명을 이야기하는 책들은 주로 팸플릿 형태로 제작되었다.

비밀독서회가 읽었던 책들은 아나키즘과 볼셰비즘에 관한

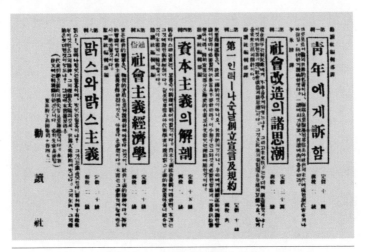

1926년 4월 19일 자 《조선일보》에 실린 권독사의 팸플릿 시리즈 광고.
소개된 책과 광고 문구는 다음과 같다.

《청년에게 고함》	"크로포트킨 옹의 세계적 명저이니, 극단으로 타락된 부르조아 사회의 말대末代에 처한 현대 청년의 나아갈 길을 통쾌하게 설파하였다. 일독에 피가 끓고, 재독에 몸이 춤추리라"
《사회개조의 제사조》	"현대 질서는 왜 민중에게 불행을 주게 되었느냐? 그리고 미래 질서는 어떻게 창조될 것이냐?"
《제1인터내셔널 창립선언과 규약》	"무산계급운동은 결코 일국의 것이 아니오, 세계적인 것이니, 우리에게 국제운동에 관한 지식이 얼마나 필요할까는 많은 말이 필요 없으리라"
《자본주의의 해부》	"자본주의가 병이라 하면, 본서는 그것에 대한 병리 해부이다. 잘못된 부르주아 대표 학자의 설과 맑스주의적 해부를 아울러 절개한 것이 이 책의 자랑이다"
《사회주의 경제학》	"경제적 지식 없이 사회주의를 깨달으려는 것은 아름다운 몽상이다"
《맑스와 맑스주의》	"맑스! 얼마나 힘 있는 이름이며, 빛 있는 이름이냐? 그의 이론은 태양과 같이, 세계 대중 진두에 빛난다"

것이었다. 일본의 번역과 중국의 신문화운동, 그리고 러시아혁명이 영향을 미친 결과였다. 초반에는 19세기의 대표적인 아카키스트 크로포트킨의 사상과 저작에 호응했다. 특히 그가 쓴 《청년에게 고함》(1880)과 《상호부조론》은 다양한 경로의 번역을 통

혁명을 꿈꾼 독서가들

해 널리 알려졌다.

《청년에게 고함》이 한국어 단행본으로 처음 나온 시기는 1925년 8월경이었다. 신채호가 이 책의 세례를 받자고 이야기한 지 반년이 조금 넘은 시기에 이루어진 일이었다. 이전에도 여러 매체를 통해 한국어로 소개되긴 했지만, 하나의 책으로 나온건 이때가 처음이었다. 출판사는 일월회一月會라는 사상단체가 설립한 권독사勸讀社였다. 1926년 1월경에 설립되고 나서 맨 처음으로 발행한 책이었으니 권독사에게도 의미가 남다른 책이었다. 일본 도쿄에 자리를 잡고 있었지만 권독사의 신간 소식이《동아일보》와《조선일보》의 광고를 통해 소개된 터라 국내 독자들에게 퍽 낯선 출판사는 아니었을 것이다. 거기다 식민지 조선인들이 일본에 책을 주문해서 읽는 풍경은 그리 생소하지 않았다. 일본어 서적 수입은 1920년대에 폭발적으로 증가해 1930년경에 이르러서는 수입 책의 99퍼센트를 차지했으니 말이다.[21]

비밀독서회의 책 읽기는 식민권력이 금지한 영역을 횡단하는 월경越境의 독서였다. 이들이 은밀하게 모일 수밖에 없는 가장 큰 이유는 일제가 불온시하거나 금서로 처분한 책들을 읽었기 때문이다. 비밀독서회는 합법적인 출판물의 생산 유통과 별도로 금서 유통이 이루어지는 주요한 경로이기도 했다. 경우에 따라서는 서적 수색을 통해 비밀독서회가 적발되고 그 구성원들이 검거되는 일이 벌어지기도 했다. 예를 들어, 1928년 9월 학교 선생인 조병기는《청년에게 고함》을 등사해 학생들에게 배포하다가 경찰에게 발각되어 곤욕을 치른 적이 있었다.[22] 1929년 7월 해주고등보통학교 학생 이형석은《청년에게 고함》을 10

권이나 주문하다가 해주경찰서에 검거되었는데, 이 일로 해주 고보의 비밀결사가 발각되고 말았다.[23] 일제는 왜 식민지 조선의 청년학생들이 이 책을 읽는 걸 꺼려했을까. 제목에서 알 수 있듯이 이 책은 시대의 청년들에게 이야기를 건네고 있다. 단절과 고립이 아니라 '함께' 하는 삶을 선택하자고, 모든 인간이 자유롭고 평등하게 살아갈 수 있는 사회를 만들어가자고 말한다. 식민지 조선을 살아가던 청년들에게 울림을 주고 질문을 던지는 책이었다. 그래서일까. 1928년 4월 1일 문천청년동맹은 각 학교의 졸업생들을 불러 모은 후 《청년에게 고함》을 공동구매하여 보름에 한 번씩 만나 이야기를 나누기로 결정했다.[24] 이제 막 사회생활을 시작하는 청년들에게 이 책만큼 필요한 건 없다고 여긴 까닭이다.

그러다 점차 식민지 비밀독서회는 볼셰비즘에 방점을 둔 책 읽기로 나아갔다. 왜 마르크스주의가 아니라 볼셰비즘이었을까. 당시 혁명가들은 생산관계가 충분히 발달하지 못한 식민지 조선에서 마르크스 이론을 그대로 따르기보다 혁명을 성공시킨 러시아의 볼셰비즘에 주목했다. 계급투쟁의 주체로 나서야 할 노동자가 소수였고 농민이 대다수를 차지하고 있었으니 볼셰비즘이 더 현실적이라고 생각했던 것이다.[25] 마르크스 이론은 서구 사회의 틀에서 만들어진 이론이라는 인식이 강했던 탓이다. 그렇다고 이들이 마르크스의 주요 이론인 계급투쟁론과 유물사관 등을 학습하지 않았다고 볼 수는 없다.

볼셰비즘에 대한 관심은 권독사의 행보를 통해서도 알 수 있다. 크로포트킨의 책을 낸 이후 권독사는 마르크스가 쓴 《제1인터내셔널 창립선언과 규약》과 엥겔스의 저작물인《공상적 사회주의와 과학적 사회주의》, 그리고 레닌의 저서인《맑스와 맑스주의》를 번역해 책으로 냈기 때문이다. 처음으로 엥겔스와 레닌의 책이 한국어 단행본으로 출간된 것이다. 이 책들은 비밀독서회 청년들이 계급투쟁론과 자본주의 공황론을 중심으로 마르크스를 읽는 데 큰 도움을 주었다. 물론 이 책들은 일제의 검열정책에 따라 금서로 지정되었다. 가령《제1인터내셔널 창립선언과 규약》은 1926년 4월에 발매 금지 처분을 받아 80여 권이 압수되는 일이 벌어지기도 했다.[26] 나중 일이지만 레닌과 엥겔스의 책은 중일전쟁 이후에 금서 처분을 받았다.

마르크스주의를 이야기할 때《공산당 선언》을 빼놓고 말할 수 없다. 역사적으로 사회주의 사상은《공산당 선언》의 번역과 함께 전 세계로 확산되었기 때문이다. 흥미로운 사실은 식민지 조선에 사회주의 사상이 막 소개되던 1921년에《공산당 선언》을 번역한 곳이 동시에 세 군데였다는 점이다. 중국 상하이에서는 여운형(呂運亨, 1886~1947)이 영역본을 참조해서《공산당 선언》을 번역했고, 시베리아에 위치한 이르쿠츠크에서는 한인공산당 혁명가들이 러시아 번역본을 저본으로 삼아 작업을 했다. 국내에서는 1920년 3월에 조직된 '중립파' 조선공산당이 번역을 했다. 아쉽게도 이 세 번역물은 지금까지 실물로 확인된 바가 없다. 비밀리에 출판되다 보니 보관과 보존에 취약했기 때문이다.

그 밖에 비밀독서회는 마르크스주의 경제학에 관한 책도 읽었다. 마르크스주의 경제학을 다룬 대표적인 텍스트로는 사회과학연구사가 1927년에 발행한《임금노동과 자본》과《임금·가격·이윤》이 있었다. 두 책 모두 마르크스주의 경제학의 입문서로 꼽히는 서적들이다. 눈여겨봐야 할 점은 두 책이 2~4년 전에 한국어로 번역된 적이 있었다는 사실이다. 《임금노동과 자본》은 1923년 11월 15일에 '민중사 팸플릿 1집'으로, 《임금·가격·이윤》은 1925년 5월 이전에 '민중사 팸플릿 2집'으로 발행되었던 것이다.[27] 민중사民衆社는 1923년 9월에 창립된 출판사로 사회주의 서적을 공개적으로 출판한 최초의 출판사였다.

혁명사도 빼놓을 수 없다. 1924년 9월에 조직된 평양 독서회는 《러시아 농민운동사》라는 책을 읽었고, 공산주의를 선전했다는 혐의로 주요 멤버들이 검거되기도 했다.[28] 이 사건은 독서회가 사회주의 서적을 읽었다는 이유로 탄압을 받은 최초의 사례라 여겨진다. 사회과학연구사가 발간한 《파리콤뮨》은 제목 그대로 1871년 3월부터 5월까지 존재했던 파리코뮌에 관한 이야기를 다룬 책이었다. 비밀독서회의 독자들은 어떻게 하면 사회를 바꿀 수 있을지 알고 싶어서 역사를 공부했다. 특히 역사에서 반복되는 어떤 패턴이나 법칙을 안다면 세상을 바꾸는 데 도움이 되지 않을까 하는 생각에서다.

전쟁을 반대하다

1931년 9월 27일 일본군의 출병을 반대하는 격문이 경성 시내 곳곳에 뿌려졌다. 일제가 만주를 침략한 지 9일째 되는 날이었다. 1928년 4~5월에 중국 산둥山東으로 군대를 보내 침략을 감

검찰로 송치되고 있는 반제동맹 학생.
1931년 11월 6일 자 《조선일보》에 실린 사진.

행했고, 만주사변 이후에도 상하이와 화베이華北 등으로 진출하며 침략전쟁을 이어갔던 일제였다. 세계 대공황의 발발과 함께 파시즘이 대두하고 전쟁 위험이 고조된 시기인 만큼, 반전反戰은 매우 민감한 사안이었다. 도대체 누가 이 격문을 제작하고 살포했던 것일까.

정체가 탄로 나는 건 시간문제였다. 반전 격문의 주인공은 일제가 학문의 요람으로 육성한 경성제국대학 학생들이 만든 반제동맹反帝同盟이었다. 총 50여 명이 검거되어 조사를 받는 과정에서 조직이 발각되고 말았던 것이다. 흥미로운 사실은 반제동맹에 조선인 학생뿐만 아니라 일본인 학생들도 있었다는 점이다. 이들은 책에서 보고 배운 내용을 행동으로 실천하기 위해 기

존에 존재했던 비밀독서회를 '반제'라는 명확한 이념과 투쟁 방
향을 내건 비밀결사로 발전시켰다. 이들의 반전 격문은 만주 침
략을 즉시 중단하라고 나선 유일한 사례였다.

반제동맹은 독서회를 기반으로 조직된 비밀결사인 만큼 멤
버들 간에 공유한 독서 목록이 있었으리라. 이들은 어떤 책을 읽
고 전쟁 문제에 민감한 반응을 보였던 걸까. 경성제국대학 출신
인 조규찬(曺圭瓚, 1909~1997)의 회고에 따르면, 경성제대 독서회
는 부하린의 《유물사관》과 마르크스의 《자본론》 등을 읽었다고
한다.[29] 볼셰비즘에 대한 관심도 커서 레닌과 스탈린의 책도 탐
독했다. 책을 읽은 후 모여서 토론을 하는 것도 중요한 일이었다.

그런데 이들은 마르크스주의에 관한 이론서만 읽었을까. 추
측하건대 이들이 일제의 침략전쟁에 민감한 반응을 보였던 원
천 중 하나는 반전문학에 있었다. 이와 관련하여 흥미로운 기사
가 하나 있다. 경성 지역의 고등보통학교에 다니는 상급생 남학
생들이 '최근에 읽고 있던 책 목록'이다. 이들이 제일 많이 접한
책은 사회과학 서적이었고, 그다음이 소설책이었다. 주목해야
할 점은 독일의 반전소설인 《서부전선 이상 없다》가 소설책 분
야에서 1위를 차지했다는 사실이다.[30] 이 조사 결과는 당대의 '교
양'이 어떻게 구성되었는지를 알 수 있는 지표라는 점에서 의미
하는 바가 크다.

《서부전선 이상 없다》는 독일 작가 에리히 레마르크가 1929
년에 발표한 책이다. 작가의 참전 경험을 바탕으로 작성된 이 작
품은 전쟁으로 파괴된 한 시대를 증언했다는 점에서 엄청난 화
제를 모았다. 알려지기로는 발간 5개월 만에 30만여 부가 판매

되었다고 한다. 1933년 5월 10일에 독일의 나치 정권이 베를린 오페라 광장에서 책들을 불태웠을 때 대표적으로 소각된 책이기도 하다.

이 작품에 묻어난 절규의 언어는 평화를 갈구하는 동시대인들의 공감을 샀다. 책의 주인공은 4명의 청년. 이들은 전쟁에 참전해 조국을 구하라는 한 교수의 연설에 감동받아 전선으로 향한다. 그런데 이들이 맞닥뜨린 건 절망과 죽음뿐이었다. 한 친구는 전선에 배치되자마자 전사했고, 다른 한 친구는 평생 불구로 살아가야 한다는 사실에 이성을 잃고 사망했다. 또 다른 한 친구도 목숨을 잃었다. 홀로 남은 파울은 전쟁의 참상에 대해 깨닫기 시작했다. 부상으로 잠시 고향에 돌아온 파울은 전쟁을 낭만적으로 이야기하는 사람들을 보며 낙담하고 만다. 원작 소설의 인기는 다음 해인 1930년에 상영된 영화로도 이어졌다.

국내에서는 1930년 11월에 《서부전선은 조용하다》는 제목으로 출간됐다. 번역자는 피득彼得이었고, 출판사는 조선야소교서회였다. 원서가 출간된 지 2년여 만에 한국어로 번역되었으니 책의 인기가 얼마나 대단했는지를 알 수 있다. 번역자인 피득은 알렉산더 피터스(Alexander Albert Pieters, 1871~1958) 선교사의 한국식 이름이다. 덕분에 국내 독자들은 전 세계적으로 큰 반향을 일으켰던 반전문학을 일본어를 경유하지 않고도 편하게 읽을 수 있었다.

당시 독서 인구의 대부분은 학생들이었다. 식민지 조선의 일상을 살아가던 학생들에게 가장 중요한 문제는 진학과 취업이었다. 그 때문에 수험서와 처세술에 관한 책이 큰 인기를 끌었지만,[31] 사회과학 서적도 급속히 파급되고 있었다. 이러한 상황에서 식민지 교육에 염증을 느끼고 있던 학생들이 친구나 선배가 빌려준 책을 읽고 비밀독서회에 가입하는 경우가 많았다. 학교에서는 일본어를 써야 했고 지리와 역사 수업도 일본 중심으로 이루어졌으니 조선인 학생들은 "듣기 싫은 소리"를 "딴생각하면서" 견뎌내는 학교생활을 이어나갈 수밖에 없었다. 차별과 모욕의 일상 속에서 교과 공부마저 흥미를 잃어버린 이들에게 비밀독서회는 학교에서 배우지 못한 무언가를 배울 수 있는 곳이었다.

1920년대는 독서회뿐만 아니라 웅변대회, 강연회, 야학, 소인극 무대, 동화회 등 수많은 모임이 우후죽순 등장하면서 자기를 표현하는 방식이 매우 다양해진 시기였다. 그 가운데 근대적 문자문화의 확산과 함께 만들어진 비밀독서회는 혼자서 읽기 어려운 책을 함께 연구한다는 의미를 담고 있었다. 회독을 통해 난해한 책을 함께 읽어내고 있다는 기쁨은 독서를 촉진했고 동맹휴학을 가능케 한 원동력으로 작용했다. 단순한 독서 토론 동아리에 그치지 않고 정치적인 결사로 거듭나는 순간이었다. 요컨대 비밀독서회의 저력은 질문의 힘을 키우고, 대등성을 구현하고, 비밀결사로서 행동을 하는 데서 비롯되었다고 할 수 있다.

10장

비밀독서회, 억압받는 자들을 위한 교육을 모색하다

교육은 식민 지배의 대표적인 수단이었다. 일제는 권력에 순응적인 사람들을 양산하고자 초등교육을 강화하고 중등·고등교육을 억제하는 교육정책을 수립했다. 아무래도 다 큰 청소년과 청년보다 어린이가 황국신민이라는 정체성을 더 쉽게 받아들일 테니까. 그러다 보니 일선 교육 현장에서 황국신민화 교육을 수행해나갈 '보통학교 교사'를 양성하는 문제가 식민지 교육정책의 핵심으로 떠올랐다. 일제는 중등교육기관인 사범학교를 설립하여 해결의 실마리를 풀어나가기 시작했다.

1920년대에 초등교육이 확대되어감에 따라 일제는 우수한 조선인 학생들을 보통학교 교사로 양성하고자 했다. 이를 위해 사범학교의 수업료를 전액 면제해주었다. 성적이 우수한 학생에게는 생활비까지 지급했다. 대신 사범학교를 졸업하고 몇 년간은 보통학교 교사로 지내야 했다. 가정 형편이 어려운 전국의 수재들이 사범학교로 모여들었다. 모두가 가난했던 시절에 수업료와 생활비, 그리고 일자리까지 보장해주었으니 사범학교에 입학하기 위한 경쟁은 치열했다. 경쟁률 10대 1은 기본이었다. 심할 경우 60대 1이나 80대 1까지 치솟기도 했다.

치열한 경쟁을 뚫고 어렵사리 사범학교에 입학한 학생들은 모든 게 녹록지 않았다. 일단 구조적이고 제도적인 차별대우가 횡행했다. 당시 교장은 1종 훈도訓導 자격을 가진 사람만이 할 수 있었다. 문제는 일본인만이 1종 훈도 자격을 취득할 수 있었다는 점이다. 조선인 학생들에게는 1종 훈도보다 낮은 2종 훈도 자격이 부여되었다. 공부를 아무리 잘하고 일을 열심히 해도 평생 평교사 지위에 머물러야 했다. 일제의 초등교육은 일본인 교장과 조선인 평교사라는 위계질서로 이루어졌다고 할 수 있다.

졸업 이후에 보장된 취직은 양날의 칼이었다. 사범학교 학생들은 졸업 후에 의무적으로 5년 동안 보통학교 교사로 복무해야 했다. 정당한 사유 없이 의무 복무를 이행하지 않으면 재학 중에 면제받은 수업료와 생활비를 도로 내야 했다. 이러한 의무 복무는 취업을 절대적으로 보장해준다는 점에서는 좋아 보이지만, 엄밀히 따지면 상급학교 진학이나 다른 진로가 원천적으로 봉쇄되는 것을 의미한다. 더구나 의무 복무 기한을 무사히 마쳤다고 해도 사범학교는 중등학교 졸업으로 인정받지 못했다. 상급학교 진학에 뜻을 두었다면 따로 중등학교 졸업을 인정받을 수 있는 시험에 합격해야 했다.

무엇보다 사범학교 학생들은 자기모순에 직면해야 했다. 이들은 미래의 초등교육을 책임져야 한다는 이유로 천황제 이데올로기를 주입받는 수신修身 과목을 두 배나 많이 들어야 했다. 일본어 수업 시수도 상당했다. 즉 이들은 누구보다 노골적으로 자신의 정체성을 부정해야 하는 상황에 놓여 있었다. 여기에 대한 반응은 제각각이었다. 누군가는 일제의 교육 방침과 지배 논리를 받아들였고, 다른 누군가는 식민지 교육정책에 불만을 품고 권력의 의도대로 나아가지 않았다. 후자의 길로 가기 위해서는 억압과 차별이 일상이 된 학교에서 자신을 지키고 학생들을 저항하는 주체로 교육시킬 수 있는 방법을 모색해야 했다. 이때 독서는 권력의 틈을 비집고 들어가 소위 '불온 교사'를 양성하는 길잡이가 되었다.

'불온 교사'의 탄생

억압을 핵심으로 하는 식민지 교육에 저항할 수 있는 최대의 방법은 '억압받는 자들을 위한 교육'을 모색하는 거였다. 식민지 조선의 저항문화가 사회주의 사상인 만큼, 사범학교 학생들도 사회주의 자장 안에서 대안을 고민했다. 그런 점에서 현직 교사로서 사회주의운동을 펼친 이만근李萬根·이중근李重根 형제를 주목할 필요가 있다. 이만근은 경북 영천에 있는 신녕보통학교 교사였고, 이중근은 경북 상주에 있는 청리보통학교 교사였다. 언론 보도에 따르면 이들은 1926년 6월경부터 "월급 타는 돈으로 전부 사회주의에 대한 서적을 사서 열심으로 연구"했다.[1] 그리고는 자신들의 고향인 경주에 머무르면서 지역 청년들에게 사회주의 사상을 가르쳤다. 주목할 점은 청년들의 저항의식을 키우기 위해 안중근의 이야기를 들려주었다는 사실이다.[2] 결국 이들의 활동은 발각되고 마는데, 보통학교 교사가 사회주의운동을 전개한 최초의 사건이었다는 점에서 언론의 주목을 많이 받았다.[3]

보통학교 교사로서 광주학생운동에 참여한 임종근林鍾根의 사례도 흥미롭다. 그는 1929년 3월에 전남사범학교를 졸업한 후 전남 무안의 비금보통학교에서 근무하고 있었다. 재학 시절 그는 전남사범학교의 비밀독서회를 이끌었던 것으로 보인다. 졸업 이후에도 학교 등사기를 몰래 사용해 팸플릿을 만드는 등 활동을 이어갔다. 그가 제작한 팸플릿 제목은 〈하기휴업 중의 우리들의 활동 범위〉였다. 여름방학을 맞이하여 지역 청년들에게 사회주의 사상을 알리고, 자본계급과 일제에 대한 투쟁을 선동하자는 내용을 담고 있었다. 1929년 11월 4~5일경 임종근은 어느 비밀 모임에 참석했다. 11월 3일에 발생한 광주학생운동에 조직적으로 대처하기 위한 회의였다. 여기에서 그는 전라남도 내 보통학교 교사들에게 연락하는 일을 맡았다.[4] 그가 맡은 업무가 원활하게 이루어졌는지는 알 수 없으나 보통학교 교사 신분으로 광주학생운동을 전국적인 시위운동으로 확산시키는 일에 동참했던 건 분명하다.

이 두 사례를 통해 알 수 있는 사실은 사범학교에서 심상치 않은 움직임이 있었다는 점이다. 미래의 교육자를 준비하는 이들에게 무슨 일이 벌어지고 있었던 걸까. 흥미롭게도 1930년 가을이 지나면서 사범학교 학생들과 보통학교 교사들은 특정 텍스트를 주목하기 시작했다. 가령 1931년 6월에 조직된 평양사범학교의 비밀독서회를 보도록 하자. 이 비밀독서회는 감옥에 갇혀 있던 사상범들을 돕기 위해 각자 돈을 거는 모플 활동에 나섰다. 모플МОПР이란 혁명가후원회를 뜻하는 러시아 외래어였다. 명색이 '독서회'인 만큼 책 읽기에도 힘썼는데, 이들은 일요일마다 모여 《신흥교육新興敎育》이라는 잡지를 중심으로 사회주의 서적을 읽어나갔다. 이들이 탐독했던 《신흥교육》은 어떤 잡지였던 걸까.

1930년 9월 19일 자 《조선일보》는 3권의 잡지를 소개하는

《신흥교육》은 식민지 조선의 교육운동에 큰 영향을 미친 잡지다.
1930년 9월 19일 자《조선일보》에 창간호를 소개하는 기사가 실렸다.

토막기사를 실었다. 경성에서 발행되었던《불교》와《조선실업
휘보朝鮮實業彙報》, 그리고 도쿄에서 나온《신흥교육》창간호였
다. 이 신간 소개란을 자세히 살펴보면, 유독《신흥교육》의 목차
만 자세하게 나와 있다는 사실을 알 수 있다. 어떤 의도가 있었
던 걸까. 그런데 목차의 내용이 범상치 않다. 〈프롤레타리아 아
동의 지능 문제〉, 〈사상 선도와 학생운동〉, 〈소비에트 교육의 근
본 문제〉 등 제목에서부터 불온한 내용을 풍기고 있기 때문이다.

《신흥교육》은 식민지 조선에 프롤레타리아 교육운동 붐을
일으킨 교육 잡지였다. 도쿄에 소재한 신흥교육연구소가 발간
한 기관지였는데, '억압받는 자들을 위한 교육'을 모색하는 이들
에게 아주 큰 영향을 미친 텍스트였다. 마치 1970~1980년대 대
학가에《페다고지》(파울루 프레이리가 지은 책으로 '해방교육'을 주장했다)
라는 책이 큰 선풍을 일으켰듯이 말이다. 목차에서 알 수 있듯이
《신흥교육》은 계급투쟁의 관점에서 제국 일본의 교육정책을 비
판하는 내용을 지향했다. 무엇보다 교육가가 억압받는 자들을

위해서 무엇을 고민하고 어떤 실
천을 해야 할지를 제시했다. 교육
문제에 천착한 책이 거의 없던 시
절이었으니 《신흥교육》은 교육에
대한 새로운 성찰을 담은 텍스트
로 각광을 받았다.

이와 관련하여 흥미로운 인물
이 있다. 바로 '동양의 페스탈로
치'를 꿈꾸며 식민지 조선에서 교
육자로 활동한 죠코 요네타로(上
甲米太郎, 1902~1987)이다. 우리에게
는 거의 알려지지 않은 이 일본인
은 조선 농촌에서 8년간 지내면서
식민지 조선의 실상을 경험했다.
처음에는 빈민 구제에 힘썼던 가
가와 도요히코(賀川豊彦, 1888~1960)
의 책을 읽으며 기독교 사회주의

조선의 억압받는 자들을 위해
교육운동에 나섰던
죠코 요네타로.

의 영향을 받았지만, 점차 사회주의 서적을 집중적으로 탐독하
면서 일제의 식민 지배에 의문을 품었다.[5] 그러다 우연히 《신흥
교육》 창간호 광고를 신문에서 보자마자 구독을 신청했다. 죠코
요네타로는 《신흥교육》을 읽으면서 억압받는 자들을 위한 교육
운동에 나서기 시작했다.

당시 일본인 교사는 가봉加俸이라는 특별 수당을 받고 있었
다. 가봉은 일본 본토와 생활 조건이 다른 외지(식민지)에 근무하

는 '불편'에 보답한다는 명분으로 관등에 따라 일정 비율의 수당을 추가로 지급한 돈이었다.[6] 조선인 교직원들이 대표적인 차별 대우로 여겼던 게 가봉이었다. 또한 일본인 교사는 거주지와 관등에 따라 '숙사료'를 추가로 받았고, 조선어 시험에 합격할 경우 성적에 따라 '조선어 장려 수당'도 받았다. 같은 직급이더라도 일본인과 조선인의 봉급에 차이가 날 수밖에 없었다. 이에 쿄코 요네타로는 《신흥교육》 제3호에 〈조선의 한 교원으로부터〉라는 글을 써서 "돈벌이에 골몰하고 일본제국주의자의 앞잡이 역할을 하는 조선 내의 일본인 교사들"을 비판했다.

식민지 조선의 현실에 눈을 뜬 그는 동료 일본인 교사들과 함께 운동을 펼쳐보려 했으나 돌아온 건 냉담한 반응뿐이었다. 방법을 바꾸어 그는 경성사범학교 학생인 조판출趙判出과 상의하여 비밀독서회를 만들었다. 이들의 만남은 조판출이 쿄코 요네타로가 함안보통학교에 근무할 때 가르쳤던 옛 제자였기 때문에 가능했다. 1931년 9월에 경남 진주로 수학여행을 온 조판출이 쿄코 요네타로를 만나면서 이루어진 일이었다. 이후 조판출은 동급생들을 모아 《신흥교육》과 사회과학 책을 읽는 독서회를 조직했다. 당시 경남 사천에 위치한 곤명보통학교의 교장으로 근무하고 있던 쿄코 오네타로도 진주, 사천, 울산 등 경남 일대의 보통학교 선생들에게 《신흥교육》의 구독을 권유했다. 하지만 이들의 활동은 그해 12월에 발각되면서 실패하고 말았다.

대구사범학교의 비밀독서회

대구에서도 《신흥교육》을 읽는 모임이 꾸려졌다. 1929년에 개교한 대구사범학교의 교사로 근무하고 있던 현준혁(玄俊爀, 1906~1945)은 1기생들이 2학년으로 올라갈 적에 의식 있는 학생들을 선별해 비밀독서회를 만들었다. 흥미롭게도 현준혁은 대상에 따라 읽게 했던 책을 다르게 선정했다. 즉 학교 내 비밀독서회의 경우에는 《신흥교육》을 읽고 연구하는 모임으로 운영하게 했고, 학교 밖 비밀독서회는 마르크스와 레닌을 공부하는 연구반으로 가동했다. 그런데 시간이 흘러가면서 양자 간에 갈등과 반목이 생기자 현준혁은 1931년 5월에 두 조직을 해소해 하나의 독서회로 통합시켰다.[7]

현준혁이 이끌던 독서회는 책을 얼마나 많이 모았던지 검거되었을 적에 압수된 책이 큰 가방으로 3개가 필요했을 정도였다고 한다.[8] 자그마치 300~400원에 해당하는 가격이었다.[9] 당시 조선인 교직원의 월급이 약 50~60원이었으니까 웬만한 월급쟁이가 한 푼도 쓰지 않고 반년 이상을 모아야 하는 금액이었다. 주목해야 할 점은 "성문당誠文堂에서 발행하는 《사회과학 강좌》와 백양사白楊社에서 발행하는 모든 서적"을 현준혁의 돈으로 구매했다는 사실이다.[10] 이 두 출판사는 일본에 소재한 출판사였다. 1933년 11월에 간행된 《조선문·지나문 간행물 행정처분 색인》에는 두 출판사의 책들이 상당수 금지 도서로 지정되어 있었다.[11] 그런데 성문당의 책이 《사회과학 강좌》를 빼놓고 모두 풍기문란을 이유로 금서가 되었다면, 백양사가 발간한 책들은 치안유지법 위반으로 서른 권 넘게 금지 처분을 받았다는 차이가 있다. 그 이유는 무엇일까.

백양사의 책에서 눈에 띄는 건 레닌이라는 이름이다. 백양사는 러시아혁명을 이끈 레닌의 글을 모아 《1917년》과 《레닌 선집》이라는 책을 냈을 뿐만 아니라 《레닌의 반종교론》, 《레닌주의 연구 입문》, 《레닌주의의 제문제》 등의 볼셰비즘 연구서도 출간했다. 그 밖에도 《근대 일본 농민운동 발달사》, 《러시아공산당 소사》, 《프롤레타리아 일본 역사》 등 혁명사에 관한 책도 냈다. 일본공산당의 핵심 멤버인 사노 마사부(左野學, 1892~1953)는 백양사를 대표하는 저자였다. 그의 저술 목록은 상당수를 자랑하는데, 《러시아 사회사》(1925)와 《사회주의 잡고》(1927) 등의 책을 백양사에서 출간했다. 백양사가 기획한 스탈린·부하린 저작집에도 관여해 《10월혁명으로의 길》(1928)과 《세계 자본주의의 현단계》(1930) 등을 번역하기도 했다. 그 밖에도 백양사는 다양한 종류의 사회주의 서적을 발행했다. 백양사의 출간 목록을 볼 때, 현준혁과 그의 제자들은 일본의 볼셰비즘을 학습해나갔다고 볼 수 있다. 하지만 이들이 조직한 독서회는 결성한 지 1년 만인 1931년 11월에 발각되고 말았다. 이 일로 현준혁과 독서회 멤버들은 학교를 떠나야만 했다.

시기상 현준혁과 학생들은 《제국주의 치하에서의 조선의 교육상태》라는 책을 읽어봤을 가능성이 크다. 이 책은 《신흥교육》을 발간하고 있던 신흥교육연구소의 출판물이었고, 발행 시기도 발각되기 이전인 1931년 7월이었기 때문이다. 지은이는 도쿄에서 프롤레타리아 문학운동을 주도하고 있던 이북만이었다.

현준혁은 "시험 지옥의 사선을 넘어선" 경성제국대학 출신이었다.
비밀독서회 사건으로 감옥에 가기까지 그는 1~3기 생들을 대상으로 영어와
조선어를 가르쳤다. 증언에 따르면 수업 시간에 어디에서도 들을 수 없는 조선사를
이야기해주었다고 한다. 해방 이후 그는 평안남도 인민정치위원회 부위원장을 지냈다.
1945년 9월 3일 조만식과 함께 차를 타고 가다가 괴한으로부터 암살을 당한 비운의
혁명가이기도 하다. 1932년 3월 31일 자《중앙일보》에 실린 사진.

앞에서 살펴봤듯이 김구가 암살당하기 3개월여 전에 읽었던《이
조사회경제사연구》의 저자였다.《제국주의 치하에서의 조선의
교육상태》의 주요 내용은 마르크스주의 관점에서 본 일제의 식
민지 교육정책이었다. 교육 현장에서 벌어지고 있는 입학난 문
제를 조선총독부의 우민화 정책으로 분석했다. 팸플릿이다 보
니 분량은 많지 않으나 하나의 단행본으로 식민지 조선의 교육
현실을 다뤘다는 점에서 무척 의미가 있는 책이다. 발간되자마
자 판매 금지 처분을 받은 건 당연지사.

1기생들의 활동은 후배들에게 상당한 영향을 주었던 모양이다. 주로 3기생들을 중심으로 비밀독서회가 다시 꾸려졌기 때문이다. 이들의 책 읽기는 외연이 넓어지는 경향을 보였다. 도스토엡스키의《죄와 벌》(1866)과 톨스토이의《부활》, 그리고 빅토르 위고의《레 미제라블》(1862) 등 세계문학을 탐독했던 것이다. 또한 최남선이 쓴《조선 역사》(동명사, 1931)와 이선근(李瑄根, 1905~1983)이 집필한《조선 최근세사》(유성사서점, 1931)를 읽으며 학교에서 가르쳐주지 않는 한국사를 공부했다. 금기시된 사회주의를 알고 싶어서 일본어 책인《마르크스주의 강좌》를 구해 조심스럽게 돌려가며 읽기도 했다. 하지만 이들의 존재는 독서회 멤버인 이만술의 에스페란토 책이 기숙사 사감에게 걸리면서 발각되고 말았다.

사범학교 학생들은 반강제적으로 기숙사 생활을 해야 하는 경우가 많았다. 아이러니하게도 이 집단생활이 비밀결사를 조직할 수 있는 여건으로 작용했다.[12] 대구사범학교의 기숙사는 한 방에 학년별로 두세 명씩 모여 생활했는데, 이는 자연스럽게 윤독輪讀의 공간으로 이어졌기 때문이다. 한방에 거주하던 선후배들이 돌려가며 책을 읽었던 것이다. 이러한 윤독 문화는 사범학교에서 비밀독서회가 조직될 수 있었던 중요한 바탕을 이루었다. 나중에는 기수별로 윤독회가 만들어질 정도였다. 1940년 11월부터 1941년 2월 사이에 문예부, 연구회, 다혁당茶革黨이라는 비밀결사가 연이어 조직될 수 있었던 이유이기도 했다.

식민지 조선의 교원노조

사범학교 학생들은 5년간의 학교생활을 마친 후 보통학교 교사로서 일선 교육 현장에 배치되었다. 문제는 교육 현장에서 온갖 모순과 부조리들을 경험하면서 자괴감을 느껴야 하는 경우가 많았다는 데 있다. 경남 함안군에 있는 북공보통학교에 근무하면서 식민지 조선의 비참한 교육 현실을 직면한 김두영金斗榮의 경우가 그렇다. 무엇보다 그를 괴롭혔던 건 가난한 집의 학생들에게 수업료를 거두는 일이었다. 수업료를 제때 걷지 못하는 선생은 무능력하거나 불온한 교원으로 취급되기 일쑤였다. 수업료를 빨리 납입하는 학생에게는 상품을 주고 늦게 주는 학생에게는 질책하는 일이 다반사였다. 수업료를 징수하는 일이 선생의 본업인 양 여겨졌다. 김두영은 사제 사이가 마치 채권채무자 관계가 되는 것이 너무 힘들었다. 수업료를 내지 못하는 아이들이 학교에서 쫓겨나는 일이 매일 이어졌다. 어려운 집안 형편으로 학교를 다니지 못하는 아이들을 위해 야학을 개설할라치면 행정 당국은 아무런 설명 없이 문을 닫게 했다. 모든 게 부당했다. 김두영은 새로운 세상을 만들지 않고서는 교육 현장의 모순을 해결할 수 없겠다는 생각을 하기에 이르렀다.[13] 주변을 둘러보니 자신의 문제의식에 공감하는 동료 교사들이 있었다. 이들은 힘을 모으기 위해 1932년 7월 이후 여러 차례 모임을 가졌다. 주로 '아동 적화교육'의 순서와 방법 등에 관해 연구했다. 일종의 교육 연구 모임을 한 셈이다.

김두영과 함께 뜻을 모은 동료 교사들은 대부분 진주사범학교 동창이었다. 사실 이들은 재학 시절부터 독서회를 통해 책을 읽고 사상을 공유했던 사이였다. 김두영의 1년 후배인 신영갑辛泳甲의 증언에 따르면, 독서회 멤버들은 주로 가와카미 하지메가 쓴《가난 이야기》와 일본공산당 기관지인《적기赤旗》를 읽었다고 한다.[14] 졸업 후 이들은 창녕, 부산, 김해 등 경남 지역에서 근무했기 때문에 모이기가 수월했다. 이들은 교육자도 노동자이므로 교육 노동자를 위한 노동조합이 필요하다는 데 의견을 모았다. 그 결과 1932년 10월 마산에 모여 프롤레타리아 교육운동을 감행할 조직체를 만들기로 했다. 이때 이들은 일본의 좌익 서적을 윤독하기로 했다.[15] 그게 바로 1933년 3월에 조직된 '교육노동자협의회'였다.

이들이 교원노조라는 아이디어를 떠올릴 수 있었던 건《신흥교육》의 영향이 컸다. 신흥교육연구소의 창립자인 야마시타 토쿠지(山下德治, 1892~1965)는《신흥교육》창간호에 교육자의 정치적 실천이 교육 노동자의 단결에 의한 조합운동으로 이어져야 한다고 주장했다. 사실《신흥교육》이 미친 영향 중 하나는 '교육자도 노동자다'라는 인식을 심어주었다는 데 있다.

교육노동자협의회가 동료를 모으는 방식은 조금 독특했다. 일본에서 책을 사들여 포섭 대상자에게 익명으로 보낸 후 책의 내용에 동조할 것 같으면 비로소 접근하는 방식을 취했다.[16] 물론 이런 방식이 항상 성공했던 건 아니다. 누군가는 사범학교 시절부터 봐온 가닥이 있었기 때문에 익명으로 책을 보낸 이가 누군지 눈치채는 경우가 더러 있었기 때문이다. 운이 나쁘면 조직이 노출될 수 있는 상황이었다.

일제의 비밀문건에 따르면 교육노동자협의회는 35개의 행동강령을 제정했다. 내용을 자세히 살펴보면 이들의 교육운동은 크게 두 가지 방향으로 전개되었음을 알 수 있다. 하나는 '교육 노동자의 강제출금제도 폐지'와 '조선인과 일본인의 월급 차별 철폐', 그리고 '진보적 교육 노동자의 해고 절대 반대'에서 알 수 있듯이 조선인 교원의 권익을 지키고 노동조건을 개선하는 일이었다. 다른 하나는 '조선인 본위의 교육제도 실시', '교내의 일본어 사용 반대', '조선어 사용의 완전한 자유', '조선 역사 및 지리 수업의 자유', '아동의 혁명성 조장' 등 교육 현장의 모순을 타파하는 일이었다.

　　실제로 교육노동자협의회 멤버들은 수업 시간에 교과서를 이용해 학생들에게 비판적 의식을 심어주는 교육을 시행했다. 당시 교원들은 수업지도안을 작성해 교장에게 검사를 받고 수업지도안대로 가르쳐야 했다. 하지만 이들은 수업지도안을 교장에게 제출한 후 교과서와 반대되는 내용을 가르쳤다. 가령 교육노동자협의회 멤버들은 '은행'을 빌린 돈을 갚지 못한 농민의 땅을 빼앗는 착취자로 가르쳤다.[17] 자본주의 사회를 합리화하는 교과서와는 전혀 다른 이야기였다. 정해져 있는 교과서를 사용하되 사회주의적 관점으로 재해석해 가르치는 방식이었다. 주목할 점은 교육노동자협의회가 노동자의 계급의식을 고취하는 활동에도 관심을 기울였다는 사실이다. 1933년 1월 김두영은 인쇄업자, 미곡 상인, 자동차 운전수 등과 만나 산업별 노동조합을 조직하는 일에 의견을 모았다. 그해 4월에는 교육노동자협의회 멤버인 김경출이 동료들과 함께《제사공장製絲工場》이라는 팸플

릿을 부산과 창원 지역 공장 노동자에게 배포했다.[18]

글쓰기와 노래

독서가 이어지다 보면 남의 책을 읽는 데 만족하기가 어려울 때
가 있다. 흰 종이 위에 자기의 생각을 펼쳐 보이고 싶은 욕망이
꿈틀거린다. 자꾸 읽고 생각을 하니 할 말이 생긴 것이다. 글쓰
기는 자신의 언어를 끄집어내는 행위이다. 자기의 언어를 갖는
다는 건 삶을 되짚고 성찰하고 돌파해가는 데 중요한 원동력이
된다. 그래서 비밀독서회 중에는 멤버들의 글을 수록한 기관지
를 등사기로 발행하는 경우가 있었다. 요즘으로 치면 일종의 독
립 출판물을 간행한 셈이다. 이들에게 글쓰기는 독서의 연장이
었다. 이들은 자신들이 처한 현실을 글로 하나하나 풀어가면서
상황을 객관화할 수 있었고 무엇이 문제인지를 인지할 수 있었
다. 식민지 조선에서 겪는 모순과 억압을 글로 뚫으려고 애쓴 것
이다.

　1932년 2월에 결성된 평양사범학교 독서회는 자체적으로 팸
플릿을 제작했다. 앞에서 살펴본 평양사범학교 독서회(모플 활동
을 했던)와는 다른 조직이었다. 이들은 사회주의 서적뿐만 아니
라 핵심 멤버인 우종식(禹鍾植, 1913~?)이 쓴 글을 함께 읽고 이야
기를 나누었다. 그렇다면 우종식은 어떤 글을 썼을까. 기록에 따
르면 그는 〈자본주의 발전과 몰락〉, 〈학교와 공산주의〉, 〈우리의
붉은 무기〉, 〈부르주아 교육의 사회적 근거〉, 〈왜 프롤레타리아

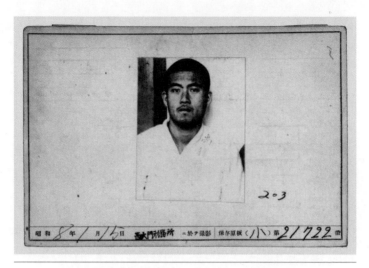

1933년 1월 15일 서대문형무소에서 촬영한 우종식의 모습.
그는 평양사범학교 비밀독서회 사건으로 옥고를 치렀다. 그의 예심은 1년 이상 걸려서
1934년 12월에 가서야 징역 2년 6개월을 선고받았다. 석방 이후의 행적에 대해서는
알려져 있지 않다. (사진 출처: 국사편찬위원회)

에게 에스페란토는 필요한가〉,〈독일의 프롤레타리아는 이렇게 생각한다〉,〈의식적 학생의 투쟁 방침에 관한 근본적 태도〉,〈광주학생 사건 제4주년 기념에 제하여〉 등의 글을 썼다고 한다.[19] 그리고 11월에는 외연을 확장해서 '조선공청학생회'라는 사상 단체를 만들었다. 멤버들은 여러 차례 모여 각종 책과 인쇄물을 읽고 생각을 나누었다. 이때는 모든 멤버가 쓴 글을 모아 기관지 《적군赤軍》에 수록했다.

대구사범학교 8기생들도 삶이 굳고 말이 엉킬 때 글을 썼다. 1936년에 입학한 이들은 마지막 학년을 앞두고 《반딧불》이라는 문집을 냈다. 즉 1940년 1월에 박효준과 이태길 등이 김영기 선

생의 지도하에《반딧불》을 발간한 것이다. 이들은 주로 시와 수 필 등의 형식으로 식민지 조선의 궁핍한 현실과 비애를 표현했 으며, 은유를 통해서 저항의식을 나타냈다. 당시 조선인들은 '황 국신민'이라는 정체성을 강요받고 있었다. 대구사범학교 생도 들은 글쓰기를 통해 삶을 주체적으로 살아내려고 했다.

《반딧불》발간을 성공적으로 마친 8기생들은 후배들과 함께 '문예부'라는 비밀결사를 만들었다. 1940년 11월에 8기생과 9기 생, 그리고 10기생이 한자리에 모여 토요일마다 각자 쓴 글을 서 로 비평하는 모임을 가지기로 했던 것이다. 이들은 자신들의 글 을 기관지《학생》에 수록해 대구사범학교 학생들에게 배포했다 고 한다. 현재 그 글들은 문예부가 검거될 적에 모두 압수되어 전해지지 않고 있다.

글쓰기는 학생들의 비판적 의식을 키우는 데도 효과적인 교육 방법이었다. 교육노동자협의회 멤버들은 작문 시간을 활 용해 아이들이 비판적 의식을 갖게끔 지도했다.[20] 충북 보은군 에 위치한 삼승보통학교 교사로 근무하고 있던 박인섭(朴仁燮, 1909~?)도 마찬가지였다. 사범학교에 다닐 때부터 사회주의 서 적을 탐독하던 그는《신흥교육》구독자 중 한 명이었다. 그는 학 교 교사로서 아이들에게 주체적인 삶의 가능성을 가르치고 싶 어 했던 것 같다. 그도 작문 시간을 활용해 아이들에게 비판적 글쓰기를 가르쳤다. 박인섭은 학생들이 제출한 글 중에서 식민 지 조선의 부조리를 가장 잘 표현한 글을 골라 최고 높은 점수를 주었고 이 글을 학생들이 돌려 읽도록 했다.

아이의 눈높이에서 저항의식을 심어주는 데 노래만 한 방법

1932년 11월 12일 치안유지법 위반으로 서대문형무소에 수감된 박인섭의 모습.
(사진 출처: 국사편찬위원회)

도 없었다. 조선어로 된 동요는 그 자체로 저항적 운동가요와 같은 성격을 지니고 있기 때문이다. 박인섭은 음악이 갖는 힘을 잘 알았던 모양이다. 《신소년》이라는 잡지를 학생들에게 배포해 읽게 했고, 조선어 시간에 《신소년》에서 발췌한 '불온 창가'를 학생들에게 가르쳤다. 여기서 말하는 '불온 창가'란 프롤레타리아 동요를 가리킨다. 당시 《신소년》과 《별나라》라는 아동문학 잡지를 중심으로 식민지 조선의 부조리를 폭로하고 계급투쟁 의식을 고취하는 동요가 발표되고 있었다. 이를테면 생계를 연명하기 위해 흩어진 가족들, 이산의 아픔, 배움의 기회를 잃어버린 아이들의 상실감 등을 노래로 담았던 것이다. 주목할 점은 박인섭이 신흥교육연구소를 통해 일본의 프롤레타리아 동요집을

박인섭이 신흥교육연구소에서 구한 프롤레타리아 동요집 중 하나인 《적기》의 표지다.
1930년 5월에 홍옥당서점紅玉堂書店이 출간한 책이다. 표지에 일본어와 조선어를
함께 표기하고 있다는 점이 특징적이다. (사진 출처: 일본 국회도서관)

구했다는 사실이다. 기록에 따르면 그는 1932년 4월 초순경에
《적기赤い旗》와 《작은 동지小さい同志》라는 프롤레타리아 동요집
을 주문했다고 한다. 이 책들은 일본의 프롤레타리아 아동문학
이론가이자 아동문학가인 마키모토 쿠스로(槇本楠郎, 1898~1959)
가 작업한 결과물이었다.

이런 점에서 박인섭은 1931년 3월 중앙인서관中央印書館이 발
간한 《불별》을 읽었을 가능성이 있다. 이 책은 일제강점기에 출
간된 '국내 유일의 프롤레타리아 동요집'이었다. 여기에는 월사
금을 내지 못해 학교를 그만둬야 하는 아이의 심정을 노래한 〈퇴

학〉, 야학교에 가서 열심히 배워 유산계급에 맞서 투쟁할 것을 다짐하는 〈야학 노래〉, 착취를 일삼고 탐욕을 채우는 데 급급한 유산계급을 각각 모기와 돼지로 풍자한 〈모긔〉와 〈도야지〉 등이 수록되어 있었다. 이 책은 일본의 프롤레타리아 동요집인《작은 동지》와 비교할 때 퇴학과 야학을 주요 소재로 다룬 특징이 있 다.[21] 아이들에게 프롤레타리아 동요를 가르쳤던 박인섭이었으 니 이 책을 모를 리가 없었을 것이다.

박인섭의 사례처럼 아이들에게 저항 노래를 가르치려는 움 직임은 상당했던 걸로 보인다. 예를 들어, 전남 고흥의 과역보통 학교에서 근무하고 있던 장종국張宗局도 아이들에게 '불온 창가' 를 가르치다 검거된 적이 있었다.[22] 안신영安信永이라는 인물은 1932~1933년에 공주 영명학교에서 교편을 잡고 있을 때 '공주 산성'에 관한 노래를 등사해 학생들에게 배부한 일이 있었다.[23] 대구사범학교 6기생들은 여름방학 때 각자가 조사한 민요, 동 요, 동시, 고시조 등을 엮어 등사기로《민요집》을 발간했다. 이 책은 노래를 교육운동의 중요 수단으로 여겼던 사범학교 학생 들의 인식을 잘 보여준다. 6기생 멤버인 서복균이 이《민요집》 을 야학 교재로 사용하다가 적발되는 바람에 비밀 출판물의 존 재가 알려져버렸다.

이와 더불어 박인섭은 1920~1930년대 일본에서 유행했던 가미시바이紙芝居라는 종이연극을 신흥교육연구소에 요청하여 배우기도 했다. 가미시바이는 처음에 엿을 팔기 위한 호객 수단 으로 만들어졌으나 점차 교육과 선전을 목적으로 한 프로파간 다로 주목을 받았다. 가미시바이는 그림을 보여주며 해설을 하

는 방식으로 이루어졌기 때문에 신문이나 잡지보다 이해하기
쉬운 매체였다. 따라서 활자 매체를 접할 기회가 적은 어린이를
대상으로 계몽하는 데 적당했다.[24]

박인섭의 활동에서 가장 시선을 끄는 부분은 자치회의 조직
과 활동이다. 그는 학년별로 4명의 대표를 뽑아 학년회를 만든
후 자치회를 꾸렸다. 그러고는 매주 토요일마다 모이게 해서 공
동의 문제에 대해 이야기를 나누게 했다. 그 결과 박인섭의 지도
를 받았던 학생들은 1932년 7월에 수업료 감액을 요구하는 동맹
휴학을 전개했다. 흥미로운 점은 이들의 동맹휴학이 반전운동
의 성격을 띠었다는 사실이다. 학생들은 국기 게양과 비행기 헌
금에 반대하는 목소리를 높였다.

일제는 식민지 조선의 수재들을 일선 보통학교에 배치해 황
국신민화 교육을 실천하는 교사로 만들려고 했다. 이런 식민 교
육에 동조했던 교직원이 상당수 있었지만, 의도와 달리 체제에
균열을 가하는 교육자들도 존재했다. 이들의 저항은 복합적이
었다. 높은 경쟁률을 뚫고 들어왔지만 대학에 가지 못하고 평생
보통학교 교사로 보내야 한다는 좌절감, 황민화 교육에 협조해
야 한다는 죄책감 등이 얽히고설킨 결과였다. 즉 이들의 저항에
는 민족운동으로만 환원할 수 없는 식민지 청년의 울분이 깃들
어 있었다. 그 동기는 주로 무리한 수업료 징수, 조선어 사용 금
지, 민족 간 임금차별, 교원정책의 불합리성이었다. 이들의 울분
과 저항에는 식민지 교육정책이 갖고 있던 자기모순이 드러나
있었다.

11장

한글을 빼앗긴 세대의 책 읽기

조선어가 사라지던 날

식민지 교육정책의 역사는 그야말로 한글의 수난 역사와도 같았다. 언어라는 게 하나의 공동체를 형성하는 데 필수 불가결한 요소인 만큼, 일제는 일본어 보급을 확대하고 조선어 수업을 없애버리는 방향으로 교육정책을 세워갔다. 보통 1920년대 식민지배의 기조를 문화통치로 말하지만, 학교에서 이루어지던 조선어 수업의 비중은 1910년대에 비해 낮아졌다. 거기다 1930년대 후반에 이르러서는 정규과목인 조선어를 수의과목隨意科目으로 채택했다. 수의과목이란 학생들에게 가르쳐도 좋고 안 가르쳐도 좋은 과목을 말한다. 일종의 선택과목인 셈이다. 이때부터 조선어 수업은 하나둘 사라지기 시작했다. 일제가 조선인이라는 존재 자체를 지우는 정책의 하나로 추진한 일이었다.

한글이 사라지던 날의 광경은 어떠했을까. 해방 후 한글의 뿌리를 찾는 데 평생을 바쳤던 국어학자 이기문(李基文, 1930~2020)은 평소 매우 엄격했던 담임 선생님의 이상한 분위기를 기억하고 있었다. 그날은 숙제를 해오지 않은 친구들을 나무라지 않은 채 두어 시간 남짓 조선어로 편지 쓰는 법과 시조를 몇 수 가르쳤다. 그러더니 나직하게 떨리는 목소리로 "이것으로 조선어는 마지막이다"라고 하면서 눈물을 흘렸다. 이내 교실은 울음바다가 되어버렸다.[1] 그가 소학교 4학년 때 맞은 한글로 이루어진 마지막 수업 시간이었다.

가장 큰 이유는 전쟁이었다. 만주사변(1931.9)과 중일전쟁(1937.7), 그리고 태평양전쟁(1941.12)을 일으킨 일제로서는 조선

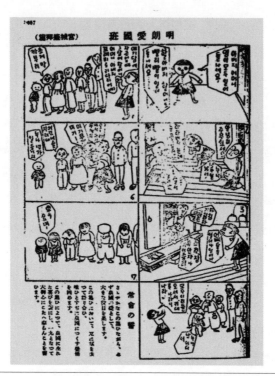

1941년 6월호 《조광朝光》에 실린 만화. 〈명랑애국반明朗愛國班〉이라는 제목에 '요배통성궁遙拜通城宮'이라는 부제가 달려 있다. 전체 줄거리는 주인공인 어린 소녀가 이른 아침에 가족들을 모두 깨운 후 줄을 세워 천황을 향해 절을 하는 것이다. 노골적으로 동방요배(천황이 살고 있는 동쪽을 향해 절하는 의식)를 선전하고 있음을 알 수 있다.

인을 군인으로 만들어 전장에 보내야 했다. 문제는 이들에게 총을 쥐여주어야 하는 딜레마였다. 철저한 정신교육을 시키지 않으면 언제 어디에서 자신들에게 총을 겨눌지 모르는 일이었다. 거기다 긴박하게 돌아가는 전장에서 명령을 내리려면 조선인 병사들이 일본어를 알아들어야 했다. 전쟁을 계속 치르기 위해서는 조선인을 완벽한 일본인으로 만들어야 했다. 학교 수업에서 한글이 사라진 근본 원인은 전쟁 때문이었던 것이다.

어른들의 욕심과 타락에 가장 큰 피해를 본 건 아이들이었다. 1930년대 중후반에서 1940년대 초반에 걸쳐 중등교육 과정을 이수한(그러니까 청소년기를 보낸) 이들이 제일 큰 피해자였다. 이들은 학교에서 교련조회, 신사참배, 동방요배東方遙拜, 국기게양식, 시국강화, 황국신민체조 등의 의식을 강요받으며 철저하게 일본인이 되기를 교육받은 세대였다. 특히 이들의 언어생활은 매우 이중적이었다. 때와 장소, 상대와 주위의 시선, 대화 내용에 따라 언어를 선택해야 하는 경우가 많았다.[2] 권력이 일상의 영역까지 침투해 간섭하던 시기였다. 학교 밖에서 친구들과 이야기할 때도 말을 가려 써야 했다. 학교에서 자신도 모르게 조선어를 사용했다간 가혹한 체벌을 받아야 했다. 학교 당국은 일본어 강조 주간을 설정하고, 우수 학생에게 '국어상'을 수여함으로써 일본어 사용을 과시하는 분위기를 조장했다. 학생들에게는 친구들이 조선어를 사용하지 않는지 감시하게끔 여러 수단을 동원했다. 그야말로 언어를 빼앗겨버린 세대였다고 할 수 있다.

이런 상황에서 조선어로 작성된 책을 읽는다는 건 그 자체가 '불온'이자 '저항'이었다. 당사자가 그럴 의도가 없었다고 해도 일제는 한글 책을 읽는 걸 반역행위로 간주했다. 1938년 10월에 발각된 상록회常祿會는 한글을 빼앗겨버린 세대의 책 읽기를 잘 보여준다. 이 사건으로 조사를 받은 피의자만 38명이었다. 춘천중학교 학생들이 대부분이었으나 금융조합 서기, 교직원, 농민, 우편국 사무원 등 일반인들도 적지 않았다. 상록회가 발각될 즈음 창립 멤버들이 사회생활을 하고 있었던 탓이다.

〈표〉 상록회가 소유한 책들

번호	책명	저자명	장르	비고
1	봉화	윤백남	역사소설	조규석 서적계가 구입
2	흑두건	윤백남	역사소설	〃
3	젊은 그들	김동인	역사소설	〃
4	청년 김옥균	김기진	역사소설	〃
5	마의태자	이광수	역사소설	〃
6	단종애사	이광수	역사소설	〃
7	인생의 향기	이광수	수필집	〃
8	조선의 현재와 장래	이광수	사상서	〃
9	무정	이광수	통속소설	〃
10	마도의 향불	방인근	통속소설	〃
11	조선 역사	최남선	역사서	〃
12	하얼빈 역두의 총성	번역	희곡	기증받은 책
13	*조선의 현재와 장래	이광수	사상서	〃
14	약소 민족운동의 전망	이여성	역사서	〃
15	영원의 무정	노자영	소설	〃
16	흙	이광수	농촌소설	〃
17	이차돈의 死	이광수	역사소설	이찬우 소유
18	사명당 실기	백남신	역사소설	이찬우 서적계가 구입
19	혼	정마부	항일소설	〃
20	고향 上	이기영	농촌소설	〃
21	고향 下	이기영	농촌소설	〃
22	*영원의 무정	노자영	소설	
23	표박의 비탄	노자영	소설	〃
24	노산 시조집	이은상	역사서	〃
25	조선 영웅전	장도빈	역사서	〃
26	조선 위인전	장도빈	역사서	〃
27	*약소 민족운동의 전망	이여성	역사서	〃
28	농촌협동조합과 조직법	홍병선	농촌 서적	〃
29	세계 일류 사상가 논문집	최연택	사상서	〃

*중복되는 책

상록회의 창립은 하나의 쪽지에서 비롯되었다. 1937년 2월 어느 날 문세현(文世鉉, 1919~1945)이 이찬우(李燦雨, 1918~1983)에게 조선어 사용 금지에 대한 불만을 적은 쪽지를 보내면서 비밀 결사를 만들기 위한 모임이 꾸려졌다.[3] 그렇게 해서 1937년 3월에 상록회가 꾸려졌다. 결성 당시에는 조직 구성이 선전부와 서적부로 이루어져 있었지만, 이내 곧 서적부의 기능을 강화하여 독서 활동에 주력했다. 멤버들은 매달 80전을 회비로 납입하고, 이 비용으로 '민족주의 색채가 짙은 책'을 구입해 윤독하기로 했다.[4] 한 달에 최소 2권 이상의 책을 읽어야 하는 규칙도 제정했다. 정기모임 때는 돌아가면서 자신이 읽었던 책에 대한 소감이나 생각을 나누었다.

공동으로 구입한 책을 관리할 누군가가 필요했다. 이를 위해서 상록회는 '서적계'라는 걸 따로 만들었다. 상록회가 비밀독서회인 만큼, 서적계는 조직을 이끄는 핵심 멤버가 맡았다. 모든 멤버들은 서적계를 통해 책을 빌려 윤독했다. 서적계를 거치지 않고 다른 멤버에게 책을 반납하거나 빌려주는 건 원칙상 금지였다. 윤독 기간은 정해져 있지 않았지만, 서적계에 책을 돌려줄 때 감상문을 첨부해야 했다(실질적으로는 잘 지켜지지 않았다고 한다). 서적계는 책을 분실하거나 훼손한 멤버에게 책임을 묻는 일도 맡았다.[5] 그야말로 서적계는 "독서회 활동의 중추 기관이면서 가장 중요한 직책"이었다.[6] 1937년에는 조규석(曺圭奭, 1918~1963)과 이찬우가 서적계를 맡았고, 1938년에는 신기철(申琦澈, 1922~2003)이 서적계로 활동했다.

책 구매도 서적계가 해야 하는 일이었다. 1대 서적계인 조규석은 춘천읍 본정일정목本町一丁目(현 중앙로)에 위치한 북성당 서점에서 책을 샀다고 진술했다. 그는 1937년 6월에 탈퇴하기까지 11권의 책을 구입했고 5권의 책을 기증받았다. 2대 서적계인 이찬우는 1937년 6월부터 9월까지 13권의 책을 구입했다. 흥미로운 점은 상록회가 구입한 책들이 대부분 소설책이라는 사실이다. 주로 사회주의 서적을 읽어온 여타의 독서회와는 다른 부분이다. 사회주의 서적을 읽기 위해서는 일본어가 요구되는 경우가 많지만, 소설책은 한글을 아는 것만으로도 충분했다. 조선어 사용이 금지된 상황에서 한글 소설을 구해 읽는다는 그 자체만으로도 학생들에게는 관심의 대상이었다.[7]

〈표〉를 보면 상록회는 25종 29권의 책을 소유하고 있었음을 알 수 있다. 1937년 4월 10일에 가입한 이풍섭도 상록회가 대략 30권 정도의 책을 보유했다고 진술했다.[8] 저자별로는 윤백남 2권(역사소설 2), 김동인 1권(역사소설 2), 김기진 1권(역사소설 1), 최남선 1권(역사서 1), 방인근 1권(통속소설 1), 이여성 1권(역사서 1), 백남신 1권(역사소설 1), 정마부 1권(항일소설 1), 이기영 1권(농촌소설 1), 노자영 2권(통속소설 2), 이은상 1권(역사서 1), 장도빈 2권(역사서 2), 홍병선 1권(농촌 서적 1), 최연택 1권(사상서 1), 그리고 이광수 8권 (역사소설 3, 수필집 1, 사상서 1, 통속소설 2, 농촌소설 1)으로 이루어졌다. 압도적으로 이광수의 책이 많다는 걸 알 수 있다.

혁명을 꿈꾼 독서가들

이상촌을 꿈꾼 이들의 책 읽기

현재 남아 있는 재판 기록은 피의자와 수사기관 간의 밀고 당기는 진실과 거짓의 싸움 기록이다.[9] 신문 과정에서 수사관은 "피의자는 사상에 관하여 어떤 책을 읽었는가"라는 질문을 던지며 책을 읽은 소감을 집중적으로 추궁했다. 팽팽한 줄다리기가 이루어졌다. 이에 대해 가감 없이 독후감을 이야기하는 경우도 있었지만, 진술을 회피하는 사람도 있었다. 당연했다. 흥미로운 기록은 민족주의적 색채가 가장 많다고 판단되는 책에 대한 독후감이다. 상록회 멤버들은 각각의 책을 언급하면서 어떤 내용이 민족주의적이었는가를 독자 입장에서 이야기했다.[10] 일단,《흙》과《상록수》가 민족주의적 문학 텍스트로 제일 많이 거론되었다.[11] 상록회라는 명칭 자체도 작가 심훈이 쓴《상록수》(한성도서, 1936)에서 가져왔다. 이광수의《흙》(한성도서, 1933)도 상록회 멤버들이 주요하게 읽었던 소설이었다.

　그런데《흙》과《상록수》는《동아일보》가 주도한 브나로드운동의 맥락에서 이해할 필요가 있다. 브나로드운동이란《동아일보》가 창간 10주년을 맞아 1931년부터 실시한 농촌계몽운동을 말한다. 이 두 작품은《동아일보》에 연재된 글을 묶어 책으로 낸 것인데,《흙》의 연재 시기(1932.4~1933.7)는 브나로드운동의 열기가 뜨거웠던 시기와 겹쳤다. 반대로《상록수》의 연재(1935.9~1936.2) 시기는 브나로드운동이 끝날 때쯤에 이루어졌다. 브나로드운동의 시작과 끝에 이 작품들이 있는 건 결코 우연이 아니다. 한마디로《흙》과《상록수》는 브나로드운동의 문학적 산물이라고 할 수 있다. 사실이 두 소설은 농촌소설로 분류되고 있지만, 농민이 아니라 농민을 계몽하는 지식인 청년들을 주인공으로 삼고 있다는 점에서 '농촌계몽소설'로 보는 게 더 타당할 듯싶다.

예상은 적중했다. 농촌을 계몽시키겠다는 의지가 강하게 반영된 《흙》과 《상록수》는 당시 청년학생들에게 큰 반향을 불러일으켰다. 《흙》은 변호사 시험에 합격한 허숭이 온갖 음모와 방해를 무릅쓰고 고향에서 농촌계몽운동을 이끈다는 내용을 담고 있다. 주인공의 고향 살여울은 야만과 미개의 상태에서 문명과 계몽

1932년 7월 17일 자 《동아일보》에 실린 브나로드운동 포스터. '브나로드'란 '민중 속으로'라는 뜻의 러시아어이다.

의 상태로 바뀌어야 할 곳이라는 점에서 식민지 조선을 상징하는 공간이었다. 《상록수》는 박동혁과 채영신이라는 두 청년이 농촌계몽운동에 뛰어들어 헌신적으로 봉사하면서 겪게 되는 이야기다. 특히 여자 주인공 채영신의 희생은 수많은 독자들을 감동시켰다. 물론 농촌계몽소설의 연애 서사도 한몫을 했다. 《흙》은 허숭을 둘러싸고 벌어지는 정선과 유순의 삼각관계가 내용

혁명을 꿈꾼 독서가들

의 한 축을 차지했고,《상록수》는 박동혁과 채영신의 낭만적 연애를 다루었다. 아무래도 신문에 연재되다 보니 대중성과 통속성을 가미할 필요가 있었기 때문이다.

식민지 조선의 산업구조는 철저하게 농업 중심이었고, 전체 인구의 80퍼센트 이상이 농민이었다. 일제의 식민지 수탈정책이 가장 노골적으로 자행된 곳도 농촌이었다. 거기다 1930년대는 세계 대공황과 농업 공황으로 인해 많은 농민들이 몰락하고 있던 시기였다. 그 당시 사회운동이란 농민운동을 의미한다고 해도 과언이 아니다. 이러한 상황에서《흙》과《상록수》를 읽고 갖게 되는 민족의식이란 열정 내지 도덕적 분노에 가까웠다. 식민지 조선에서 민족주의는 하나의 사상으로 정립되었다기보다 감정의 형태로 존재했기 때문이다.[12] 1937년 7월 17일에 열린 제3회 상록회 월례회에서 남궁태가 "우리 민족이 살아갈 길은 상공업에서 막혀 있으니 우리 조선 청년은 모두 귀농해야 한다"라고 말하면서 '절규'한 까닭이다. 다른 사례이긴 하지만, 1941년에 경성 양정중학교 학생 서주원이 친구 신형균과 함께《흙》을 읽고 농촌의 어려움에 '분통'을 느끼고 동급생들을 규합하여 비밀결사를 만든 맥락이기도 하다.[13]

계몽의 주체로 자각하다

식민체제의 가장 주되고 광범위한 폭력은 식민지민으로 하여금 '지금 이 현실에 존재하는 나는 누구인가'라는 정체성에 혼란을 주었다는 것이다.[14] 조선어 사용 금지를 강요당하는 현실은 자신의 정체성에 혼란을 느끼게 만들기에 충분했다. 끊임없이 정체성 위기에 시달려야 했던 식민지 조선의 청춘들이었다. 그런데 상록회의 책 읽기는 정체성의 혼란을 극복하고 자신이 누구인지를 찾기 위한 측면이 강했다. 책을 읽는 독자는 텍스트를 매개로 자기의 삶을 해석한다. 중요한 점은 텍스트를 매개로 한 자기 해석이 개인의 정체성 확립과 불가분의 관계를 맺는다는 사실이다.

정체성 형성에 미치는 이야기의 힘은 막강하다. 이야기는 크게 사실적 이야기인 논픽션과 허구적 이야기인 픽션으로 구분할 수 있다. 이 가운데 허구적 이야기에 담긴 가능성의 세계는 독자에게 새로운 삶의 지평을 열어준다. 한 이야기에 담겨 있는 내용은 과거의 실패나 현실의 고통에 상상력을 가미하여 성공 가능한 새로운 삶으로 재구성하기 때문이다. 문학이 가진 힘은 바로 여기에 있다. 농촌의 몰락이 이루어지고 있는 상황에서 《흙》과 《상록수》는 새로운 세상에 대한 상상력을 제공했다. 《흙》의 주요 무대인 살여울과 《상록수》의 배경인 청석골은 저자의 유토피아적 상상력이 투영된 공간이었다. 특히 《흙》은 1910년에 오산학교의 교직원을 지내면서 용동마을을 중심으로 한 이상촌운동을 겪은 저자의 경험이 반영된 작품이다. 생전에 그는 이상촌운동을 민족(개조)운동의 가장 유효한 방법으로 인식했다.[15]

여기서 《흙》과 《상록수》는 '계몽의 주체'로 거듭나는 청년상을 묘사함으로써 식민지 조선의 청년들이 나아갈 길을 제시했다. 두 작품의 주인공들은 공의를 위해 사욕을 버리고 자신을 희생한 인물이었다. 피식민자로서 지배자와 동화할 것인지 아니면 거부할 것인지를 선택해야 하는 혼란스러운 상황에서 《흙》과 《상록수》는 새로운 정체성, 즉 계몽하는 주체를 선보였다. 상록회가 윤독한 책 중에 홍병선(洪秉璇, 1888~1967)의 《농촌협동조합과 조직법》(조선야소교회, 1930)이 있는 이유는 자기 자신을 농촌계몽운동의 역군으로 인식한 맥락에서 이해할 필요가 있다. 《흙》의 주인공 허숭은 농민들의 출자를 받아 협동조합을 만들어 경제적 자립도를 높이고자 했고, 《상록수》의 채영신은 교회당 건물을 빌려 여성협동조합을 운영했기 때문이다. 두 작품 모두 농촌을 살리기 위한 방법으로 협동조합운동을 다루고 있는데, 이 부분이 상록회 멤버들에게 시사하는 바가 컸던 것으로 보인다.

자신의 정체성을 계몽의 주체로 확립하는 데 결정적인 영향을 미친 책은 이광수의 《조선의 현재와 장래》(홍문당서점, 1923)였다. 이 책에 수록된 주요 내용은 이광수의 〈민족개조론〉에 있었다. 상록회의 모든 멤버가 '민족주의 색채가 짙은 책'으로 언급하는 책이다. 1937년 3월 9일에 창립 멤버들이 모여 《조선의 현재와 장래》에 나오는 〈민족개조론〉을 바탕으로 비밀결사를 만들기로 했다는 사실은 의미하는 바가 크다. 상록회 핵심 멤버이자 서적계인 이찬우는 동급생 성수경에게 조선인이 반드시 일독해야 할 책으로 《조선의 현재와 장래》를 추천할 정도였다.[16]

〈민족개조론〉은 이광수의 핵심 사상을 담고 있다. 1922년 《개벽》에 발표한 이 글에서 그는 조선의 민족적 성격과 기질이

이광수의 여러 글을 묶은 《조선의 현재와 장래》.
이 책에 조선의 민족성을 바꿔야 한다고 역설한 〈민족개조론〉이 실려 있다.
(사진 출처: 국립중앙박물관)

허위, 나태, 비사회성, 경제적 쇠약, 과학의 부진 등을 가져왔다
고 주장했다. 다만 이광수는 이런 문제들이 개조가 가능하므로
민족성을 바꾸는 노력이 필요하다고 역설했다. 민족의 쇠퇴 원
인을 '타락한 민족성'에서 찾고, 그 대안으로 '민족성의 도덕적
개조와 정신적 개조'를 제시한 이광수의 민족개조론은 일제의
지배 논리와 맞닿아 있었다. 일제는 식민 지배를 정당화하기 위
해 조선 민족이 열등하다는 논리를 내세웠기 때문이다. 우생학
을 동원해 조선 민족의 생물학적 열등성을 '과학적으로' 입증하
려고 했던 이유이기도 하다. 일제는 조선의 민족성에 결함이 많
으므로 자치보다 식민지가 어울린다고 주장함으로써 식민지 조

혁명을 꿈꾼 독서가들

선인이 스스로 열등함을 인정하고 제국의 지배에 순응하기를 바랐다. 이광수 읽기는 일제의 오리엔탈리즘 서사를 답습할 여지가 많았다.

그런데 상록회 멤버들은 이광수의 〈민족개조론〉을 읽고 하나의 가능성을 발견했던 것 같다. 책에서 독자가 해석하는 건 저자의 의도가 아니라 텍스트 자체가 드러내고 보여주는 세계이기 때문이다. 즉, 상록회 멤버인 이병주는《조선의 현재와 장래》를 읽고 "조선 민족에 갱생의 길이 있다고 확신"했고, 남익환은 "조선 청년에게 민족을 구제할 의무가 있다"는 생각을 가지게 됐다. 심지어 최기수는 "조선 자체를 구하는 것은 현 청년의 두 어깨에 있다"고 역설함으로써 "청년의 분기를 촉구"하는 책으로 독해하기도 했다. 자신의 힘으로 민족을 구제할 수 있겠다는 신념을 이광수의 책을 통해 갖게 된 것이다.

이들이 이광수 읽기를 통해 형성한 계몽 프로젝트는 이찬우가 관여한 오정경로회梧井敬老會를 통해 구현되었다. 오정경로회는 춘천시 신북면 천전리에 있는 오정촌의 청년들이 만든 단체였다. 회장은 이광우, 부회장은 이인교, 관리자는 이종규였다. 표면적으로는 마을의 미풍양속을 단속하기 위한 모임에 불과했지만, 실질적으로는 농촌계몽과 독서 활동을 지향했다. 오정경로회와 상록회의 교류는 책을 통해 이루어졌다. 1938년 2월 이찬우는 17권의 책을 오정경로회에 보내 농촌문고를 만들었다. 이 책들은 상록회 소유의 책 11권과 본인이 갖고 있던 6권을 더한 것이었다. 역사소설과 농촌계몽소설뿐만 아니라《농민의 활로》,《농촌협동조합과 조직법》,《농촌사회사업》,《농촌의 낙원

정말丁抹》 등이 포함되어 있었다.

　문제는 계몽의 논리와 문법이 일제의 지배 논리를 추인할 수
있는 가능성을 내재하고 있었다는 점이다. 브나로드운동을 비
롯한 농촌계몽운동의 가장 큰 한계는 농촌이 피폐해진 원인을
농민 개개인의 자질과 역량으로 설명하는 데 있었다. 농촌의 빈
곤과 파탄은 농민 개개인의 무지와 나태에서 비롯되었으므로
근면과 노력으로 극복할 수 있다고 본 것이다. 요컨대, 농촌계몽
운동은 제도와 구조의 모순을 직시하지 못했고 '무지하고 미개
한 농민들'을 탓하는 데 급급했다. 1938년 10월에 열린 상록회
모임에서 최상기가 '조선 역사에서 본 조선인의 결점'이라는 주
제로 조선인에게 조로병, 당파투쟁, 이기적인 성질이 내재되어
있다고 연설한 이유이기도 하다.[17]

역사소설을 읽는다는 것

상록회는 농촌계몽소설과 함께 역사소설도 탐독했다. 이런 사
실은 상록회가 소유한 29권의 책 가운데 8권이 역사소설이었
다는 데서 알 수 있다. 거기다 나머지 책 중에는 6권의 역사서도
있었다. 절반에 가까운 책이 역사물이었던 셈이다. 역사에 관심
을 가지는 이유는 식민지로 전락한 조선의 과거를 반성하고, 자
신이 누구인지를 탐색하기 위해서다. 1937년 3월 14일 상록회
가 조직될 때 이찬우가 "조선의 독립을 기도하기 전에 과거의 강
한 조선 민족에 대하여 연구"하자고 이야기했듯이 말이다. 그

래서일까. 이찬우는 서적계로서 책을 구매할 때 장도빈(張道斌, 1888~1963)이 쓴《조선 영웅전》(고려관, 1925)과《조선 위인전》(고려관, 1925)을 구매했다.

역사소설 읽기는 1930년대 문학사와 긴밀하다. 역사소설은 1930년대에 신문사의 상업화 전략에 힘입어 독자들의 인기를 끌었기 때문이다.[18] 그래서 대부분의 역사소설은 신문 연재로 발표한 작품을 바탕으로 한다. 상록회가 읽었던 역사소설은 다음과 같다. 삼국시대를 배경으로 남녀 간의 사랑을 그린《봉화》(박문서관, 1936)와 무륜당이라는 도적단을 중심으로 인조반정을 다룬《흑두건》(삼문사, 1936)은 한국 최초의 시나리오 작가로 유명한 윤백남(尹白南, 1888~1954)이 쓴 역사소설이다. 그 밖에도 임오군란을 소재로 한 김동인의《젊은 그들》(삼문사, 1936)과 갑신정변을 다룬 김기진(金基鎭, 1903~1985)의《청년 김옥균》(한성도서, 1936), 그리고 임진왜란 때 승군을 통솔한 사명당의 일대기를 다룬 백남신의《사명당 실기》(영창서관, 1926)가 있었다. 이광수의 역사소설은 상록회 멤버들이 열광한 작품이었다. 특히 이광수가 쓴《마의 태자》(박문서관, 1928)와《단종애사》(회동서관, 1930), 그리고《이차돈의 사死》는 상록회 멤버들이 애독한 역사소설이었다.

이들의 역사소설 읽기는 두 가지 방식의 맞물림으로 이루어졌다. 첫 번째는 역사소설을 현실을 비추는 하나의 비유로 삼았다. 이병주는 윤백남의《흑두건》을 읽으며 "이 책의 주인공은 첩의 아들로 태어났기 때문에 사회의 냉대를 받아 분개하고, 모순된 사회를 개혁하려는 열의에 감격하는 동시에 조선을 시사하는 것 같은 느낌"이 들었다고 진술했다. 이풍섭은《청년 김옥균》

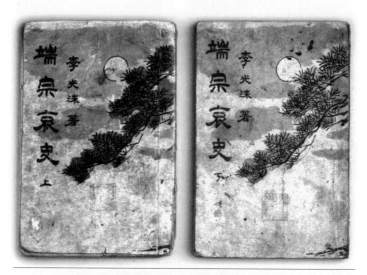

1950년 1월에 박문출판사가 발행한 《단종애사》의 표지.
춘원 이광수가 《동아일보》에 1928년 11월 30일부터 1929년 12월 1일까지
총 217회에 걸쳐 연재한 글을 묶은 책이다. 운보 김기창이 장정을 맡았다.
(사진 출처: 국립한글박물관)

을 읽고 "위로는 국왕부터 밑으로 한 백성에 이르기까지 일심동체가 되어 민족이 특히 어떤 곤경에 서더라도 일치단결하고 그 정신을 견고히 해야 한다고 느꼈"음과 함께 "외세의 원조를 받아서 일을 도모하는 것은 참으로 위험하다는 것을 깨달았다"는 독후감을 밝혔다.

두 번째는 민족주의적 맥락을 스스로 복원하면서 책을 읽는 방식이었다. 한국 근대문학에서 역사소설의 효시를 이룬 《마의태자》를 보자. 이 작품은 기본적으로 신라의 멸망을 배경으로 삼았기 때문에 "나라 잃은 슬픔을 표현해 당시 사람들의 심정에 부합"했다.[19] 그런데 이 작품은 제목과 달리 궁예가 실질적인 주

인공으로 등장한다. 후반부에만 마의태자가 등장할 뿐이다. 흥미롭게도 이 책에 대한 상록회 멤버들의 진술은 마의태자에 집중하고 있다. 가령 용환각은 "이 책을 읽고 이민족에게 통치되면서 그것에 반항하지 않는 현재의 조선인의 비굴한 마음에 비분강개"했던 심정을 밝혔다.[20] 이병주는 "마의태자가 다른 조정의 밥을 먹지 않고 금강산에 들어가 승려가 된 일을 서술했는데 슬픈 느낌"이 들었다고 진술했다.[21] 상록회 멤버들이 텍스트를 대할 때 민족주의적 맥락을 염두에 두면서 책을 읽었다는 사실을 알 수 있다.

중요한 점은 이광수가 민족개조론의 내용을 상당 부분 역사소설에 반영했다는 사실이다.[22] 예를 들어, 이광수는《단종애사》와《이순신》(대성서림, 1932)에 〈민족개조론〉에서 조선사의 폐단으로 주장했던 이기심, 당쟁, 사대주의적 태도에 대한 비판을 우회적으로 다루었다. 자신의 사상을 역사소설로 서사화한 셈이다. 그의 역사소설은 민족개조론을 통해 천명된 민족개량주의 노선의 타당성을 역사적으로 뒷받침하려는 의도에서 기획되었다고 할 수 있다. 즉 상록회 멤버들은 이광수의 역사소설을 읽으며 민족개조론의 논리를 내면화했고 계몽의 주체라는 정체성을 강화해갔다고 볼 수 있다.

무솔리니와 히틀러에 열광하다

민족을 지도하고 통솔할 수 있는 '영웅'의 출현은 식민지 조선을 살아가던 독자들이 몹시 갈망하던 문제였다. 인도의 간디와 네루, 중국의 쑨원과 장제스 등에 관한 전기물이 큰 인기를 얻었던 이유는 식민지 조선에 민족을 이끌어나갈 지도자가 없다는 패배의식에서 기인한다. 이러한 맥락에서 상록회 멤버들도 영웅을 이상적인 모델로 제시한 책들을 즐겨 읽었다. 가령, 이찬우는 안중근이 이토 히로부미를 저격한 사건을 다룬《하얼빈 역두의 총성》(삼중당서점, 1931)[23]을 읽고 민족주의자가 되었다고 진술했다.[24] 용환각은《청년 김옥균》을 읽고 "조선 독립을 위하여 노력한 김옥균을 숭배함과 동시에 나도 그렇게 조선 독립을 위하여 매진할 수 있는 인물이 되려고 생각했다"고 밝힌 바 있다.

흥미로운 사실은 식민지 조선인이 열광했던 영웅 가운데 무솔리니와 히틀러가 있었다는 점이다. 나치의 만행과 파시즘의 폐해를 알고 있는 우리가 볼 때는 선뜻 이해하기 어려운 부분이다. 이러한 경향은 이광수의 영웅론이 대중적으로 확산된 결과였다. 그는 무솔리니를 "큰 단결의 지도자로 전 민족의 숭앙을 받는 자"라고 칭송했으며, 히틀러를 독일의 새로운 역사를 써나갈 "젊은 독일의 기백"으로 평가했다.[25] 노골적으로 이탈리아의 파시즘을 배우고 싶다고 선언한 이광수는 1933년 6월에《동광총서》(동광사) 1권을 간행했다. 이 책은 이광수가 자신의 돈을 들여가며 추진한 기획물로, 파시즘에 대한 그의 관심이 어느 정도였는지를 엿볼 수 있다. 무엇보다 이 책에는 히틀러의 자서전인《나의 투쟁》이 부분적으로 번역되어 있었다. 최초로《나의 투쟁》이 한국어로 번역된 사례였다.

일본에서도 히틀러에 관한 책이 여러 차례에 걸쳐 출간되었다. 1930년대 초반에는 우생운동가인 이케다 시게노리(池田林儀, 1892~1966)가 《히틀러》(1933)라는 책을 냈고, 전기작가인 사와다 켄지(沢田謙, 1894~1969)가 《히틀러전》(1934)을 썼다. 1939년에는 히틀러의 어록을 모은 《히틀러 어록》이 간행되었다. 히틀러 자서전인 《나의 투쟁》은 1932년에 일본어로 번역된 바 있고, 1941년에 《히틀러의 나의 투쟁》으로 다시 번역되어 나왔다. 이 책들이 식민지 조선에 유통되었을 가능성이 크다.

당시 무솔리니와 히틀러는 일제가 허용하는 범위 내에서 손쉽게 접할 수 있는 위인이었다. 히틀러와 무솔리니에 관한 소식은 신문을 통해 쉽게 알 수 있었기 때문이다. 영웅을 갈망하던 식민지 조선의 독자들에게 무솔리니와 히틀러는 자민족을 규합하여 강대한 국가를 만들어나간 인물로 비쳤다.[26] 이 점이 식민지 조선인의 마음을 움직였다. 그 결과 무솔리니나 히틀러에 관한 책을 읽고 민족의식이 싹튼 경우가 있었다. 예를 들어, 광주의 비밀결사인 무등회無等會의 멤버 남정준은 《히틀러전》을 읽고 민족의식에 고취되었다. 히틀러가 독일 민족의 통일을 달성했듯이 자신들의 활동도 그와 같은 결과를 맺게 되기를 기대했던 것이다.[27] 전북 고창중학교 5학년이던 백남순은 나치 독일의 힘에 매료되어 있었던 것 같다. 1941년 6월경에 《히틀러전》을 읽고 히틀러를 숭배하던 그는 조선을 "독일과 같은 훌륭한 이상의 국가"로 만들고 싶다고 밝혔다.[28] 1929년 2월 11일에 무솔리니 자서전을 읽은 윤치호는 "이탈리아뿐 아니라 중국, 러시아, 인도, 조선에도 무솔리니 같은 인물이 반드시 필요"함을 역설했다.[29]

상록회 멤버들이 히틀러와 관련해 주로 읽은 책은 주운성朱雲成이 쓴《열혈청년론》(전진사, 1935)이었다. 저자 주운성은 개신교 잡지인《종교시보》의 기자였다. 그가 쓴《열혈청년론》은 상당한 인기를 얻어 출간한 지 1년 6개월 만에 4쇄를 찍었다고 한다.[30] 제목에서 '열혈'과 '청년'을 내세운 이 책의 지향점은 남성 중심적인 성공이었다. 그래서 책 후반부에 입신 성공의 대표적인 인물로 무솔리니와 히틀러를 다루었다. 독특한 점은 상록회 멤버들이 이 책을 독해한 방식이다. 가령 문세현은 '민족주의적 색채'가 있는 텍스트로 느꼈던 책이 무엇이었느냐는 질문에《흙》과《상록수》와 더불어《열혈청년론》을 언급했다. 그러면서 "열렬한 민족주의자의 결사 및 행동하는 방법"을《열혈청년론》을 통해 배웠다고 진술했다.[31] 또 다른 멤버인 조규석의 감상은 조금 더 구체적이다.

이 책에는 조선 민족이 조로병에 걸려 있다고 쓰여져 있었다. 그리고 후반부에는 나폴레옹, 히틀러, 무솔리니의 전기傳記가 간단하게 기재되어 있었다. 나는 이 책을 읽고 조선 민족의 조로병을 어떻게 해서든 고쳐주고 싶다는 생각을 했다. 후반부의 전기물을 읽고는 이들과 같은 세계적 영웅이 되고 싶다는 생각도 해봤다.[32]

당시 '조로병무老病'은 조선 민족의 열등성과 망국병을 상징하는 단어였다. 조로병이란 조선 사람들이 일찍부터 어른 흉내를 내면서 밋밋하게 행동하고 체면을 지키기 위해 아는 척한다는 풍조를 비꼬는 말이었다. 이광수의 민족개조론에서 엿볼 수 있는 자기혐오의 민족주의가 작동하는 지점이다. 히틀러, 무솔리니와 같은 인물이 되고 싶었던 조규석에게 조로병은 반드시 박멸해야 할 민족의 기질이었다. 영웅에 대한 갈망 속에는 자신을 계몽의 주체로 여기는 나르시시즘이 있었다.

이번에는 상록회 멤버 조홍환의 일기를 살짝 엿보자. 그의 일기에는 입신 성공을 바라는 식민지 청년의 고민이 고스란히 담겨 있다. 일본의 속박적인 교육에서 벗어나 자유로운 교육을 받고 싶었던 그는 1938년 6월 1일에 《영웅전》을 읽고 자신도 영웅이 되겠다는 포부를 일기에 적었다. 그의 일기에는 장제스에 대한 관심이 꾸준히 등장한다. 그는 장제스의 행적을 읽으면서 하루를 보낼 정도로 그를 무척이나 흠모했다. 그러다 1938년 7월 2일에 읽은 《히틀러전》에 큰 감명을 받은 모양이다.[33] 조홍환은 '이탈리아 출신'인 히틀러(오스트리아 출신인 걸 이탈리아로 오해했던 것 같다)가 제1차 세계대전 때 독일 병사로 입대했듯이, 자신도 중국 병사가 되어 장제스와 함께 전장을 누비고 싶은 바람을 기록으로 남기기도 했다.

한글연구회, 정체성의 책 읽기

비슷한 시기에 결성된 한글연구회도 기존의 비밀독서회와는 결이 달랐던 결사체였다. 한글연구회는 수원고등농림학교 학생들이 1939년 9월에 결성한 독서 공동체였다. 주요 멤버로는 정주

영鄭周泳, 민병준閔丙駿, 박도병朴道秉, 임봉호林鳳鎬, 김상태金象泰
가 있었다. 이들은 매주 수요일 저녁마다 모여《한글 마춤법 통
일안》(동아일보사, 1933)과《중등 조선말본》(동광당서점, 1934)을 교재
로 삼아 한글을 공부했다.[34] 모임은 읽기와 받아쓰기를 병행하는
방식으로 이루어졌고, 이해하기 어려운 부분은 서로서로 알려
주며 진도를 나갔다. 다만, 멤버들이 졸업 준비에 바빴던 관계로
모임이 불과 3개월여 만에 그치고 말았다. 조직 자체는 그리 오
래가지 못한 셈이다. 그럼에도 한글연구회가 의미 있는 이유는
이들이 함께 모여 읽었던 텍스트에 있다. 조선어가 학교 수업에
서 사라진 시대에 조선말을 진지하게 공부하려고 했던 독서 공
동체가 있었음을 보여주기 때문이다.

사실 1930년대 초반까지만 해도 표준어는 존재하지 않았다.
조선시대의 문자 언어란 한자였고, 그나마 대한제국 시기에 시
도된 훈민정음의 맞춤법 정리는 한일강제병합으로 중단되고 말
았기 때문이다. 글쓰기가 혼란스러운 시기였다. 이런 상황에서
훈민정음을 근대적 민족어로 만들기 위한 시도들이 이루어졌
다. 예를 들어, 식민지 조선의 한글학자들은 훈민정음 반포일을
한글날로 제정했고, 조선어를 낮춰 불렀던 '언문' 대신 '한글'과
'정음' 등의 표현을 고안했다. 궁극적으로는 사전 편찬의 일환으
로 맞춤법 통일과 표준말 사정, 그리고 외래어 표기법 문제들을
풀어나가려고 했다.

한글연구회가 교재로 삼은 책을 살펴보자.《한글 마춤법 통
일안》은 조선어학회가 만든 한글 맞춤법 통일안을 담은 책으로
구어口語로서 소통 기능을 담당하던 한글이 하나의 문자언어로

1933년 10월에 간행된
《한글 마춤법 통일안》표지.
조선어학회가 제정한
맞춤법 통일안을 담은 책이다.
(사진 출처: 국립한글박물관)

자리매김하는 계기를 만들어주었다. 이로써 한글로 글을 쓰는 데 가장 중요한 맞춤법이 확립될 수 있었다. 맞춤법을 정리하고 통일시키는 일은 민족어를 만들어가는 데 가장 기초적이면서도 중요한 작업이었다.[35] 1930년대 초중반에 조선어학회가 여러 번 한글강습회를 연 것도 한글맞춤법을 보급하기 위해서였다. 조선어학회가 주도한 한글강습회에는 수많은 교원과 학생들이 참여했다. 몇몇 지역에서는 한글강습회 이후에 한글연구회가 만들어지는 경우도 있었다. 따라서 수원고등농림학교의 학생들이 한글맞춤법을 공부하기 위한 모임을 따로 만든 건 그리 낯선 풍경은 아니었다.

일면 아이러니하게도 조선총독부는 조선어의 맞춤법을 자체적으로 정리한 적이 있었다. 1912년에 제정한 '보통학교용 언문철자법'이었다. 조선총독부는 동화정책의 하나로 일본어 교육을 중요하게 여겼지만 조선어를 '갑작스럽게' 금지하는 일에 대해서 우려가 컸다. 언어를 통한 동화는 장기적인 프로젝트로 생각했다.[36] 대신 조선어를 일본어 교육에 활용하고자 했다. 이를 위해서는 조선어의 민족적 성격을 없앨 필요가 있었다. 그래서 조선어가 일본어의 한 갈래에서 나왔다는 논리를 내세웠다.

이를 양어동원론兩語同原論이라고 한다. 한글연구회 멤버들이 조선어학회가 만든 맞춤법을 공부했다는 것은 일제의 동화교육을 거스르고 주체적인 정체성을 확립하기 위한 맥락에서 이해할 필요가 있다.

《중등 조선말본》은 최현배가 쓴 조선어 문법책으로 조선어학회의 한글 맞춤법 통일안을 이론적으로 뒷받침하기 위한 성격이 있었다. 1938년 6월에 개정 4판을 찍을 정도로 널리 읽힌 문법책이었다.

중요한 사실은 이들의 독서가 정체성의 책 읽기를 지향했다는 점이다. 한글연구회의 핵심 멤버인 박도병은 심문 과정에서 "조선어를 폐지하게 되면 조선 문화가 없어지게 되므로 나는 조선어를 보존하고자 하는 목적"에서 한글연구회를 만들게 되었다고 밝혔다. 즉 이들은 일상생활에서 일본어를 사용하는 건 스스로 조선인임을 잊는 일이라고 생각하고, '조선인'이라는 정체성을 잃어버리지 않기 위해 조선어를 체계적으로 공부하고자 했던 것이다.

혁명을 꿈꾼 독서가들

혁명가들의 최후

식민지 조선에서 책을 통해 새로운 세상을 꿈꿨던 혁명가들의 이후 행적은 어땠을까. 안타깝게도 신채호는 《조선일보》와의 인터뷰를 통해 밝힌 자신의 계획을 지키지 못했다. 출옥을 1년 8개월 앞둔 1936년 2월 18일에 뇌일혈로 의식을 잃고 쓰러진 뒤 영영 눈을 감았기 때문이다. 시멘트 감옥에서 영하 20도를 오르내리는 혹한과 노역에 시달리던 끝에 유명을 달리한 셈이다. 그가 남긴 거라고는 판결문 1통, 인장 1개, 수첩 2권, 서한 10여 통이 전부였다. 몇 권의 책도 있었다. 아들 신수범의 회고에 따르면 안재홍이 쓴 《백두산 등척기》(유성사서점, 1931)와 이선근의 《조선 최근세사》, 그리고 《세계대사상전집》의 〈크로포트킨 편〉(1928)이었다.[1] 영문 원서 1권도 있었다고 한다. 긴긴 중국 망명생활 중에서 책 읽기에 전념했던 신채호가 남긴 유산이었다.

해방 이후 《임꺽정》의 완결을 보려고 했던 홍명희의 계획도 끝내 이루어지지 못했다. 처음에는 《임꺽정》이 '미완성 교향악' 이라며 집필을 재개할 뜻이 없음을 내비쳤던 홍명희였다. 그런데 《임꺽정》이 1948년 2월부터 11월까지 6권으로 재간행되던 시점에서는 기존의 작품에 손을 좀 보고 내용을 추가해 완결하려고 했던 것으로 보인다. 이는 《임꺽정》을 재간행한 을유문화사의 광고에서 유추할 수 있다. 을유문화사가 창간한 잡지 《학풍》에 실린 광고에는 "《임꺽정》 전질 10권의 위용"을 보여주겠다는 예고와 함께 〈봉단편〉과 〈피장편〉, 그리고 〈양반편〉을 〈의형제편〉과 〈화적편〉에 준하여 재편할 계획임을 밝혔기 때문이다.[2] 하지만 이 계획은 1948년 4월에 홍명희가 남북연석회의 참석차 북에 갔다가 돌아오지 않으면서 무산되고 말았다. 남북연석회의란 남북의 정치 지도자들이 통일정부를 수립하기 위해 1948년 4월 평양에서 개최한 정치회담을 말한다. 이후 그는 북한에서 부수상과 과학원 원장 등의 요직을 역임했다. 분단체제 속에서 《임꺽정》은 오랫동안 금서가 될 수밖에 없었다. 한국문학사에서 매우 중요한 위치에 있는 작품이지만, 이 책을 자유롭게 읽을 수 있었던 건 불과 30여 년밖에 되지 않는다. 책도 저자만큼이나 파란만장한 삶을 살아온 것이다.

남북연석회의에는 홍명희뿐만 아니라 김구와 정칠성도 참석했다. 차이가 있다면 남북연석회의가 끝난 후 김구는 남한으로 돌아왔지만, 정칠성은 그대로 남았다는 것이다. 잘 알려져 있다시피 김구는 1949년 6월 26일에 암살을 당하기까지 분단을 저지하고자 노력을 다했다. 정칠성의 월북 이후의 행적은 묘연하다. 제한된 정보로나마 알 수 있는 사실은 1958년에 숙청될 때까지 북한의 요직을 두루 거쳤다는 것 정도. 정칠성은 하층민 여성으로서 당대의 모순과 길항했다. 그의 삶을 되돌아보는 작업은 그동안 주목받지 못했던 여성사의 한 단면을 읽어내기 위해서도 필요하다.

이번에는 옌안을 떠난 님 웨일즈를 살펴보자. 그는 문화대혁명의 광기가 지난 후 충격적인 소식을 듣는다. 내용인즉 자신이 옌안을 떠난 직후인 1938년에 김산의 처형식이 비밀리에 이루어졌다는 것이다. 중국 대륙을 누비며 혁명에 참여한 김산은 간첩 혐의를 받고 형장의 이슬로 사라졌다. 오랫동안 김산의 소식을 듣지 못한 채 그가 죽었는지 살았는지 알 수조차 없었던 님 웨일즈에게는 망연자실한 일이었다. 극한 상황에서도 좌절하지 않고 끊임없이 일어선 한 혁명가의 이야기는 현실에 의해서 배반을 당하고 말았다.

교사로서 대구사범학교의 비밀독서회를 지도했던 현준혁의 죽음도 석연치 못한 점이 많다. 현준혁은 대구사범학교 사건 이후에도 새로운 세상을 만들기 위한 활동을 이어가며 여러 차례 감옥을 들락거렸다. 해방 이후 그는 조선공산당 평안남도지구위원회의 책임자로 활동하며 중도우파 성향에 가까운 조만식(曺晩植, 1883~1950)과 제휴하는 유연성을 보여주었다. 북한에서 현준혁의 인기는 김일성 못지않았다고 한다. 그런 그가 1945년 9월 28일에 괴한의 총격에 죽고 만다. 그의 죽음을 둘러싸고 무수한 추측이 나돌았다. 김일성의 정적이 될 수 있는 인물을 미리 제거하고자 한 소련군의 음모라든가 우익의 백색테러에 의해 희생되었다는 소문 등이다. 어쨌든 그의 죽음은 해방 공간에서 벌어질 정치테러의 서막을 열었다.

현준혁과 마찬가지로 비밀독서회를 이끌었던 이현상과 장재성은 한국전쟁의 소용돌이 속에서 죽음을 맞이했다. 광주학생운동 이후 장재성은 부모의 권유로 일본 유학을 떠났지만, 경찰의 감시 속에서 사회과학 서적을 탐독하다가 두 번째 수감생활을 하게 된다. 해방 이후의 행적은 매우 단편적으로만 알려져 있다. 자료로 확인하긴 어려우나 가족의 증언에 따르면 1948년 8월 황해도 해주에서 열린 인민대표자대회에 참석하기 위해 월북을 했다.[3] 일본을 경유해 집으로 돌아온 장재성은 1949년 4월 4일에 체포되어 징역 7년 형을 선고받았다. 곧 한국전쟁이 터졌다. 장재성은 광주형무소에서 복역하던 중 총살된 것으로 보인다. 그는 식민지 조선을 뒤흔든 광주학생운동의 주역이었지만 지금껏 사회주의자라는 이유로 독립훈장을 받지 못하고 있다.

감옥에서 만난 동지들과 함께 경성트로이카를 결성하고 파업과 동맹휴학을 주도한 이현상은 어땠을까. 경성트로이카는 식민지 조선의 경성에서 노동운동을 펼친 대표적인 비밀결사체였다. 해방 후 이현상도 남북연석회의에 참가하기 위해 북으로 건너갔다. 그리고 보면 혁명을 꿈꾼 독서가들 중에는 분단을 막고자 노력을 기울인 이들이 상당한 편이다. 남북연석회의가 끝난 후 이현상은 북한에 남아 러시아어를 공부하며 소련 유학을 준비했다. 하지만 상황이 급박하게 돌아가자 유학 대신 강동정치학원에 들어갔다. 일종의 간부 훈련소인 강동정치학원에서 이현상은 3개월간 군사훈련을 받았다. 이후 그는 지리산과 덕유산 일대에서 남부군이라는 빨치산 부대를 무려 5년간 지휘하며 자신이 꿈꾼 세상을 만들고자 했다. 하지만 한국군의 대대적인 진압작전이 펼쳐지는 상황에서 눈을 감았다.

나혜석과 최영숙의 죽음은 식민지 조선에서 가부장적 가족제도를 벗어난 여성이 얼마나 쉽게 고립될 수 있는가를 여실히 보여준다. 나혜석은 끊임없이 자신의 생각과 경험을 글로 썼던 여성적 글쓰기의 선구자였으나 그의 글을 실어줄 지면이 마땅히 없었다. 스웨덴 유학을 마치고 온 최영숙은 이상하리만큼 취업에 성공하지 못했다. 결국 나혜석은 1948년에 사망할 때까지 18년 동안 일정한 직업을 얻지 못하고 가난에 허우적댔으며, 최영숙은 당장 생활비를 벌기 위해 서대문 근처에서 콩나물과 배추 등을 파는 일을 하다가 극심한 스트레스와 영양실조 끝에 귀국한 지 5개월 만에 세상을 떠나고 말았다. 그렇다고 이들의 죽음을 '시대를 앞서간 자의 비참한 말로' 정도로 평가해서는 안 된다. 이러한 평가는 "똑똑한 여성은 불행해질 수밖에 없다"는 가부장제 사회의 논리를 강화할 뿐이니까 말이다. 여성의 삶을 전유하고 싶은 남성의 시선과 욕망을 전복하기 위한 노력이 필요하다. 이들의 삶을 비극적인 인물로 소비하지 않고 페미니스트로 재조명해야 하는 이유가 바로 이것이다.

흥미롭게도 방신영의 저서 《조선요리제법》은 저작권 분쟁에 휩싸였다. 식민지 시기에 제기된 저작권 소송은 단 2건. 그중 하나가 방신영의 저서를 둘러싼 소송이었다. 방신영의 요리책은 당대 베스트셀러이자 스테디셀러였다. 그러다 보니 이 책의 인기에 편승해 책 내용을 표절한 요리책까지 등장했다. 바로 1930년 11월에 발간된 《조선무쌍신식요리제법》이었다. 이 문제에 대해 1933년 4월 방신영은 자신의 저작권이 침해당했다며 법원에 손해배상소송을 청구하는 방식으로 대응했다.[4] 이런 점에서 방신영은 자신의 지적 재산권을 보장받기 위해 적극적으로 나선 선구자라고 할 수 있다. 1968년에는 과학기술후원회가 선정한 '한국 과학 진흥에 일생을 바쳐온 과학자'로 뽑히기도 했다.

'동양의 페스탈로치'를 꿈꿨던 죠코 요네타로는 전후 일본을 떠들썩하게 한 김희로金嬉老 사건의 재판에 증인으로 나서기도 했다. 이 사건은 1968년에 김희로라는 자이니치在日가 야쿠자 2명을 총으로 사살하고 인질극을 벌였던 일을 가리킨다. 이 과정에서 김희로는 자신이 받아온 자이니치 차별을 제기해 세간의 주목을 받았다. 재판이 열리자 죠코 요네타로는 69세의 노구를 이끌고 일제의 수탈과 침략전쟁을 증언하면서 일본의 전쟁 책임 문제를 거론했다.

생의 마지막까지 자신을 조선의용군 최후의 분대장이라 불러온 김학철은 2001년 9월 사망할 때까지 20여 편의 단편소설과 100여 편의 산문, 그리고 《항전별곡》(1983), 《격정시대》(1986), 《최후의 분대장》(1995) 등을 줄기차게 펴냈다. 평생 항일무장투쟁을 문학으로 복원하기 위해 많은 노력을 기울였던 그였다. 총알이 난무하는 전장에서, 북한의 숙청 과정에서, 시간의 망각 속에서 전우들을 하나씩 보내야 했던 그의 마음은 어떠했을까. 그의 마지막 가는 길은 조선의용군 대원으로 조용히 복귀하는 여정의 시작이었다.

디아스포라의 책 읽기

그 밖에도 이 책에는 이상설, 나경석, 문세현, 이찬우, 조규석, 신기철 등이 등장한다. 여기서 이들의 이후 행적을 모두 이야기한 다는 건 무리다. 중요한 점은 이 책에 등장하는 인물들이 '디아스포라의 위치'에서 책 읽기를 전유했다는 사실이다. 익히 알려진 대로 디아스포라Diaspora란 팔레스타인을 떠나 세계 곳곳에 흩어진 유대인과 그 공동체를 가리키는 말이었다. 그러다 1990년대 이후에는 "다른 민족들의 국제이주, 망명, 난민, 이주노동자, 민족공동체, 문화적 차이, 정체성 등을 아우르는 포괄적인 개념"으로 확장되었다.[5] 그렇다면 어떠한 지점에서 이들의 독서를 디아스포라의 책 읽기라고 볼 수 있을까.

중국 대륙을 누비며 항일투쟁에 참여한 신채호·김구·김산·김학철은 식민지 조선에서 탈주한 후 또 다른 공간에서 이산, 정착, 유랑, 탈출, 방황 등을 겪었다는 점에서 디아스포라에 해당한다. 이들에게는 떠났던 장소로의 귀환이 완전히 차단되어 있었다. 김산, 김학철과 같이 일제에 검거되어 식민지 조선으로 끌려가지 않는 이상은 말이다. 이러한 정치적 망명 상태 속에서 김구와 김학철은 루쉰을, 김산은 톨스토이를 읽었다. 신채호의 경우 베이징과 상하이를 오가며 자신의 민족주의 역사학을 완성해나갔다. 문학을 읽든 역사를 연구하든 이들의 독서는 중국 망명이라는 상황에서 이루어진 셈이다. 즉, 이들의 독서 여정에서 디아스포라는 본질적 기능을 담당했다.

문제는 식민지 조선에서 활동한 이들도 디아스포라로 볼 수 있는가 하는 점이다. 핵심은 식민지 조선을 벗어나지 못했다고 하더라도 자기정체성을 되묻고 유지해야 했던 삶의 조건에서 독서를 했다는 점에서 디아스포라의 책 읽기에 크게 벗어나지 않았다는 점이다. 이들에게도 차별과 배제의 경험, 상실감, 주변의식, 추방의식 등을 내포하는 디아스포라 의식이 있었기 때문이다. 거기다 식민지 조선의 최고 다독가인 홍명희의 지적 여정은 일본 유학과 아주 밀접했다. 한국 페미니즘 운동의 기원을 이루는 나혜석, 정칠성, 박원희, 최영숙 등도 유학이라는 외부적 조건을 통해 가부장제에 대한 문제의식을 심화시킬 수 있었다. 유학에서 경험한 근대성은 이들에게 깊은 영향을 주었다.

여기서 이들은 '식민성'의 문제와 맞닥뜨린다. 식민지 조선의 독서문화는 순한글, 한문, 국한문, 일본어로 작성된 책들이 공존하는 혼종성을 띠었다. 즉 한글과 한자, 그리고 일본어를 모두 알아야 온전한 독서를 즐길 수 있었던 것이다. 상록회와 같은 비밀독서회는 한글 소설을 읽어나감으로써 그 자체로 저항의 의미를 담고 있는 독서를 지향했다. 책에서는 다루지 못했지만 국제 언어인 에스페란토를 적극 사용해 언어의 식민성에 맞서 싸운 독서가들도 있었다. 하지만 높은 수준의 지식을 습득하려면 일본어로 작성한 책을 읽을 수 있어야 했다. 한국 근대사를 저항과 협력이라는 이분법으로만 접근한다면 식민지 조선의 독서문화는 온전히 이해하기가 어려운 주제다. 역설적이게도 새로운 세상에 대한 전망은 제국의 언어를 통해서 사유할 수 있었기 때문이다. 식민지 조선에서 일본어는 지배의 도구이면서 동시에 교양을 위한 필수언어였다는 사실을 간과해선 안 된다.[6]

이제 마무리를 해보자. 《혁명을 꿈꾼 독서가들》에 등장하는 이들이 꿈꿨던 세상은 미완으로 그치고 말았다. 그렇다고 이들의 좌절을 실패로 치부할 수 없다. 이들의 삶은 새로운 세상을 만들기 위한 치열함으로 가득했으니까. 그 안에는 책에 대한 열정과 애정이 있었다. 이들은 주변 혹은 경계에 머물면서 중심과 주변의 관계를 전복시키고자 했던 독서가이자 혁명가였다. 이들의 책 읽기는 식민지 시대를 살아가야 했던 독서가들의 맨얼굴을 드러낸다. 근대의 독서 풍경은 제국주의적 억압과 폭력에 의해 분열된 주체의 내면을 담고 있다. 어떻게 보면 이들은 격동기의 역사에서 디아스포라가 될 수밖에 없었던 식민지 조선인을 표상한다고 볼 수 있다. 아쉽게도 《혁명을 꿈꾼 독서가들》에는 미처 수록하지 못한 인물들이 제법 있다. 책을 쓰면서 한계를 절감하는 순간이었다. 역사에서 잊힌 자들의 이야기가 지속적으로 기억되고 복원되기를 바랄 뿐이다.

[연표]

연도	인물, 사건
1870년	이상설 출생(충북 진천)
1876년	김구 출생(황해 해주)
1880년	신채호 출생(충남 대덕)
1888년	홍명희 출생(충북 괴산)
1890년	방신영 출생(서울)
1894년	김구, 동학 접주가 되다
1895년	김구, 안태훈에게 몸을 의탁. 유학자 고능선을 만나 가르침을 받음
1895년	10월 8일 을미사변
1896년	나혜석(경기 수원)·김일엽(평남 용강)·김명순(평남 평양) 출생
1896년 3월 9일	치하포 사건
1897년	정칠성 출생(경북 대구)
1898년	박원희 출생(충남 대전)/만민공동회 개최(신채호 참여)
1900년	《어린이의 세기》(엘렌 케이 저) 출간
1905년	김산 출생(평북 용천)
1906년	홍명희, 일본으로 유학
1907년	《이태리 건국 삼걸전》(신채호 번역) 출간
1907년	제2차 만국평화회의에 헤이그 특사 파견
1908년 8월	신채호, 〈독사신론〉 연재
1910년 4월	신채호, 중국으로 망명
1910년 8월 29일	한일강제병합
1911년	김구, 105인사건으로 투옥
1911년 8월	《세이토》 창간
1912년	홍명희의 중국행
1913년 2월	《검둥의 설움》(《톰 아저씨의 오두막》 번역본) 출간
1913년 4월	나혜석, 일본으로 유학
1914년 7월	나경석, 도쿄고등공업학교 졸업
1914년 11월	나혜석, 〈이상적 부인〉을 《학지광》에 게재
1916년	김학철 출생(함남 원산)

1917년	방신영, 《조선요리제법》 출간
1918년	홍명희·나경석·나혜석 귀국
1919년 3월 1일	3·1운동 발발
1920년 3월	김일엽, 《신여자》 창간
1921년 1월~4월	《매일신보》에 〈인형의 집〉 연재
1922년	최영숙, 중국 난징으로 유학
1922년	신채호, 베이징대 도서관의 자료 열람 요청
1922년 2월~3월	나경석, 〈아인스타인의 상대성원리〉 연재
1922년 4월	《위인 아인쓰타인》 출간
1922년 6월	《노라》(《인형의 집》 번역본) 출간
1923년 1월	상하이에서 국민대표회의 개최
1923년 1월	신채호, 의열단의 요청으로 〈조선혁명선언〉을 작성
1923년 9월	민중사 창립
1924년 5월	조선여성동우회 결성(허정숙·정종명·정칠성 등이 참여)
1925년 2월	경성여자청년회 결성
1925년 3월	정칠성, 도쿄여자기예학교에 입학. 삼월회 멤버로 활동
1925년 9월	조선학생과학연구회 결성
1925년 11월	《부인해방과 현실생활》(배성룡 번역) 출간
1926년 1월	사회주의 운동단체 일월회, 권독사라는 출판사를 창립
1926년 6월 10일	6·10만세운동 발발
1926년 7월 13일	최영숙, 스웨덴으로 유학
1926년 9월	《학창산화》(홍명희 저) 출간
1926년 11월	성진회 결성
1927년 2월	신간회 창립
1927년 5월	근우회 창립
1927년 12월	중국 광저우 봉기(김산 참여)
1928년 1월 5일	박원희 사망
1928년 2월	근우회 경성지회, 모성보호를 행동강령으로 채택
1928년 5월	신채호 체포. 10년 형을 받아 뤼순 감옥에서 복역
1928년 11월	홍명희, 《임꺽정》 연재 시작
1929년	《조선사연구초》(신채호 저) 출간

1929년 5월	김구, 《백범일지》 상권 탈고
1929년 7월	근우회, '부인노동의 임금차별 철폐 및 산전산후 임금 지불'을 채택
1929년 10월	세계 대공황 시작
1929년 11월 3일	광주학생운동 발발
1929년 12월	민중대회 사건으로 신간회 간부 대거 검거
1930년 3월	근우회, 《별건곤》 불매 운동 전개
1930년 11월	김산 체포
1930년 11월	《서부전선은 조용하다》 출간
1931년 3월	《불별》(프롤레타리아 동요집) 출간
1931년 6월	평양사범학교 독서회 결성
1931년 9월 18일	만주사변 발발
1931년 9월 27일	반제경성도시학생협의회, 반전격문 사건
1932년 1월 8일	이봉창, 도쿄에서 폭탄을 던지다
1932년 2월	평양사범학교 독서회(우종식) 결성
1932년 4월 23일	최영숙 사망
1932년 4월 29일	윤봉길, 상하이 홍커우공원에서 폭탄을 던지다
1932년 11월	《조선일보》 기자 신영우의 신채호 취재
1932년 12월	《도왜실기》(김구 저) 출간
1933년 10월	《한글 마춤법 통일안》 출간
1934년 4월	《중등 조선말본》(최현배 저) 출간
1935년	김학철, 상하이 도착
1936년 2월 18일	신채호, 뇌일혈로 쓰러짐
1937년	님 웨일즈와 김산의 대담
1937년 3월	상록회 결성
1937년 7월	중일전쟁 발발
1937년 9월	김학철, 중앙육군군관학교 입학
1937년 12월	조선민족전선연맹 결성
1938년 10월 10일	조선의용대 창립
1940년 1월	대구사범학교 8기생, 《반딧불》 발간
1940년 11월	대구사범학교 문예부 결성(8기생~10기생)
1941년	《Song of Arirang》 출간

혁명을 꿈꾼 독서가들

1941년 12월 7일	진주만 공습으로 태평양전쟁 발발
1941년 12월 12일	김학철, 중국 호가장 전투에서 한 다리를 잃어버림
1945년 8월 15일	해방
1945년 9월 28일	현준혁 암살 사건
1948년 8월	대한민국 정부 수립
1949년 1월	반민특위 발족
1949년 4월	남북연석회의
1949년 3월 19일	김구, 자신의 애독서를 밝히다.
1949년 6월 26일	김구 암살 사건
1958년	정칠성 사망
1960년	리영희, 일본에서 《아리랑》의 일본어 번역본을 발견
1967년 12월	김학철, 10년간 이어지는 감옥살이 시작
1968년 3월 5일	홍명희, 81세의 나이로 사망
1968년 8월	방신영, 과학기술후원회가 꼽은 과학자로 선정

[참고문헌]

1차 자료

《독립신문》, 《대한매일신보》, 《조선일보》, 《동아일보》, 《시대일보》, 《매일신보》,
《자유신문》, 《삼천리》, 《조광》, 《신동아》, 《개벽》, 《학지광》, 《동광》,
《별건곤》

단행본

강명관, 《책벌레들 조선을 만들다》, 푸른역사, 2007.

강영주 외, 《벽초 홍명희와 《임꺽정》의 연구 자료》, 사계절, 1996.

강영주, 《벽초 홍명희 연구》, 창작과비평사, 1999.

권두연, 《신문관의 출판 기획과 문화운동》, 민족문화연구원, 2016.

김성민, 《1929년 광주학생운동》, 역사공간, 2013.

김준엽·김창순, 《한국공산주의운동사3》, 청계, 1986.

김학철, 《최후의 분대장》, 문학과지성사, 1995.

김학철문학연구회, 《조선의용군 최후의 분대장 김학철》, 연변인민출판사, 2002.

김현경, 《사람, 장소, 환대》, 문학과지성사, 2015.

김호웅·김해양 편저, 《김학철 평전》, 실천문학사, 2007.

님 웨일즈·김산, 《아리랑》, 송영인 옮김, 동녘, 2005.

백선기, 《미완의 해방 노래》, 정우사, 1993.

변은진, 《파시즘적 근대 체험과 조선 민중의 현실 인식》, 선인, 2013.

부길만, 《한국 출판 역사》, 커뮤니케이션북스, 2013.

서정자 엮음, 《나혜석 전집》, 푸른사상, 2013.

송명희, 《페미니스트 나혜석을 해부하다》, 지식과교양, 2015.

신일철, 《신채호의 역사사상 연구》, 고려대학교출판부, 1981.

아우구스트 베벨, 《여성론》, 이순예 옮김, 까치, 1993(완역판).

안종철 외, 《근현대의 형성과 지역 사회운동》, 새길, 1995.

유선영, 《식민지 트라우마》, 푸른역사, 2017.

윤인진, 《코리안 디아스포라》, 고려대 출판부, 2004.

이균영, 《신간회 연구》, 역사비평사, 1993.

이기홍 유고, 안종철 정리, 《광주학생독립운동은 전국학생독립운동이었다》,
향지사, 1997.

이기훈, 《청년아 청년아 우리 청년아: 근대, 청년을 호명하다》, 돌베개, 2014.

혁명을 꿈꾼 독서가들

이만열, 《단재 신채호의 역사학 연구》, 문학과지성사, 1990.

이북만, 《이조사회경제사연구》, 대성출판사, 1947.

이연숙, 《국어라는 사상: 근대 일본의 언어 인식》, 소명, 2006.

이정식, 《혁명가들의 항일 회상》, 민음사, 1988.

이정식·한홍구 엮음, 《항전별곡》, 거름, 1986.

이중연, 《'책'의 운명: 조선-일제강점기 금서의 사회·사상사》, 혜안, 2001.

이호룡, 《한국의 아나키즘: 사상편》, 지식산업사, 2001.

임종업, 《한국의 책쟁이들》, 청림출판, 2009.

정병욱, 《식민지 불온열전》, 역사비평사, 2013.

정애영, 《히라쓰카 라이초: 일본의 여성해방운동가》, 살림, 2019.

정종현, 《제국대학의 조센징》, 휴머니스트, 2019.

정진석 편, 《일제강점기 금지 도서 목록》, 소명, 2014.

정희진, 《페미니즘의 도전》, 교양인, 2013.

조경달, 《민중과 유토피아》, 역사비평사, 2009.

조한성, 《만세열전》, 생각정원, 2019.

주명철, 《서양 금서의 문화사》, 길, 2006.

지중세 역편, 《조선 사상범 검거 실화집》, 돌베개, 1984.

천정환, 《근대의 책 읽기》, 푸른역사, 2014.

천정환·정종현, 《대한민국 독서사》, 서해문집, 2018.

최병택·예지숙, 《경성 리포트》, 시공사, 2009.

최영숙, 《내 사랑받기를 허락지 않는다》, 가갸날, 2018.

최호석, 《활자본 고전소설의 기초 연구》, 보고사, 2017.

한규무, 《1920년대 학생운동》, 한국독립운동사편찬위원회, 2009.

허수, 《이돈화 연구》, 역사비평사, 2011.

논문

강미정·김경남, 〈근대 계몽기 한국에서의 중국 번역 서학서 수용 양상과 의의〉,
《동악어문학》 71, 2017.

강영주, 〈《임꺽정》의 창작 과정과 《조선왕조실록》〉, 《한국 현대문학 연구》 20,
2006.

강영주, 〈벽초 홍명희와 페미니즘〉, 《교육연구》 1, 2005.

강영주, 〈벽혈단심, 단재와 벽초의 우정〉, 《역사연구》 37, 2019.

구인모, 〈한일 근대문학과 엘렌 케이〉, 《여성문학 연구》 12, 2004.

권순홍, 〈민족주의 역사학의 표상, 신채호 다시 생각하기〉, 《역사비평》 117,

2016.

김경민, 〈근대인 나혜석의 경험과 사상〉, 《한민족어문학》 79, 2018.

김도경, 〈식민지와 제국의 여성운동, 그 접점과 간극〉, 《석당논총》 74, 2019.

김명섭, 〈신채호의 무정부주의동방연맹 활동〉, 《한국 근현대사 연구》 80, 2017.

김복순, 〈아나카 페미니즘의 두 계보〉, 《나혜석 연구》 3, 2013.

김성연, 〈'그들'의 자서전: 식민지 시기 자서전의 개념과 감각을 형성한 독서의
　　　모자이크〉, 《현대문학의 연구》 49, 2013.

김성연, 〈"나는 살아 있는 것을 연구한다": 파브르 《곤충기》의 근대 초기
　　　동아시아 수용과 근대 지식의 형성〉, 《한국문학연구》 44, 2013.

김성연, 〈1920년대 초 식민지 조선의 아인슈타인 전기와 상대성이론 수용 양상〉,
　　　《역사문제연구》 16권 1호, 2012.

김성은, 〈신여성 방신영의 업적과 사회활동〉, 《한국여성사학회》 23, 2015.

김수자, 〈20세기 신채호의 18세기 안정복에 대한 역사인식〉, 《동방학》 33, 2015.

김영범, 〈의열투쟁과 테러 및 테러리즘의 의미연관 문제〉, 《사회와 역사》 100,
　　　2013.

김종수, 〈역사소설의 발흥과 그 문법의 탄생〉, 《한국어문학연구》 51, 2008.

김화영, 〈1910년대 나혜석이 바라본 '일본'〉, 《나혜석 연구》 4, 2014.

노관범, 〈대한제국기 박은식과 장지연의 자강사상 연구〉, 서울대학교 박사학위
　　　논문, 2007.

노영희, 〈나혜석, 그 '이상적 부인'의 꿈: 동경 유학 체험과 일본 신여성들과의
　　　만남을 중심으로〉, 《한림일본학》 2, 1997.

노지승, 〈젠더, 노동, 감정 그리고 정치적 각성의 순간〉, 《비교문화연구》 43,
　　　2016.

두전하, 〈한·일 프롤레타리아 동요 비교 연구〉, 《아동청소년문학연구》 14, 2014.

라연재, 〈근대 요리책의 계통과 지식 전승〉, 《민속학연구》 42, 2018.

류시현, 〈나경석의 '생산증식'론과 물산장려운동〉, 《역사문제연구》 2, 1997.

류진희, 〈한국의 입센 수용과 노라이즘의 역학〉, 《나혜석 연구》 2, 2013.

류홍수, 〈문예부의 조직과 활동〉, 《대구사범학생 독립운동》,
　　　대구사범학생독립운동동지회, 1993.

문한별, 〈일제강점기 민족운동과 문학 텍스트의 연관성 고찰: 춘천중학교
　　　'상록회' 사건을 중심으로〉, 《한국문학이론과 비평》 63, 2014.

박종기, 〈필사본 동사강목의 자료 가치와 성격〉, 《동방학지》 171, 2015.

박종린, 〈일제하 사회주의 사상의 수용에 관한 연구〉, 연세대학교 박사학위 논문,
　　　2006.

박찬승, 〈1920년대 신채호와 량치차오의 역사연구방법론 비교〉, 《한국사학사

학보》9, 2004.

박찬승, 〈광주항일학생운동의 정치사상적 배경〉, 《전남 사회운동사 연구》, 한울, 1992.

박창건, 〈재조일본인 죠코 요네타로의 반제국주의 한일연대론〉, 《일본문화학보》 84, 2020.

박한용, 〈일제강점기 조선 반제동맹 연구〉, 고려대학교 박사학위 논문, 2013.

방민호, 〈장편소설 《흙》에 이르는 길〉, 《춘원연구학보》13, 2018.

방효순, 〈근대적 독서 공간, 서재의 탄생과 영향〉, 《근대서지》10, 2014.

배상미, 〈식민지 조선에서의 콜론타이 논의의 수용과 그 의미〉, 《여성문학연구》 33, 2014.

서정자, 〈일엽 김원주·《신여자》·그의 사상 다시 읽기〉, 《나혜석 연구》2, 2013.

성주현, 〈백범 김구와 동학〉, 《백범과 민족운동 연구》11, 2015.

손성준, 〈번역문학의 재생과 반검열의 앤솔로지〉, 《현대문학의 연구》66, 2018.

손용근 외, 〈한국 근대수학교육의 아버지 이상설이 쓴 19세기 근대화학 강의록 《화학계몽초》〉, 《한국수학논문집》20권 4호, 2012.

송명진, 〈민족 영웅의 발명과 저항적 남성성의 전통 만들기〉, 《한국문학 이론과 비평》48, 2010.

송명희, 〈나혜석과 요사노 아키코의 모성이데올로기 비판과 여성적 글쓰기〉, 《인문사회과학 연구》17권 3호, 2016.

송백헌, 〈이광수 역사소설 연구〉, 《개신어문연구》2, 1982.

신선희, 〈이순신 소재 역사소설에 나타난 전통의 전유 방식과 타자 인식〉, 《한민족어문학》71, 2015.

신영갑 증언, 오미일 대담, 〈적색 교원노조 사건과 부산 지역 조공·사회당에서의 활동〉, 《역사비평》16, 1992.

심진경, 〈여성문학의 탄생, 그 원초적 장면〉, 《문학을 부수는 문학들》, 민음사, 2018.

안미경, 〈1920년대 박원희의 여성해방운동과 여성해방 사상〉, 《한국민족운동사연구》74, 2013.

양진오, 〈김산의 《아리랑》은 어떻게 책이 되었나〉, 《국어교육연구》69, 2019.

오채환 외, 〈19세기 조선의 수학 교과서〉, 《한국수학사학회지》23권 1호, 2010.

유연실, 〈근대 한중 연애 담론의 형성: 엘렌 케이 연애관의 수용을 중심으로〉, 《중국사연구》79, 2012.

유춘동, 〈한성감옥서의 〈옥중도서대출부〉 연구〉, 《서지학보》40, 2012.

이대화, 〈전시체제기 식민지 조선의 선전매체, 종이연극〉, 《사회와 역사》108, 2015.

이상구 외, 〈수학자 보재 이상설의 근대자연과학 수용: 《백승호초》를 중심으로〉,
　　《수학교육논문집》27권 4호, 2013.
이상구 외, 〈이상설의 산서 수리〉, 《한국수학사학회지》22권 4호, 2009.
이영림, 〈17세기 전반기 프랑스의 정치선전문화와 출판물의 성장〉, 《경기사학》
　　창간호, 1997.
이재령, 〈1·28 상하이사변과 윤봉길의거의 한중공동항전〉, 《군사》98, 2016
이지현, 〈1910년대 부산 극장가 문화 연구〉, 《동북아문화연구》56, 2018.
임동현, 〈1930년대 조선어학회의 철자법 정리·통일운동과 민족어 규범 형성〉,
　　《역사와 현실》94, 2014.
임영태, 〈북으로 간 맑스주의 역사학자와 사회경제학자들〉, 《역사비평》8, 1989.
임선화, 〈전남사범 출신의 사회운동: 임종대·임종근을 중심으로〉, 《역사학 연구》
　　60, 2015.
장석흥, 〈조선학생과학연구회의 초기 조직과 6·10만세운동〉,
　　《한국독립운동사연구》8, 1994.
장원아, 〈근우회와 조선여성해방통일전선〉, 《역사문제연구》42, 2019.
장인모, 〈조선총독부의 초등교원 정책과 조선인 교원의 대응〉, 고려대학교
　　박사학위 논문, 2018.
전경목, 〈조선 후기에 서당 학동들이 읽은 탄원서〉, 《고문서 연구》48, 2016.
정혜정, 〈식민지 조선의 러시아 사회주의 수용과 동북아 연대〉, 《탈경계인문학》
　　13권 1호, 2020.
지커루, 〈한중 양국의 《엉클 톰스 캐빈》 번역 양상 비교 연구〉, 성균관대학교
　　석사학위 논문, 2020.
진선영, 〈기름에 젖은 머리를 턱 비어 던지고: 사회주의, 여성주의, 지역주의,
　　혁명가 정칠성의 겹서사 연구〉, 《한국문화연구》37, 2019.
최주한, 〈《검둥의 설움》과 번역의 윤리-정치학〉, 《대동문화연구》84, 2013.
최혜주, 〈백범 김구의 신민회 시기의 교육사상과 교육운동〉, 《백범과 민족운동
　　연구》2, 2004.
한동민, 〈수원 나주나씨와 나혜석의 부모 형제들〉, 《나혜석 연구》창간호, 2012.
홍성찬, 〈노동규의 생애와 학문〉, 《한국경제학보》22권 1호, 2015.
홍수경, 〈일상의 과학화, 식생활의 합리화: 1910-20년대 일본 근대 영양학의
　　탄생〉, 《醫史學》27권 3호, 2018.
홍정선·김학철, 〈격랑의 삶, 김학철 선생과의 대담〉, 《황해문화》7, 1995.
홍창수, 〈서구 페미니즘 사상의 근대적 수용 연구〉, 《상허학보》13, 2004.
히로세 레이코, 〈일본의 '신여성'과 서양 여성해방 사상: 엘렌 케이 사상의
　　수용을 둘러싸고〉, 《여성과 역사》5, 2006.

[주]

프롤로그

1 천정환·정종현, 《대한민국 독서사》, 서해문집, 2018, 17~20쪽.
2 천정환, 《근대의 책 읽기》, 푸른역사, 2014, 166쪽.

1장. 조선 최고의 다독가, 홍명희

1 양건식, 〈文人印象互記〉, 《개벽》, 1924.2(강영주 외, 《벽초 홍명희와 《임꺽정》의 연구 자료》, 사계절, 1996, 229쪽).
2 강영주, 《벽초 홍명희 연구》, 창작과비평사, 1999, 37쪽.
3 홍명희, 〈자서전〉, 《삼천리》 제2호, 1929.9.
4 〈홍벽초·현기당 대담〉, 《조광》 70, 1941.8(강영주 외, 《벽초 홍명희와 《임꺽정》의 연구 자료》, 179쪽).
5 〈홍명희·유진오 문학 대화〉, 《조선일보》, 1937.7.18.
6 홍명희, 〈자서전〉, 《삼천리》 창간호, 1929.6.
7 홍명희, 〈문학에 반영된 전쟁〉, 《조선일보》, 1936.1.4.
8 〈홍명희·설정식 대담기〉, 《신세대》 23호, 1948.5(강영주 외, 《벽초 홍명희와 《임꺽정》의 연구 자료》, 223쪽).
9 홍명희, 〈大톨스토이의 인물과 작품(7)〉, 《조선일보》, 1935.12.3.
10 〈문학대화편(하)〉, 《조선일보》, 1937.7.18.
11 〈청빈낙도하는 당대 처사 홍명희씨를 찾아〉, 《삼천리》 제8권 제4호, 1936.4.
12 손성준, 〈번역문학의 재생과 반검열의 앤솔로지〉, 《현대문학의 연구》 66, 2018, 161쪽.
13 강영주, 〈벽혈단심, 단재와 벽초의 우정〉, 《역사연구》 37, 2019, 449쪽.
14 이균영, 《신간회 연구》, 역사비평사, 1993, 261쪽.
15 홍명희, 〈언문소설과 明·淸소설의 관계〉, 《조선일보》, 1939.1.1.
16 〈벽초 홍명희 선생을 둘러싼 문학담의〉, 《大潮》 창간호, 1946.1(강영주 외, 《벽초 홍명희와 《임꺽정》의 연구 자료》, 190쪽).
17 홍명희, 〈《林巨正傳》에 대하여〉, 《삼천리》 창간호, 1929.6(강영주 외, 같은 책, 34~35쪽).
18 이극로, 〈어학적으로 본 《임꺽정》은 조선어 광구의 노다지〉, 《조선일보》, 1937.12.8.
19 한설야, 〈천권의 어학서를 능가〉, 《조선일보》, 1939.12.31.

20 김남천, 〈조선문학의 大樹海〉, 《조선일보》, 1939.12.31.

21 강영주, 《《임꺽정》의 창작 과정과 《조선왕조실록》》, 《한국 현대문학 연구》 20, 2006.

22 신석호, 〈조선왕조실록의 영인과 그 보관(하)〉, 《동아일보》, 1960.12.8.

23 방효순, 〈근대적 독서 공간, 서재의 탄생과 영향〉, 《근대서지》 10, 2014, 87쪽.

24 〈서재인 방문기 12〉, 《동아일보》, 1928.12.22.

25 홍기문, 〈아들로서 본 아버지〉, 《조광》 제2권 제5호, 1936.5.

26 정종현, 《제국대학의 조센징》, 휴머니스트, 2019, 127~133쪽.

27 구본웅, 《《임꺽정》의 삽화 그리던 회억〉, 《조선일보》, 1937.12.8.

28 강영주, 《벽초 홍명희 연구》, 289쪽.

29 〈이조문학 기타〉, 《삼천리 문학》 창간호, 1938.1(강영주 외, 《벽초 홍명희와 《임꺽정》의 연구 자료》, 175~176쪽).

30 심진경, 〈여성문학의 탄생, 그 원초적 장면: 여성·스캔들·소설의 삼각관계〉, 《문학을 부수는 문학들》, 민음사, 2018, 48쪽.

31 강영주, 〈벽초 홍명희화 페미니즘〉, 《교육연구》 1, 2005, 8쪽.

32 홍명희, 〈근우회에 희망〉, 《동아일보》, 1927.5.29.

2장. 일목십행의 독서가, 신채호

1 신영우, 〈조선의 역사 대가 단재 옥중회견기(4)〉, 《조선일보》, 1931.12.23.

2 신영우, 〈조선의 역사 대가 단재 옥중회견기(5)〉, 《조선일보》, 1931.12.25.

3 서세충, 〈단재의 천재와 애체(礙滯) 없는 성격〉, 《신동아》, 1936년 4월호.

4 이극로, 〈서간도 시대의 선생〉, 《조광》, 1936년 4월호.

5 이경훈, 〈옛 종로의 서점 이야기〉, 《남기고 싶은 이야기들》, 종로서적, 1993, 152쪽.

6 〈책방세시기〉, 《신동아》, 1968년 5월호.

7 조경한, 〈단재 신채호 선생〉, 《광주수필》 23, 1991.

8 송명진, 〈민족 영웅의 발명과 저항적 남성성의 전통 만들기〉, 《한국문학 이론과 비평》 48, 2010, 151쪽.

9 권순홍, 〈민족주의 역사학의 표상, 신채호 다시 생각하기〉, 《역사비평》 117, 2016, 202쪽.

10 〈구서 수집의 필요〉, 《대한매일신보》, 1908.6.14.; 〈구서 수집의 필요(속)〉, 《대한매일신보》, 1908.6.16.

11 류자명, 〈조선의 애국 역사학자 신채호〉, 《세계사 연구 동태》, 1981년

2월(《신채호 전집》9, 413쪽).

12 신채호, 《조선상고문화사》, 비봉출판사, 2011, 487쪽.

13 김수자, 〈20세기 신채호의 18세기 안정복에 대한 역사인식〉, 《동방학》33, 2015, 256쪽.

14 정인보, 〈단재와 사학〉, 《동아일보》, 1936.2.26.

15 박종기, 〈필사본 동사강목의 자료 가치와 성격〉, 《동방학지》171, 2015, 173쪽.

16 김수자, 〈20세기 신채호의 18세기 안정복에 대한 역사인식〉, 앞의 책, 275쪽.

17 심훈, 〈단재와 우당(상)〉, 《동아일보》, 1936.3.12.

18 류자명, 〈조선의 애국 역사학자 신채호〉, 《세계사 연구 동태》, 1981년 2월(《신채호 전집》9, 413쪽).

19 이윤재, 〈북경시대의 단재〉, 《조광》, 1936년 4월호.

20 변영만, 〈국수주의의 恒性인 단재 신채호 선생〉, 《개벽》, 1925년 8월호.

21 신채호, 〈총론〉, 《조선상고사》, 유페이퍼, 2016, 23쪽.

22 이만열, 《단재 신채호의 역사학 연구》, 문학과지성사, 1990, 44쪽.

23 박찬승, 〈1920년대 신채호와 량치차오의 역사연구방법론 비교〉, 《한국사학사 학보》9, 2004, 77쪽.

24 같은 책, 82쪽.

25 〈각 민족대표 백이십 명의 동방무정부연맹〉, 《동아일보》, 1928.12.28.

26 신일철, 《신채호의 역사사상 연구》, 고려대학교출판부, 1981, 173~174쪽.

27 김명섭, 〈신채호의 무정부주의동방연맹 활동〉, 《한국 근현대사 연구》80, 2017, 173쪽.

28 홍명희, 〈상해 시대의 단재〉, 《단재신채호전집》下, 474~475쪽.

3장. 《백범일지》를 통해 본 김구의 독서 여정

1 조경달, 《민중과 유토피아》, 역사비평사, 2009, 122쪽.

2 김구, 도진순 주해, 《백범일지》, 돌베개, 2002, 31쪽. 이하 《백범일지》의 쪽수는 괄호 안에 숫자로 표기한다.

3 전경목, 〈조선 후기에 서당 학동들이 읽은 탄원서〉, 《고문서 연구》48, 2016, 268쪽.

4 성주현, 〈백범 김구와 동학〉, 《백범과 민족운동 연구》11, 2015, 131쪽.

5 강명관, 《책벌레들 조선을 만들다》, 푸른역사, 2007, 276쪽.

6 강미정·김경남, 〈근대 계몽기 한국에서의 중국 번역 서학서 수용 양상과 의의〉, 《동악어문학》71, 2017, 277쪽.

7   부길만,《한국 출판 역사》, 커뮤니케이션북스, 2013, 47쪽.

8   최혜주,〈백범 김구의 신민회 시기의 교육사상과 교육운동〉,《백범과 민족운동 연구》2, 2004, 83-84쪽.

9   노관범,〈대한제국기 박은식과 장지연의 자강사상 연구〉, 서울대 박사학위 논문, 2007, 161~163쪽.

10 〈교육 업노 우해〉,《독립신문》, 1899.3.11.

11 〈구한말 옥중도서대출부 발견〉,《동아일보》, 1985.5.31.

12 유춘동,〈한성감옥서의〈옥중도서대출부〉연구〉,《서지학보》40, 2012, 123쪽.

13 이승만은 한성감옥에 있을 때〈옥중잡기〉라는 걸 작성했는데, 여기에 자신이 읽은 책의 목록을 '소람서록(所覽書錄)'이라는 제목으로 수록했다. 이 자료에 의하면, 이승만은 감옥에서 40권의 책을 읽었다. 기독교 관련 책이 절반을 차지하지만, 개화 서적도 상당 부분 있었다.

14 김영범,〈의열투쟁과 테러 및 테러리즘의 의미연관 문제〉,《사회와 역사》 100, 2013, 192쪽.

15 이재령,〈1·28 상하이사변과 윤봉길의거의 한중공동항전〉,《군사》98, 2016. 260쪽.

16 〈도왜실기 독후감〉,《자유신문》, 1946.5.31.

17 〈"아느냐! 우리들의 피를" 보고〉,《조선일보》, 1946.4.10.

18 김구,〈나의 애독서〉,《자유신문》, 1949.3.19.

19 최호진(崔虎鎭, 1914~2010). 서울 출생. 일본 규슈대학 경제학부를 졸업한 후 한국경제사 연구에 몰두했다. 한국의 제1세대 경제학자로 수많은 경제학자들을 배출했다.

20 전석담(全錫淡, 1916~?). 황해도 은율 출생. 일본 도호쿠東北제국대학 경제학과를 졸업했다. 그는 자신의 전공을 살려 마르크스주의에 바탕을 둔 경제사 전문가로 활약했다. 월북 후 김일성대학 교수와 인민경제대학 정치경제학부장 등을 지내며《조선통사》의 집필자로 참여하기도 했다.

21 김한주(1913~?). 함남 홍원 출생. 보성전문학교를 거쳐 일본 호오세이(法政)대학을 졸업했다. 해방 후 좌익 측의 농업문제에 관한 핵심 이론가로 활동했다. 월북 후 김일성종합대학의 경제과 교수, 과학원 사회과학부문위원회 위원, 농촌과학위원회 부위원장 등을 역임했다.

22 이북만,《이조 사회경제사 연구》, 대성출판사, 1947, 1쪽.

4장. 중국 대륙을 누빈 독서가들

1   백선기, 《미완의 해방 노래》, 정우사, 1993, 85쪽.
2   님 웨일즈·김산, 《아리랑》, 송영인 옮김, 동녘, 2005, 21쪽. 이하 《아리랑》의
    쪽수는 괄호 안에 숫자로 표기한다.
3   양진오, 〈김산의 《아리랑》은 어떻게 책이 되었나〉, 《국어교육연구》 69, 2019,
    311쪽.
4   〈이조문학 기타〉, 《삼천리 문학》 창간호, 1938.1(강영주 외, 《벽초 홍명희와
    《임꺽정》의 연구 자료》, 174쪽).
5   님 웨일즈·김산, 《아리랑》, 196쪽.
6   하이루펑은 하이펑현(海豊縣)과 루펑현(陸豊縣)을 묶은 말이다.
7   같은 책, 267쪽.
8   양진오, 〈김산의 《아리랑》은 어떻게 책이 되었나〉, 앞의 책, 313쪽.
9   님 웨일즈·김산, 《아리랑》, 399쪽.
10 김학철, 《최후의 분대장》, 문학과지성사, 1995, 34쪽.
11 사이조 야소는 와세다대학 교수를 지낸 저명한 시인이자 프랑스 문학
    학자이다. 1918년에 발표한 〈카나리아〉는 일본 최초의 동요로 평가받고
    있다. 시인 이상은 고등공업학교 재학 시절 두꺼운 노트에 일본어 시를
    필사할 때 사이조 야소를 즐겨 읽었다고 한다.
12 기타하라 하쿠슈는 윤동주가 좋아했던 시인이기도 했다. 1920~1930년대
    식민지 조선의 문학 청년들에게 기타하라 하쿠슈의 작품을 읽는 일은
    통과의례와 같았다고 한다. 평생 약 1200편의 시를 남긴 그의 작품은 근대
    일본의 시문학을 대표한다고 해도 과언이 아니다.
13 노구치 우조는 사이조 야소와 기타하라 하쿠슈와 함께 일본 아동문학계의
    3대 시인으로 손꼽히는 인물이다. 일본 신민요운동의 선구자이기도 하다.
14 김학철, 《최후의 분대장》, 67쪽.
15 같은 책, 72~73쪽.
16 홍정선·김학철, 〈격랑의 삶, 김학철 선생과의 대담〉, 《황해문화》 7, 1995,
    213쪽.
17 김호웅·김해양 편저, 《김학철 평전》, 실천문학사, 2007, 86쪽.
18 같은 책, 431쪽.
19 김학철문학연구회, 《조선의용군 최후의 분대장 김학철》, 연변인민출판사,
    2002, 5쪽.
20 김학철, 《최후의 분대장》, 138쪽.
21 이정식·한홍구 엮음, 《항전별곡》, 거름, 1986, 190~191쪽.
22 같은 책, 198쪽.

5장. 페미니스트 나혜석의 탄생

1   서정자 엮음, 《나혜석 전집》. 푸른사상, 2013.
2   나혜석, 〈나의 동경여자미술학교 시대〉, 《삼천리》 1938.5(서정자 엮음, 《나혜석 전집》, 339쪽).
3   서정자, 〈일엽 김원주·《신여자》·그의 사상 다시 읽기〉, 《나혜석 연구》 2, 2013, 41쪽.
4   김화영, 〈1910년대 나혜석이 바라본 '일본'〉, 《나혜석 연구》 4, 2014, 239~240쪽.
5   나혜석, 〈이상적 부인〉, 《학지광》 제3호, 1914.12, 12~14쪽.
6   노영희, 〈나혜석, 그 '이상적 부인'의 꿈: 동경 유학 체험과 일본 신여성들과의 만남을 중심으로〉, 《한림일본학》 2, 1997, 39쪽.
7   송명희, 〈나혜석과 요사노 아키코의 모성이데올로기 비판과 여성적 글쓰기〉, 《인문사회과학 연구》 17권 3호, 2016, 225쪽.
8   송명희, 《페미니스트 나혜석을 해부하다》, 지식과교양, 2015, 177~178쪽.
9   나혜석, 〈모(母) 된 감상기〉, 《동광》, 1923.1.1(서정자 엮음, 《나혜석 전집》, 435쪽).
10 송명희, 〈나혜석과 요사노 아키코의 모성이데올로기 비판과 여성적 글쓰기〉, 앞의 책, 238쪽.
11 김경민, 〈근대인 나혜석의 경험과 사상〉, 《한민족어문학》 79, 2018.
12 나혜석, 〈1년 만에 본 경성의 잡감〉, 《개벽》, 1924.7(서정자 엮음, 《나혜석 전집》, 276쪽).
13 정애영, 《히라쓰카 라이초: 일본의 여성해방운동가》, 살림, 2019, 30쪽.
14 김현경, 《사람, 장소, 환대》, 문학과지성사, 2015, 75쪽.
15 이광수, 〈노라야〉, 《노라》, 영창서관, 1922(류진희, 〈한국의 입센 수용과 노라이즘의 역학〉, 《나혜석 연구》 2, 2013, 205쪽 재인용).
16 지커루, 〈한중 양국의 《엉클 톰스 캐빈》 번역 양상 비교 연구〉, 성균관대 석사학위 논문, 2020, 25~26쪽.
17 최주한, 〈《검둥의 설움》과 번역의 윤리-정치학〉, 《대동문화연구》 84, 2013, 412쪽.

6장. 사회주의 여성해방운동가, 정칠성

1   〈망월회를 곳처 직업부인 단체 조직〉, 《매일신보》, 1927.1.20.
2   〈청년기타 집회〉, 《동아일보》, 1925.12.1.
3   青柳綱太郎, 《조선미인보감》, 조선연구회, 1918, 47쪽.

4 《조선미인보감》은 정칠성의 기예로 시조, 남중잡가, 가야금 산조, 병창, 입창, 좌창, 정재 12종무, 선위기(바둑)를 기록하고 있다. 정칠성은 《조선미인보감》에 수록된 182명의 대정권번 기생 중 유일하게 선위기(바둑)가 기예로 적혀 있는 기생이다. 진선영, 〈기름에 젖은 머리를 턱 비어 던지고: 사회주의, 여성주의, 지역주의, 혁명가 정칠성의 겹서사 연구〉, 《한국문화연구》 37, 2019, 259쪽.

5 〈들은 풍월기〉, 《삼천리》, 1935년 9월호.

6 정칠성, 〈남복 입고 말 달릴 때〉, 《별건곤》, 1927년 8월호.

7 이지현, 〈1910년대 부산 극장가 문화 연구〉, 《동북아문화연구》 56, 2018, 52쪽.

8 이중연, 《'책'의 운명: 조선-일제강점기 금서의 사회·사상사》, 혜안, 2001, 426쪽.

9 최호석, 《활자본 고전소설의 기초 연구》, 보고사, 2017, 83쪽.

10 〈妓生騎馬 금지, 경찰서에서 금지한다〉, 《매일신보》, 1918.3.27.

11 〈화류계의 기마열〉, 《매일신보》, 1918.3.5.

12 노지승, 〈젠더, 노동, 감정 그리고 정치적 각성의 순간〉, 《비교문화연구》 43, 2016, 18쪽.

13 〈저명인사일대기〉, 《삼천리》 제9권 제1호, 1937.1, 40쪽.

14 〈여류문장가의 심경 타진〉, 《삼천리》 제7권 제11호, 1935.12, 102~103쪽.

15 아우구스트 베벨, 《여성론》, 이순예 옮김, 까치, 1993(완역판), 584쪽.

16 〈황주강연회 연사 둘 다 중지 그대로 해산〉, 《동아일보》, 1928.5.23.

17 〈삼월회 임시회 확장책을 토의〉, 《조선일보》, 1925.11.17.

18 〈신여성의 신년 신신호〉, 《동광》 29, 1931, 70쪽.

19 홍창수, 〈서구 페미니즘 사상의 근대적 수용 연구〉, 《상허학보》 13, 2004, 341쪽.

20 〈독서경향 제1차 여학생계〉, 《동아일보》, 1931.1.26; 〈독서경향 제3차 인쇄직공〉, 《동아일보》, 1931.3.2.

21 〈赤戀 비판, 꼬론타이의 성도덕에 대하야〉, 《삼천리》, 1929년 9월호.

22 배상미, 〈식민지 조선에서의 콜론타이 논의의 수용과 그 의미〉, 《여성문학연구》 33, 2014, 315쪽.

23 〈동경 삼월회 팜프레트 발행〉, 《조선일보》, 1926.3.6.

24 〈신간 소개〉, 《조선일보》, 1926.3.20.

25 〈판푸레트 압수〉, 《조선일보》, 1926.4.11.

26 배상미, 〈식민지 조선에서의 콜론타이 논의의 수용과 그 의미〉, 앞의 책, 303쪽.

27 〈독서경향 제1차 여학생계〉, 《동아일보》, 1931.1.26

28 배상미, 〈식민지 조선에서의 콜론타이 논의의 수용과 그 의미〉, 앞의 책, 324쪽.

29 정칠성, 〈동무 생각〉, 《삼천리》, 1935년 3월호.

30 장원아, 〈근우회와 조선여성해방통일전선〉, 《역사문제연구》 42, 2019, 409쪽.

7장. 엘렌 케이의 애독자들

1 이 글은 천도교 기관지인 《개벽》의 제8호(1921.2)와 제9호(1921.3)에 수록되어 있다. '개벽'이란 명칭은 천도교의 후천개벽사상에서 유래했다.

2 허수, 《이돈화 연구》, 역사비평사, 2011, 93~99쪽.

3 유연실, 〈근대 한중 연애 담론의 형성: 엘렌 케이 연애관의 수용을 중심으로〉, 《중국사연구》 79, 2012, 184쪽.

4 홍창수, 〈서구 페미니즘 사상의 근대적 수용 연구〉, 《상허학보》 13, 2004, 335쪽.

5 김일엽, 〈나의 정조관〉, 《조선일보》, 1927.1.8.

6 히로세 레이코, 〈일본의 '신여성'과 서양 여성해방 사상: 엘렌 케이 사상의 수용을 둘러싸고〉, 《여성과 역사》 5, 2006, 99쪽.

7 김복순, 〈아나카 페미니즘의 두 계보〉, 《나혜석 연구》 3, 2013, 24쪽.

8 구인모, 〈한일 근대문학과 엘렌 케이〉, 《여성문학 연구》 12, 2004, 77~78쪽.

9 안미경, 〈1920년대 박원희의 여성해방운동과 여성해방 사상〉, 《한국민족운동사연구》 74, 2013, 177쪽.

10 〈아하. 마즈막 얼골, 除夜의 슬푼 종소리 드르면서〉, 《삼천리》 3권 12호, 1931.12. 동양학원 사건이란 동양학원 관계자들이 북간도 용정에서 건물을 파괴하고 주요 관리들을 암살하는 틈을 타서 사회주의 선전물을 배포할 음모를 계획했다는 이유로 1923년 7월 4일에 검거된 사건을 가리킨다. 북간도 최초의 사회주의 탄압 사건이라고 할 수 있다.

11 〈경성여자청년회 모성보호와 남녀의 평등으로 표어를 삼고 수양에 진력〉, 《조선일보》, 1925.12.20.

12 김도경, 〈식민지와 제국의 여성운동, 그 접점과 간극〉, 《석당논총》 74, 2019, 46쪽.

13 박원희, 〈해방된 로서아 부인 적어도 그만큼은〉, 《조선일보》, 1926.1.1.

14 〈근우경성지회 발회식 거행〉, 《동아일보》, 1928.3.31.

15 김준엽·김창순, 《한국공산주의운동사 3》, 청계, 1986, 81쪽.

16 〈여성에 대한 일절 차별 철폐〉, 《동아일보》, 1929.7.25.

17 〈중국 유학에 就하야〉, 《동아일보》, 1922.12.21.

18 〈청춘에 요절한 최영숙 애사(哀史)〉, 《제일선》, 1932.5(최영숙, 《내 사랑받기를 허락지 않는다》, 가갸날, 2018, 117쪽).

19 〈스웨덴의 學海로 사회학을 배우려고 하얼빈시를 통과한 최영숙양〉, 《동아일보》, 1926.7.23.

20 최영숙, 〈인도 유람 (1)~(5)〉, 《조선일보》, 1932.2.3.~1932.2.7.

8장. 과학 조선을 꿈꾼 독서가들

1 이상구 외, 〈수학자 보재 이상설의 근대 자연과학 수용: 《백승호초》를 중심으로〉, 《수학교육논문집》 27권 4호, 2013, 489쪽.

2 손용근 외, 〈한국 근대 수학교육의 아버지 이상설이 쓴 19세기 근대 화학 강의록 《화학계몽초》〉, 《한국수학논문집》 20권 4호, 2012, 560쪽.

3 오채환 외, 〈19세기 조선의 수학 교과서〉, 《한국수학사학회지》 23권 1호, 2010, 13쪽.

4 이상구 외, 〈이상설의 산서 수리〉, 《한국수학사학회지》 22권 4호, 2009, 3쪽.

5 권두연, 《신문관의 출판 기획과 문화운동》, 민족문화연구원, 2016, 226쪽.

6 나경석, 《公民文集》, 正子社, 1980, 261쪽(류시현, 〈나경석의 '생산증식'론과 물산장려운동〉, 《역사문제연구》 2, 1997, 297쪽 재인용).

7 이호룡, 《한국의 아나키즘: 사상편》, 지식산업사, 2001, 112쪽.

8 KS生, 〈저급(低級)의 생존욕〉, 《학지광》 제4호, 1915.2, 34~35쪽. KS生이 나경석이라는 사실의 근거는 김윤식, 《염상섭 연구》, 서울대학교출판부, 1987, 45쪽을 참고할 것.

9 김성연, 〈"나는 살아 있는 것을 연구한다": 파브르 《곤충기》의 근대 초기 동아시아 수용과 근대 지식의 형성〉, 《한국문학연구》 44, 2013, 146쪽.

10 최승만, 《나의 회고록》, 인하대학교출판부, 1985, 37~38쪽.

11 이희승, 《딸깍발이 선비의 일생》, 창작과비평사, 1996, 56쪽(유시현, 〈나경석의 '생산증식'론과 물산장려운동〉, 301쪽 재인용).

12 한동민, 〈수원 나주나씨와 나혜석의 부모 형제들〉, 《나혜석 연구》 창간호, 2012, 210쪽.

13 〈과학계의 일대 혁명〉, 《학지광》 제4호, 1915.2.

14 김성연, 〈1920년대 초 식민지 조선의 아인슈타인 전기와 상대성이론 수용 양상〉, 《역사문제연구》 16권 1호, 2012, 42쪽.

15 같은 책, 42쪽.

16 이정렬, 〈아인스타인의 우주론〉, 《신생활》 8, 1922.8.

17 김성연, 〈1920년대 초 식민지 조선의 아인슈타인 전기와 상대성이론 수용 양상〉, 앞의 책, 52~56쪽.

18 〈신간 소개〉, 《매일신보》, 1917.8.12.

19 최이순, 〈방신영 선생님을 추모하며〉, 《새가정》, 1977, 102~103쪽.

20 방신영, 《우리나라 음식 만드는 법》, 청구문화사, 1954, 1쪽(김성은, 〈신여성 방신영의 업적과 사회활동〉, 《한국여성사학회》 23, 2015, 222쪽 재인용).

21 2011년에 열화당에서 《조선요리제법》 복각본을 출간했다.

22 라연재, 〈근대 요리책의 계통과 지식 전승〉, 《민속학연구》 42, 2018, 57쪽.

23 방신영, 〈병든 어린아이의 음식에 대한 주의(上)〉, 《중외일보》, 1926.12.24.; 방신영, 〈병든 어린아이의 음식에 대한 주의(下)〉, 《중외일보》, 1926.12.25.

24 홍수경, 〈일상의 과학화, 식생활의 합리화: 1910-20년대 일본 근대 영양학의 탄생〉, 《醫史學》 27권 3호, 2018, 454쪽.

25 額田豊, 《栄養経済 新安価生活法》, 甲子社書房, 1926.

26 額田豊, 《栄養料理の献立に就て》, 遞信協會, 1926.

9장. 비밀독서회, 식민지 조선을 뒤흔들다

1 최병택·예지숙, 《경성 리포트》, 시공사, 2009, 48쪽.

2 김성민, 《1929년 광주학생운동》, 역사공간, 2013, 62쪽.

3 장석흥, 〈조선학생과학연구회의 초기 조직과 6·10만세운동〉, 《한국독립운동사연구》 8, 1994, 206쪽.

4 〈학생도서관 과학연구회에서 창설〉, 《시대일보》, 1925.11.17.

5 〈위대한 다윈〉, 《동아일보》, 1926.4.21.

6 한규무, 《1920년대 학생운동》, 한국독립운동사편찬위원회, 2009, 89쪽.

7 エンゲルス 著, 堺利彦 譯, 《空想的及科学的社会主義》, 大鐙閣, 1921.

8 박종린, 〈일제하 사회주의 사상의 수용에 관한 연구〉, 연세대학교 사학과 박사학위 논문, 2006, 16쪽.

9 박찬승, 〈광주항일학생운동의 정치사상적 배경〉, 《전남 사회운동사 연구》, 한울, 1992, 25~28쪽.

10 김성민, 《1929년 광주학생운동》, 216~218쪽.

11 천정환, 《근대의 책 읽기》, 128쪽.

12 堺利彦, 《社會主義大意》, 無産社, 1922.

13 〈박정은 외 재판 기록〉, 국가기록원 소장자료.

14 〈김명환 외 재판 기록〉, 국가기록원 소장자료.

15 〈안종철 재판 기록〉, 국가기록원 소장자료.

16 山川均, 《資本主義のからくり》, 無産階級社, 1926.

17 이정식, 《혁명가들의 항일 회상》, 민음사, 1988, 49쪽.

18 〈의열단원으로 활약 큰 서응호 등 삼명 송국〉, 《조선일보》, 1929.11.3.

19 이기홍 유고, 안종철 정리, 《광주학생독립운동은 전국학생독립운동이었다》,
   향지사, 1997, 180쪽.

20 이영림, 〈17세기 전반기 프랑스의 정치 선전문화와 출판물의 성장〉,
   《경기사학》 창간호, 1997.

21 천정환, 《근대의 책 읽기》, 228쪽.

22 〈크로포트킨의 저서 번역 반포한 창원의 조훈도 등 압송〉, 《조선일보》,
   1928.9.29.

23 〈허가 없는 출판물 학생 간에 배부〉, 《조선일보》, 1929.7.28.

24 〈문천청맹 졸업생간담회 과학연구결의〉, 《조선일보》, 1928.4.7.

25 정혜정, 〈식민지 조선의 러시아 사회주의 수용과 동북아 연대〉,
   《탈경계인문학》 13권 1호, 2020, 155쪽.

26 〈권독사 팜푸레트 압수〉, 《조선일보》, 1926.4.26.

27 박종린, 〈일제하 사회주의 사상의 수용에 관한 연구〉, 앞의 책, 87~88쪽.

28 〈이광써 방면 종로서로부터〉, 《조선일보》, 1925.12.3.

29 박한용, 〈일제강점기 조선 반제동맹 연구〉, 고려대학교 박사학위 논문, 2013,
   144~145쪽.

30 〈독서 경향 제2차 남학생계〉, 《동아일보》, 1931.2.2.

31 천정환, 《근대의 책 읽기》, 184쪽.

10장. 비밀독서회, 억압받는 자들을 위한 교육을 모색하다

1 〈비밀결사가 발각〉, 《중외일보》, 1927.4.17.

2 〈사회주의 사상과 안중근 사실을 선전〉, 《매일신보》, 1927.4.14.

3 〈경주보교 교원 비밀결사 사건〉, 《중외일보》, 1927.8.6.

4 임선화, 〈전남사범 출신의 사회운동: 임종대·임종근을 중심으로〉, 《역사학
   연구》 60, 2015, 132쪽.

5 박창건, 〈재조일본인 죠코 요네타로의 반제국주의 한일연대론〉,
   《일본문화학보》 84, 2020, 47쪽.

6 국사편찬위원회 편, 《일제강점기의 행정》, 2011, 279쪽.

7 〈양 반 해소코 전면적 조직〉, 《조선일보》, 1932.4.1.

8 〈적색 서적만 세 가방 경찰에 압수된바〉, 《중앙일보》, 1932.3.31.

9 〈압수 서적 사백 권 비합법 출판 다수〉,《조선일보》, 1932.4.1.

10 〈적색 서적만 세 가방 경찰에 압수된바〉,《중앙일보》, 1932.3.31.

11 정진석 편,《일제강점기 금지 도서 목록》, 소명, 2014, 62~278쪽.

12 류홍수,〈문예부의 조직과 활동〉,《대구사범학생 독립운동》, 대구사범학생독립운동동지회, 1993, 72쪽.

13 지중세 역편,《조선 사상범 검거 실화집》, 돌베개, 1984, 160~161쪽.

14 신영갑 증언, 오미일 대담,〈적색 교원노조 사건과 부산 지역 조공·사회당에서의 활동〉,《역사비평》 16, 1992, 306쪽.

15 장인모,〈조선총독부의 초등교원 정책과 조선인 교원의 대응〉, 고려대학교 박사학위 논문, 2018, 210쪽.

16 신영갑 증언, 오미일 대담,〈적색 교원노조 사건과 부산 지역 조공·사회당에서의 활동〉, 앞의 책, 308쪽.

17 같은 책, 308~309쪽.

18 〈교원 동지의 획득에 버금하야 격문《제사공장》살포〉,《매일신보》, 1933.12.13.

19 장인모,〈조선총독부의 초등교원 정책과 조선인 교원의 대응〉, 앞의 책, 145쪽.

20 〈천진학동들에 무서운 감염〉,《매일신보》, 1933.12.13.

21 두전하,〈한·일 프롤레타리아 동요 비교 연구〉,《아동청소년문학연구》 14, 2014.

22 〈과역보교 교원 고흥서에 피검〉,《동아일보》, 1930.9.17.

23 〈불온선전한 여교원에 일 년〉,《조선일보》, 1938.6.28.

24 이대화,〈전시체제기 식민지 조선의 선전매체, 종이연극〉,《사회와 역사》 108, 2015, 129~130쪽.

11장. 한글을 빼앗긴 세대의 책 읽기

1 이기문,〈문학서 남독 시대〉,《신동아》, 1980.1, 220~221쪽.

2 정병욱,《식민지 불온열전》, 역사비평사, 2013, 64쪽.

3 《한민족 독립운동사 자료집 58: 상록회 사건 재판 기록 I 》, 국사편찬위원회, 2004, 13쪽.

4 같은 책, 16~17쪽.

5 《한민족 독립운동사 자료집 60: 상록회 사건 재판 기록 III》, 271~272쪽.

6 〈이찬우 신문조서(제6회)〉, 같은 책, 91쪽.

7 변은진,《파시즘적 근대 체험과 조선 민중의 현실 인식》, 선인, 2013, 407쪽.

8   〈이풍섭 신문조서(제2회)〉,《한민족 독립운동사 자료집 58》, 189쪽.

9   조한성,《만세열전》, 생각정원, 2019, 9쪽.

10 문한별,〈일제강점기 민족운동과 문학 텍스트의 연관성 고찰: 춘천중학교 '상록회' 사건을 중심으로〉,《한국문학이론과 비평》 63, 2014, 199쪽.

11 같은 책, 199쪽.

12 유선영,《식민지 트라우마》, 푸른역사, 2017, 25쪽.

13 《독립운동사 제9권: 학생 독립운동사》, 독립운동사편찬위원회, 1977, 729쪽.

14 유선영,《식민지 트라우마》, 30쪽.

15 방민호,〈장편소설《흙》에 이르는 길〉,《춘원연구학보》 13, 2018, 48쪽.

16 〈성수경 신문조서〉,《한민족 독립운동사 자료집》 58, 146쪽.

17 《한민족 독립운동사 자료집》 58, 59쪽.

18 김종수,〈역사소설의 발흥과 그 문법의 탄생〉,《한국어문학연구》 51, 2008, 290쪽.

19 송백헌,〈이광수 역사소설 연구〉,《개신어문연구》 2, 1982, 296쪽.

20 〈용환각 신문조서(제5회)〉,《한민족 독립운동사 자료집》 58, 111쪽.

21 〈이병주 신문조서(제3회)〉, 같은 책, 179쪽.

22 신선희,〈이순신 소재 역사소설에 나타난 전통의 전유 방식과 타자 인식〉,《한민족어문학》 71, 2015.

23 《하얼빈 역두의 총성》은 삼중당서점(1946년 '삼중당'으로 사명 교체)이 내놓은 첫 책이다. 지은이는 이태호(李泰浩)로 되어 있다. 하지만 일본 작가 하세가와 카이타로(長谷川海太郎, 1900~1935)가 다니 지요지(谷讓次)라는 필명으로 발표한 희곡〈안중근〉(잡지《중앙공론》, 1931년 4월호에 발표)을 표절해 번역한 작품에 가깝다. 원저자를 밝히지 않고 '이태호'란 한국인이 지은 책처럼 포장해 판매했다. 이런 사실이 당시에 금세 들통났다. 1931년 5월 15일 자 《동아일보》에 이런 구절이 적혀 있다. "조선에도 문단이 생긴 이래 이에 대한 절도가 횡행하는 것은 참으로 불행한 일 …… 여러분 이렇게 남의 작품을 제 것이라 하고 발표하야 이름을 내면 무얼 하오?" 이 작품은 안중근을 소재로 한 작품인데도 식민지 조선 내에서 합법적으로 유통된 유일한 책이기도 했다. 1930년대 청년학생들의 필독서 중 하나였다.

24 《한민족 독립운동사 자료집》 58, 69쪽.

25 이광수,〈독일의 기백〉,《조선일보》, 1933.10.19.

26 변은진,《파시즘적 근대 체험과 조선 민중의 현실 인식》, 410쪽.

27 《광주학생독립운동사》, 253쪽.

28 국사편찬위원회,《한국독립운동사》 5, 1965, 540~542쪽.

29 김성연,〈'그들'의 자서전: 식민지 시기 자서전의 개념과 감각을 형성한

독서의 모자이크〉,《현대문학의 연구》49, 2013, 59쪽.

30 이기훈,《청년아 청년아 우리 청년아: 근대, 청년을 호명하다》, 돌베개, 2014,
    222쪽.

31 〈문세현 신문조서(제2회)〉,《한민족 독립운동사 자료집》60, 63쪽.

32 〈조규석 신문조서(제3회)〉, 같은 책, 85쪽.

33 〈조흥환 일기〉, 같은 책, 278쪽.

34 〈박도병 신문조서(제2회)〉,《한민족 독립운동사 자료집》69, 국사편찬위원회,
    2007, 41쪽.

35 임동현,〈1930년대 조선어학회의 철자법 정리·통일운동과 민족어 규범
    형성〉,《역사와 현실》94, 2014, 443쪽.

36 이연숙,《국어라는 사상: 근대 일본의 언어 인식》, 소명, 2006, 284~285쪽.

에필로그

1 신수범,〈아버님 단재〉,《나라사랑》3, 1971(김삼웅,《단재 신채호 평전》,
   시대의창, 2005, 437쪽 재인용).

2 《학풍》, 1948.9(강영주,《벽초 홍명희 연구》, 538쪽 재인용).

3 안종철 외,《근현대의 형성과 지역 사회운동》, 새길, 1995, 115쪽.

4 김성은,〈신여성 방신영의 업적과 사회활동〉, 앞의 책, 211쪽.

5 윤인진,《코리안 디아스포라》, 고려대출판부, 2004, 5쪽.

6 천정환,《근대의 책 읽기》, 99쪽.

[찾아보기]

단행본·작품

혁명을 꿈꾼 독서가들

초판 1쇄 펴낸날   2021년 7월 29일
초판 2쇄 펴낸날   2022년 6월 10일
지은이   강성호
펴낸이   박재영
편집   이정신·임세현·한의영
마케팅   신연경
디자인   조하늘
제작   제이오
펴낸곳   도서출판 오월의봄
주소   경기도 파주시 회동길 363-15 201호
등록   제406-2010-000111호
전화   070-7704-2131
팩스   0505-300-0518
이메일   maybook05@naver.com
트위터   @oohbom
블로그   blog.naver.com/maybook05
페이스북   facebook.com/maybook05
인스타그램   instagram.com/maybooks_05

ISBN   979-11-90422-77-2 03900

만든 사람들
책임편집   박재영
디자인   조하늘